Peru
kompakt

Katharina Nickoleit
Kai Ferreira Schmidt

Peru kompakt

Katharina Nickoleit
Kai Ferreira Schmidt

22.12.07

Frohe Weihnachten!

Lieben Gruß,
Katharina

Impressum

Katharina Nickoleit und Kai Ferreira Schmidt

Peru Kompakt

erschienen im

Reise Know-How Verlag

ISBN 978-3-89662-337-9

Untere Mühle
D - 71706 Markgröningen
3. Auflage **2008**

– Printed in Germany –

eMail-Adresse des Verlags:
rkhhermann@aol.com

Websites von Reise Know-How:
www.reise-know-how.de

Gestaltung u. Herstellung
Umschlagkonzept: Carsten Blind
Inhalt: Carsten Blind / Helmut Hermann
Karten: Helmut Hermann
Druck: Wilhelm & Adam, Heusenstamm
Fotos: s. Bildnachweis im Anhang

Dieses Buch ist erhältlich in jeder Buchhandlung in
Deutschland, Österreich, Schweiz, Niederlande und Belgien
Bitte informieren Sie Ihren Buchhändler über
folgende Bezugsadressen:
D: PROLIT GmbH, Postfach 9, 35461 Fernwald
(sowie alle Barsortimente)
CH: AVA-buch 2000, Postfach 27, 8910 Affoltern
A: Mohr Morawa Buchvertrieb GmbH, Postfach 260, 1011 Wien
Niederlande, Belgien: Willems Adventure, Honderland 120, 2676 LT Massdijk

Wer im Buchhandel trotzdem kein Glück hat, bekommt
unsere Bücher auch über unsere Büchershops im Internet (s.o.)

VORWORT

Es gibt keine Gegend auf der Welt, die dem wissenschaftlichen Entdecker ein so attraktives Arbeitsfeld bietet als das Hochland von Peru und Bolivien. Erstens finden sich in dieser Region Spuren der ältesten und fortschrittlichsten Kulturen Südamerikas. (...) Die historische Geografie der Anden Perus und Boliviens wirft eine Reihe von hoch interessanten Fragen auf. Unter anderem die Herkunft alter Städte wie Tiwanaku, Cusco und Machupicchu (...) Die Tiefe der Schluchten, die Höhe der unberührten Berggipfel, die zahllosen Gletscher, die große Vielfalt des tropischen Dschungels am östlichen Hang der Anden (...) – all dies trägt zu der Freude und dem Enthusiasmus des Forschers bei, der das Ziel und das Glück hat, in dieser Gegend zu arbeiten.

Hiram Bingham in National Geographic, 1915

Nicht nur die Forscher und Abenteurer vergangener Jahrhunderte schlugen Peru und Bolivien in ihren Bann. Bis heute haben die beiden Länder nichts von ihrer Faszination für den Reisenden verloren: Ruinen aus den Zeiten alter Hochkulturen, riesige Wüstenbilder, unberührter Urwald und einsame Trekkingpfade erwarten Sie.

Dieses Buch führt Sie zu allen Sehenswürdigkeiten Perus und auf die bolivianische Seite des Titicacasees bis nach La Paz. Neben der sorgfältigen Beschreibung der einzelnen Städte und Stätten haben wir besonderen Wert auf einen ausführlichen Geschichts- und Kulturteil gelegt, zahlreiche Exkurse vertiefen Wissenswertes. Ein Reise-ABC gibt Auskunft zu Fragen, die sich vor und während der Reise stellen, und am Ende jedes Kapitels steht ein Serviceteil, in dem Sie aktuelle Informationen zu Hotels, Restaurants, Einkaufen und Unterhaltung finden. Detaillierte Karten, mit dem Text eng verzahnt, sorgen dafür, dass Sie das Gesuchte auch finden.

Mit diesem Führer wenden wir uns in erster Linie an Reisende, die zusammen mit einer Gruppe oder mit Hilfe von Reisebüros Peru erkunden und dabei weder auf Hintergrundwissen noch auf praktische Informationen verzichten wollen, die auch Entdeckungen auf eigene Faust ermöglichen. Unabhängig Reisende, die das Land selbständig erkunden möchten, sei das ebenfalls im Reise Know-How Verlag erschienene Peru/Bolivien Handbuch empfohlen.

Wir wünschen Ihnen eine wunderschöne Reise mit aufregenden und spannenden Begegnungen und unvergessliche Eindrücke. Und wir freuen uns, wenn Sie uns schreiben, wo wir Ihnen mit diesem Buch eine Hilfe waren und an welchen Stellen wir uns noch verbessern können.

Ihre Katharina Nickoleit & Kai Ferreira Schmidt

INHALTSVERZEICHNIS

Reisevorbereitung

A-Z Praktisches Reise-ABC Peru

Land und Leute

Tier- und Pflanzenwelt

Blick auf Machupicchu ▶

Reisevorbereitung

A-Z

Praktisches Reise-ABC Peru

An- und Einreise

Es gibt zurzeit keine Direktflüge von Deutschland nach Lima. Preisgünstig ist die Flugverbindung SpanAir/ AirPlus ab Frankfurt via Madrid Nonstop nach Lima. Inklusive 40 kg Freigepäck ab 935 Euro – das ist zugleich das beste Preis-/Leistungsverhältnis. Den besten Service bietet KLM täglich via Amsterdam Nonstop nach Lima für 1060 Euro. Weniger guten Service mit IBERIA, täglich Nonstop via Madrid ab 1150 Euro.

Für die Einreise genügt der Reisepass, der noch sechs Monate über das Einreisedatum hinaus gültig sein sollte. Für einen Aufenthalt von bis zu 90 Tagen ist kein Visum notwendig. Bei der Ausreise wird eine Steuer von 30 US$ erhoben. Wer auf eigene Faust reist, der findet am Flughafen in Lima bei Inka Wasi Travel Service (Tel. 0051-1-4459691, Fax 0051-1-2427212, www.inkawasitravel.com) erste Unterstützung. Da dies der einzige Vertreter der Reiseveranstalter im Flughafen selbst ist, hartnäckig verhandeln.

Ausrüstung

In den Höhenlagen der Anden wird es zu jeder Jahreszeit spätestens mit Sonnenuntergang sehr frisch bis kalt, so dass auf jeden Fall ausreichend warme Kleidung mitgenommen werden sollte. In der Küstenregion und dem Tiefland reicht sommerliche Kleidung, wobei im Dschungel unbedingt lange Hosen und langärmlige Hemden zu empfehlen sind. Für die Wanderungen durch Ruinen ist festes und bequemes Schuhwerk Voraussetzung. Wichtig sind Sonnenschutzcreme mit hohem Schutzfaktor, eine Kopfbedeckung sowie eine gute Sonnenbrille. Nehmen Sie nicht zu viel Gepäck mit, damit genügend Platz für Souvenirs bleibt. Wertvolle Dinge wie Schmuck und teure Uhren lässt man am besten zu Hause. Um Ausweispapiere und Geld sicher zu verstauen, empfiehlt sich ein unter der Hose zu tragender Geldgürtel.

Botschaften

In Lima

- Deutschland: Avenida Arequipa 4202-4210, Miraflores, Lima, Tel. 422-4919, Fax 422-6475, www.embajada-alemana.org.pe.
- Schweiz: Av. Salaverry 3240, San Isidro, Lima, Tel. 262-0305, Fax 264-1319, www.embajada-suiza.org.pe.
- Österreich: Av. Central 643, Miraflores, Lima, Tel. 442-0503, 442-1807, Fax 442-8851, über www.bmaa.gv.at.

In Deutschland

Botschaft von Peru in Deutschland: Mohrenstr. 42, 10117 Berlin, Tel. 030-2064103, Fax 030-20641051, www.embaperu.de.

Drogen

Wer mit Drogen, etwa Kokain, erwischt wird, wandert je nach Schwere des Umstandes für geraume Zeit ins Gefängnis! Weder Freilassung auf Kaution noch Abschiebung nach Deutschland sind vorgesehen. Die Botschaft vermittelt Rechtsbeistand, kann aber außer moralischer Unterstützung recht wenig erreichen.

Feiertage

1. Januar	Año Nuevo
Februar/März	Carnaval
März/April	Karfreitag und Ostern
1. Mai	Día de los Trabajadores (Tag der Arbeit)
Mai/Juni	Fronleichnam
14. Juni	Día de los Campesinos (Bauerntag, nur halbtägig)
29. Juni	Fiesta Pedro y Paulo (Peter und Paul)
28./29. Juli	Día de la Independencia (Unabhängigkeitstag)
15. August	Virgen de la Asunción (Maria Himmelfahrt)
30. August	Santa Rosa de Lima (Fest zu Ehren der Hl. Rosa von Lima)
8. Oktober	Día da la Dignidad Nacional (Tag der Nationalen Würde)
1. November	Día de Todos los Santos (Allerheiligen)
8. Dezember	Maria Empfängnis
25. Dezember	Navidad (Weihnachten)
31. Dezember	Noche de San Silvestre

Finanzen

Die Währung Perus heißt *Nuevo Sol* (S/.). Im Umlauf sind Banknoten von 10, 20, 50, 100 und 200 Soles und Münzen zu 1, 2 und 5 Soles sowie Münzen zu 5,

10, 20 und 50 Centavos. Euro und US-Dollar werden gleichermaßen in den meisten Banken und Wechselstuben *(Casas de cambio)* gewechselt, wobei es für Euro sehr schlechte Kurse gibt. Für seine Reiseschecks, die in jeder Bank eingetauscht werden, bekommt man bei der *Banco de Credito* die besten Kurse. Vom Geldwechsel auf der Straße ist eher abzuraten. In allen größeren Städten und touristischen Orten kann aus Geldautomaten (span.: *Bancomatico - Caja permanente - Caja automática*; engl.: *ATM*) bei Banken Soles-Bargeld gezogen werden, sowohl mit Kreditkarten als auch gebührengünstiger mit der Bankkarte Ihrer Hausbank mit dem Maestro-Logo (und auch mit der SparCard der Postbank). Geheimzahl und Sperrnummer nicht vergessen. Die Standorte der Geldautomaten („ATM-Locator") in peruanischen Städten finden Sie bei www.mastercard.com oder www.visa.de.

Wechselkurs [bei Drucklegung]

1 Euro ca. 4,25 Soles
1 Euro ca. 10,50 Bolivianos

Kreditkarten

Alle besseren Hotels, Restaurants, Reisebüros und Fluggesellschaften akzeptieren gängige *Kreditkarten* (am weitesten verbreitet sind MasterCard und VISA). Für den Fall, dass Kreditkarten oder Reiseschecks abhanden kommen, sind folgende Nummern rund um die Uhr kostenfrei oder per R-Gespräch erreichbar:

- EuroCard/MasterCard, Tel. 0049-69-79331910 bzw. 0049-1805-021021 (Kontonummer und Bankleitzahl bereithalten), oder 0049-118116, www.mastercard.de.
- VISA, Tel. 0049-69-79332525 bzw. 0049-1805-021021 (Kontonummer und Bankleitzahl bereithalten), oder 0049-118116, www.visa.de.
- American Express, Tel. 0049-69-97971000 bzw. 0049-1805-021021 (Kontonummer und Bankleitzahl bereithalten), oder 0049-118116 (Reiseschecks 001-8008602908), www.americanexpress.de

Fotografieren

Filme sind in Peru erhältlich, jedoch deutlich teurer als hier und nicht immer von bester Qualität. Deshalb ist es sinnvoll, sie in ausreichender Menge von zu Hause mitzubringen, wobei für den eher dunklen Urwald lichtempfindlichere Filme zu empfehlen sind (200 ASA und höher). Wer digital fotografiert, kann unterwegs seine Bilddaten – z.B. in Cusco – auf CD brennen lassen.

Geschäftszeiten

Verwaltungszeiten: An Wochentagen meist 9 bis 14 Uhr, manchmal auch bis 17 Uhr. Geschäfte: Mo–Sa, zum Teil auch sonntags, von 10 bis 13 und von 15 bis 20 Uhr. Banken: Wochentags von 9.15 bis 16 Uhr, einige haben auch sonntags geöffnet.

Gesundheit

Impfungen Die üblichen Impfungen wie Tetanus, Polio und Diphtherie sollten unbedingt vorhanden sein, daneben ist ein Schutz gegen Typhus und Hepatitis A sinnvoll. Wer in das Tiefland Perus reisen möchte, sollte außerdem gegen Gelbfieber geimpft sein und eine Malariaprophylaxe mitnehmen.

Höhenkrankheit

Vorboten einer beginnende Höhenkrankheit *(soroche)* sind Kopfschmerzen, Müdigkeit, Atemnot, Kreislaufbeschwerden, schnellerer Pulsschlag und Schlafstörungen. In schweren Fällen kann es zu Bewusstlosigkeit kommen. Erste Anzeichen können bereits ab 2000 Metern auftreten. Der Grund ist, dass pro 1000 Höhenmeter der Luftdruck um etwa zehn Prozent sinkt. Dies führt dazu, dass das Blut in der Lunge weniger Sauerstoff aufnehmen kann. Zwei Drittel aller Menschen, die auf einer Höhe von mehr als 4000 Metern übernachten, werden höhenkrank.

Um vorzubeugen ist es sinnvoll, sich nicht gleich in große Höhen zu begeben, sondern stufenweise, z.B. über Arequipa ins Hochland zu reisen. Nach einer Anpassungszeit von zwei bis drei Tagen verschwinden die Symptome wieder. Bis dahin größere Anstrengungen vermeiden und viel trinken (keinen Alkohol). Wenn möglich, in niedere Höhen absteigen, wenige hundert Meter können schon viel bewirken. Ein Mittel gegen die Symptome der Höhenkrankheit ist ein Tee aus Cocablättern *(Mate de Coca)*, denn Coca fördert den Sauerstofftransport im Blut. Von Medikamenten gegen die Höhenkrankheit ist abzuraten, diese verschleiern oft nur die Warnsignale. In der Höhenluft trocknen außerdem die Nasenschleimhäute und Lippen aus, eine Creme verschafft Linderung.

Gesundheitstipps für unterwegs

Essen Sie möglichst nichts, was nicht geschält, gekocht oder gebraten wurde und trinken Sie kein Leitungswasser. Packen Sie außerdem Medikamente gegen Durchfall ein. In vielen Apotheken bekommt man gute (bolivianische) Naturheilmittel von PlantaMedica, etwa *EchinazeaMedica* gegen Erkältung und Grippe, sowie *ManzanillaMedica*, das gegen Schlafstörungen hilft und entzündungshemmend wirkt.

Krankenversicherung

Schließen Sie eine Auslandskrankenversicherung ab, die in Notfällen auch für den Rücktransport nach Europa aufkommt.

Information

Peru unterhält kein Tourismusbüro in Deutschland. Über Websites können jedoch umfangreiche Informationen abgefragt werden, z.B. www.peruline.de, www.peru.com, www.enjoyperu.com u.a. In vielen Städten Perus finden sich Touristeninformationen (Adressen im Serviceteil der jeweiligen Stadt).

Karten

Gute Landkarten von Peru und Bolivien gibt es von Reise Know-How.

Knigge

Peru ist ein armes Land, der Großteil der Menschen lebt unter einfachsten Bedingungen. Reiche Besucher aus dem Ausland bringen einerseits die dringend benötigten Devisen, andererseits greift der Tourismus auch in die überkommene Kultur ein. Deshalb ist es wichtig, sich auf seiner Reise den Landessitten anzupassen.

Kleiden Sie sich nicht zu auffällig, fotografieren Sie Menschen nicht ungefragt aus nächster Nähe. Geben Sie einem bettelnden Kind nichts, denn es geht nicht zur Schule, wenn es mit Betteln gut verdient. Stellen Sie sich darauf ein, dass nicht immer alles so schnell und reibungslos klappt wie Sie es von Europa gewohnt sind – in Peru gehen die Uhren anders. Wenn Sie nun noch ein paar Brocken Spanisch lernen und die Bevölkerung nicht als „Indios“ bezeichnen, was diese als Beleidigung versteht, so wird man Ihnen überall freundlich und aufgeschlossen begegnen.

Kommunikation

Post Eine Karte oder ein Brief per Luftpost nach Europa kostet etwa 6 Soles und benötigt ein bis zwei Wochen. Da es in Peru keine Briefkästen gibt, müssen Karten und Briefe direkt bei der Post oder im Hotel abgegeben werden. Ein 5-kg-Paket kostet mit Flugfracht 260 Soles und braucht 10 Tage, mit Seefracht 125 Soles, Dauer etwa 60 Tage.

Telefon und Fax Ein dreiminütiges Telefongespräch von einem Telefonbüro nach Deutschland kostet etwa 11 Soles, eine Faxseite rund 15 Soles. Die Vorwahl für Peru von Deutschland ist 0051 (die anschließende „0" vor der Stadt-Vorwahl entfällt).

Internet Überall in Peru gibt es jede Menge preiswerter Internet-Cafés, in denen man eMails schreiben kann.

Maßeinheiten

In Peru gilt das metrische System. Kraftstoff wird in Gallonen (etwa 3,8 Liter) verkauft. Die Gewichtsmenge *libra* entspricht etwa 450 Gramm.

Naturschutz

Alle wilden Tiere und Pflanzen sind in Peru gesetzlich geschützt, dürfen weder beschafft noch gekauft werden. Die Ausfuhr von Fellen und Federn wilder Tiere sowie geschützter Pflanzen ist verboten.

Reisen im Land

Mit dem Auto In allen größeren Städten Perus können bei den bekannten internationalen Mietwagenfirmen Autos gemietet werden. Für Überlandfahrten sollten Wagen mit Allradantrieb gewählt werden. Details auch aus dem Internet (z.B. www.avis.com). Die Verkehrsvorschriften in Peru gleichen im Wesentlichen den unsrigen – Fahrstil und Auslegung der Regeln sind jedoch oft anders, wobei die Devise „der stärkere hat Vorfahrt" gilt. Perus Hauptverkehrsstraßen sind asphaltiert, weisen jedoch oft zahlreiche Schlaglöcher auf oder können im Hochland durch Erdrutsche blockiert sein.

Mit dem Bus Einfache bis bequeme Busse verbinden fast alle peruanischen Städte miteinander. Wegen der großen Entfernungen sind etwas teurere, dafür aber auch mehr

Komfort bietende Gesellschaften zu empfehlen, wie z.B. *Ormeño,* (www.ascinsa.com.pe/ormeno) oder *Cruz del Sur* (Verbindungen und Reservierung unter www.cruzdelsur.com.pe).

Mit dem Flugzeug Um Zeit zu sparen, bieten sich besonders bei weiten Distanzen Flüge an. Sämtliche Verkehrs- und Flugverbindungen zwischen allen wichtigen Orten Perus können unter www.traficoperu.com eingesehen werden.

Mit der Bahn Perus Eisenbahn überwindet Pässe von bis zu 4781 Meter, z.B. auf der Strecke Lima – Galera – La Oroya – Huancayo. Damit verfügt das Land über die zweithöchste Bahnstrecke der Welt. Auf der landschaftlich reizvollen Strecke Puno – La Raya (4313 m) – Cusco und Cusco – Machupicchu verkehren spezielle Touristenzüge.

Reisezeit

Für die Andenregionen ist die ideale Reisezeit April bis Oktober, für die Küste November bis März. Im Amazonastiefland ist von November bis April mit den meisten Niederschlägen zu rechnen.

Restaurants

Die in diesem Reiseführer empfohlenen Restaurants zeichnen sich aus durch ihre schmackhafte Küche und ihr typisch peruanisches Ambiente – doch Änderungen können vorkommen. Normalerweise sind auf den meisten Rechnungen bereits 18% Steuern enthalten, doch bessere Hotels und Restaurants geben ihre Preise oft ohne Steuer an. Daneben sind in guten Restaurants zusätzlich zehn Prozent Bedienungsaufschlag üblich. Als Trinkgeld werden etwa fünf Prozent der Rechnung erwartet, etwas mehr, wenn kein Bedienungsaufschlag verlangt wird.

Sicherheit

Die weitaus größte Gefahr dürfte in Peru von Taschendieben drohen. Sie arbeiten bevorzugt im Gedränge und mit Ablenkungsmanövern. Deshalb nicht nur auf Märkten, bei Festen und in überfüllten Stadtbussen auf der Hut sein, sondern auch dann, wenn man „versehentlich“ angerempelt oder in ein Gespräch verwickelt wird. Beliebt ist auch der Trick, mit einer

Rasierklinge Handtaschen oder Rucksäcke aufzuschlitzen. Bei Einbruch der Dunkelheit sollte man dunkle und einsame Straßen meiden. Im Notfall kann man sich an das Beschwerdebüro für Touristen wenden, an das INDECOPI, Tel. 080042579. Diese gebührenfreie Hotline ist immer besetzt und der Operator spricht außer Spanisch auch Englisch. Um seine Dokumente ersetzt zu bekommen, benötigt man ein Polizeiprotokoll, wobei die Aufgabe der Anzeige etwas langwierig sein kann.

Souvenirs

Peru ist ein wahres Paradies für jeden Andenkensammler. Die Vielfalt des Kunsthandwerkes *(artesanías)* auf Märkten und in Läden ist unüberschaubar (s.S. 61). Auf den Märkten können Sie kräftig handeln. Kaufen Sie möglichst nicht in Läden mit Fixpreisen, das bringt die Einheimischen um einen Teil ihres Verdienstes.

Sprache

Die Landessprache von Peru und Bolivien ist Spanisch, im Anhang finden Sie eine Sprachhilfe. Daneben wird in weiten Teilen des Hochlandes *Quechua* (s.S. 166) gesprochen. Zum schnellen Erlernen der Grundkenntnisse der beiden Sprachen sind die Reise Know How „Kauderwelsch"-Bände „Spanisch für Peru" und „Quechua für Peru" zu empfehlen.

Strom

Die Spannung beträgt in Peru 220 Volt (60 Hz), in Iquitos 100 V (50 Hz). In Bolivien gleichfalls 220 V, in La Paz auch 110 V. Hotels haben im Bad oft nur Steckdosen für Flachstecker. Zwischenadapter sind auf den Flughäfen Europas erhältlich.

Taxi

Taxis haben in Peru keine Taxameter, so dass der Preis Verhandlungssache ist und unbedingt vor Abfahrt geklärt werden sollte. Erkundigen Sie sich vorher im Hotel, was eine Fahrt maximal kosten sollte. In letzter Zeit haben sich – vor allem in Lima – Überfälle durch Taxifahrer gehäuft. Deshalb sollte man keinen Wagen an der Straße anhalten, sondern sich über das Hotel oder Restaurant einen Wagen der Taxizentralen rufen lassen. Diese registrierten Taxis gelten als sicher.

Touranbieter

Viele Reiseveranstalter für süd- bzw. lateinamerikanische Länder haben sich zur Arbeitsgemeinschaft (ARGE) zusammengeschlossen:

- **Arbeitsgemeinschaft Lateinamerika,** An der Ruhbank 26, D-61138 Niederdorfelden, Tel. 06101-987712, Fax 06101-987714 www.lateinamerika.org.
- Landnahes Reisen in kleinen Gruppen durch Peru: **avenTOURa,** Rehlingstr. 17, 79100 Freiburg, Tel. 0761-2116990. Fax 0761-2116999, www.aventoura.de.
- **PERULINE** ist ein Informationsdienst zur Planung und Organisation von Peru-Reisen mit einer gut gemachten, aktuellen Peru-Website. Postfach 1323, 94003 Passau, Tel. 0851-7565644, Fax 0851-7565651, www.peruline.de.

Info Beachten Sie am Buchende die Reiseveranstalter-Anzeigen. Touranbieter vor Ort stehen jeweils im Serviceteil einer Stadt.

Trekking

Peru ist ein wahres Paradies für Bergsteiger und Trekker. Die bekannteste Wanderstrecke ist dabei der legendäre Inkaweg nach Machupicchu. Daneben bieten die Cordillera Vilcabamba, ebenfalls bei Machupicchu, und die Cordillera Blanca (Region Huaraz) wunderschöne Trekkingrouten.

Durch die Hochlage der Täler ergeben sich eine ganze Reihe leichter Vier- und Fünftausender, die man mit genügend Kondition und Trittsicherheit in einer Tagestour bewältigen kann. Ein Mindestmaß an bergsteigerischer Erfahrung gehört aber immer dazu. Der Buchhandel bietet spezielle Trekking-Literatur an.

Unterkunft

Die in diesem Buch empfohlenen Unterkünfte entsprechen mittlerem bis gehobenem Standard. Alle Hotels verfügen über Zimmer mit privatem Bad, in der günstigen Kategorie jedoch nicht immer über Klimaanlage oder Heizung. Meistens sind Restaurants angeschlossen, in denen neben der traditionellen peruanischen Küche auch internationale Gerichte serviert werden. Die Preise für die Hotels haben wir in US-Dollar angegeben. In der Regel kann sowohl in Soles als auch in Dollar bezahlt werden, wobei sich der Solestarif nach dem aktuellen Wechselkurs richtet.

Zeitdifferenz

Der Zeitunterschied zwischen Peru und Deutschland bzw. zur mitteleuropäischen Zeit (MEZ) beträgt minus sechs Stunden (in unserer Sommerzeit sieben Stunden). In Bolivien beträgt die Zeitdifferenz zu Deutschland minus fünf bzw. sechs Stunden.

Zoll

Nach den deutschen Zollbestimmungen dürfen aus Nicht-EU-Ländern 200 Zigaretten oder 50 Zigarren, ein Liter Spirituosen oder zwei Liter Wein oder Sekt, 500 g Röstkaffee, 50 g Parfüm und Souvenirs bis zu einem Warenwert von 175 Euro zollfrei eingeführt werden. Die Einfuhr von Coca-Tee ist nach den geltenden Bestimmungen des deutschen Betäubungsmittelgesetzes verboten und strafbar.

Land und Leute

Zahlen & Fakten

Peru ist mit einer Fläche von 1.285.216 Quadratkilometern etwa viermal so groß wie Deutschland. Im Norden grenzt es an Ecuador und Kolumbien, im Osten an Brasilien und im Süden an Bolivien und Chile. Hauptstadt ist Lima an der Pazifikküste, wo rund ein Drittel der 28 Millionen Einwohner Perus leben.

Knapp die Hälfte der Bevölkerung Perus sind *Indígena* (nicht: „Indios"), Angehörige der ursprünglichen Volksgruppen, im Andenhochland vorherrschend *Quechua*. Etwa ein Drittel der Peruaner sind *Mestizen* aus der europäisch-indigenen Vermischung, während die *Criollos,* die reinblütigen Nachfahren der Spanier, einen Anteil von etwa zehn Prozent stellen. Daneben gibt es noch die Minderheiten der Chinesen, Japaner und Schwarzen mit etwa zwei Prozent.

Landes- und Amtssprache ist das südamerikanische Spanisch, das *Castellano*. Die alte Sprache der Inka, *Quechua,* wird heute noch von knapp der Hälfte der Peruaner im Hochland gesprochen (Wortbeispiele s.S. 166). Daneben wird in der Gegend um den Titicacasee *Aymara* gesprochen, sowie weitere indianische Idiome im Tiefland. Rund 93 Prozent der Bevölkerung bekennt sich zum katholischen Glauben, der sich jedoch stark mit den alten Religionen vermischt hat. In den vergangenen Jahren gewannen in einigen Regionen evangelikale Kirchen einen starken Einfluss, mancherorts sind sie dabei, der katholischen Kirche den Rang abzulaufen.

Landschaftsraum Selva (Amazonastiefland)

Landesnatur

Peru prägen drei signifikant unterschiedliche Landschaftsräume: **Costa** (Küste), **Sierra** (Andenhochland) und **Selva** (Amazonastiefland). Ein schmaler, wüstenartiger Küstenstreifen zieht sich über 3000 Kilometer am Pazifik entlang, der besonders von April bis November trostlos ist, wenn die *garúa,* der Küstennebel, alles in depressives Grau hüllt. Verantwortlich dafür ist der Humboldtstrom, der als kalte Meeresströmung von Süden nach Norden an Perus Küste entlang fließt und die warme Pazifikluft abkühlt, die zu Nebel kondensiert.

Kleinkamel Lama im Andenhochland

Obgleich Peru meist als Andenstaat bezeichnet wird, nimmt die Sierra tatsächlich nur etwa ein Drittel der Landesfläche ein. Die Anden, das längste Kettengebirge der Welt, ziehen sich von Patagonien bis hinauf nach Venezuela, mit Gipfeln über 6000 Metern. Der höchste Berg Perus ist der 6768 Meter hohe *Nevado Huascarán*. Zwischen den östlichen und westlichen Andenketten, den *Kordilleren,* erstreckt sich das Hochlandbecken des *Altiplano* mit einer Durchschnittshöhe von etwa 3500 Metern. Hier lebt der Großteil der andinen Bevölkerung.

An ihrem Ostrand fallen die Anden über Bergnebelwälder in das Tiefland des Amazonas ab. Mit etwa drei Fünftel der Landesfläche nimmt die Selva („Wald") den weitaus größten Teil Perus ein. In dem riesigen

Gebiet lebt aber lediglich ein Zehntel der peruanischen Bevölkerung, es gibt nur wenige Straßen. Haupttransportwege sind die großen Flüsse, wie z.B. der *Río Ucayali* und der *Río Marañón*. Die Selva wird von unermesslichen Regenwäldern geprägt, wobei heute der sekundäre Regenwald immer mehr überwiegt, der nach der Abholzung und Brandrodung des Urwalds entstanden ist.

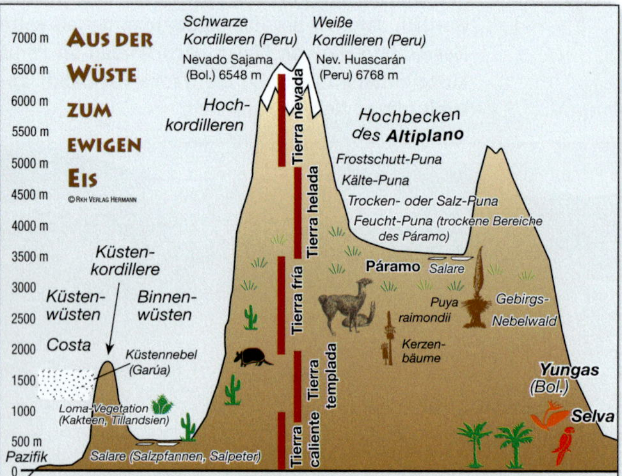

Die **thermische Höhenstufengliederung** und die damit verbundenen Staffelung ihrer Vegetationszonen in den südamerikanischen Andenländern geht auf den deutschen Naturforscher *Alexander von Humboldt* zurück. Er übernahm 1817 als wissenschaftliche Begriffe die alten **»tierra«** (»Land«)-Bezeichnungen der Spanier, die diese schon früher zur Unterscheidung der Höhenstufen und des Klimas verwendet hatten.

Die Höhenangaben in Metern der vertikalen Bereiche der Tierras sind jedoch nicht absolut, sie variieren vielmehr je nach Exposition, Land und geografischer Breitenlage.

Höhen, ca.	Bezeichnung	Charakteristika	Vegetation	Anbau
ab 5000 m	**Tierra nevada** (»Schneeland«)	Ewiges Eis		
bis 5000 m 3500 m	**Tierra helada** (»eisiges Land«) **Puna -** Stufen (s.o) (trocken) **Páramo** (feucht)	Frost- und Schneestufen, extreme Temperaturschwankungen zwischen Tag u. Nacht »Höhensteppe« Höhengrasfluren	Flechten, Hartpolsterpflanzen Gräser *(ichu)*, Schopfpflanzen *(Puya raimondii)*	Ackerbau nicht mehr möglich Hochweiden Weidewirtschaft
bis 3500 m 2000 m	**Tierra fría** (»kaltes Land«)	Kalte Höhenstufen	Nebelwald	Mais, Weizen, Gerste, Kartoffl.
bis 2000 m 800 m	**Tierra templada** (»gemäßigtes L.«)	Gemäßigt temperierte Höhenstufe	Bergwald	Bananen, Kaffee, Zuckerrohr
bis 1000 m Meereshöhe	**Tierra caliente** (»heißes Land«)	Ständig heiße Tieflandregion	Tiefland-Regenwald; Loma-Vgt.	Kakao, Tabak

Tier- und Pflanzenwelt

Fauna

In der **Sierra** haben zahllose Kleinkamel-Arten ihren Lebensraum. Ob es sich dabei um ein *Lama, Alpaka* oder gar ein *Vicuña* handelt, ist für den Laien nicht immer gleich zu erkennen (Exkurs s.S. 206). Wo Lamas leben, tummeln sich auch die possierlichen *Viscachas* (Hasenmäuse), die zur Familie der Chinchillas gehören. Die kleinen, grauen Tierchen sehen ähnlich wie unsere Murmeltiere aus und werden bis zu 60 cm groß. Ihre samtweichen Felle sind begehrt.

Andengänse schnattern durch kristallklare Luft und locken Andenfüchse an. In diesen hochgelegenen Regionen leben auch *Tarukas* (Andenhirsche), die in entlegenen Gebieten von vereinzelten *Pumas* (Berglöwen) bedroht werden. Außerdem gibt es zahlreiche Fledermäuse. *Kondore* sieht man nur selten aus nächster Nähe, sie haben sich tief in die Berge zurückgezogen. Diese mächtigen Vögel zählen mit bis zu drei Metern Flügelspannweite zu den größten überhaupt (s.S. 116). Von den mit Panzern aus Hornplatten geschützten Gürteltieren gibt es in Südamerika weit über ein Dutzend Arten. Das größte ist das rund einen Meter lange Riesengürteltier.

Im **Bergnebelwald** schwirren noch sehr viele bunte *Kolibris,* darunter auch Riesenkolibris. Ab und zu schleicht ein Brillenbär oder *Bergtapir* durchs Unterholz, und dazwischen die *Wollhaarbeutelratte,* eine Art Opossum. Im Nebelwald kann auch das Wappentier Perus, der *Tunqui* bzw. Anden-Klippenvogel oder der *Rote Felsenhahn* beobachtet werden. Felsenhähne sind Schmuckvögel mit helmartigem Scheitelkamm, die in felsreichen Bergwäldern auf dem Boden leben.

Auch in der **Selva** begegnet man einer Fülle von Vogelarten, die bekanntesten sind *Papageien, Aras,* ◂ *Tukane* und *Stärlinge,* deren Nester keulenförmig an den Bäumen hängen. Und zwischendrin tummeln sich über 3000 farbenprächtige Schmetterlingsarten, schleichen die letzten *Jaguare* und *Ozelote* auf Beute durch die „Grüne Hölle".

Ab und zu hört man auch das dumpfe „uum" des seltenen *Hokkohuhnes,* das in über 50 Arten in Süd- und Mittelamerika vorkommt. Als Waldbewohner lebt der Hokko auf Bäumen, ernährt sich von Blättern und Früchten und wird etwa so groß wie eine Truthenne. Er ist an seinem kurzen Schnabel mit eierartigem Aufsatz zu erkennen.

Der bedeutendste von über 1500 Süßwasserfischarten ist der *Paiche*. Der fischfressende Knochenzüngler mit seinen mosaikartigen Schuppen kann etwa drei Meter lang und 300 Pfund schwer werden und gilt als größter Süßwasserfisch der Welt. Der Paiche kommt etwa alle 12 Minuten zum Atemholen an die Wasseroberfläche und kann somit gut beobachtet werden. Diese Fische waren einst die wichtigste Nahrungsquelle im Amazonasgebiet, heute stehen sie in Peru unter Naturschutz und generell nicht mehr auf Speisekarten. Berühmt-berüchtigt sind die *Pirañas,* die bis zu 60 cm lang werden. Es gibt unzählige Arten, doch nur wenige sind angriffslustig.

Andere Flussbewohner sind die *Mohren- und Brillenkaimane*. Unter Verletzung des Artenschutzabkommens werden beide Arten allmählich ausgerottet. Auch die berühmten *Riesenottern,* die legendären *Flussdelfine* sowie die *Manatee* (Flusskühe) sind inzwischen selten geworden. In und an den Flüssen Westamazoniens jagt die *Anakonda* kleinere Säugetiere und gehört mit bis zu neun Metern zu der größten Art der nichtgiftigen Riesenschlangen. Der Regenwald ist Habitat für *Leguane, Faultiere, Giftschlangen,* mit den Meerschweinchen verwandte *Wasserschweine (Capybara), Nabelschweine (Pekaris),* verschiedene *Affenarten* und *Schildkröten*.

Capybara (Wasserschwein)

An der **Costa** trifft man riesige Kolonien von Seevögeln, darunter *Meerespelikane,* den *Guano-Kormoran* und den *Peruanische Tölpel,* die den Guano-Mist produzieren, einen ausgezeichneten Dünger.

Bemerkenswert ist der Fischreichtum in den peruanischen Küstengewässern. Im kalten, aber nährstoffreichen Wasser des Pazifik-Humboldtstroms leben gewaltige Schwärme von *Sardinen,* Rohstoff der Fisch- und Fischmehlindustrie. Mittlerweile ist durch übermäßigen Fang das biologische Gleichgewicht gestört, was zur Verminderung aller Fischarten und auch der Seevögel führte. Auf den vorgelagerten Küsteninseln teilen sich *Pinguine, Robben, Seelöwen* und ab und zu auch *See-Elefanten* die begehrten Trockenplätze an der Sonne.

Flora

Obwohl die **Sierra** auf den ersten Blick karg und trostlos wirkt, wird das Landschaftsbild von zahlreichen Pflanzenarten geprägt. In den Hochtälern ist der aus Australien eingeführte *Eukalyptusbaum* dominierend, unsere Laub- und Nadelbäume sind weitgehend unbekannt. Ursprünglich bildeten die langsamwachsenden *Queñua-Bäume* die am höchsten gelegenen Waldbestände der Erde, heute werden sie vorrangig zur Wiederaufforstung eingesetzt. Der peruanisch-bolivianische *Chinchona-Baum* lieferte „Chinarinde" bzw. Chinin, früher das einzige Mittel gegen Malaria. Angebaut werden in andinen Höhen Getreide, 35 verschiedene Arten *Mais* und besonders die *Kartoffel,* die hier ihren Ursprung hat und in mehreren hundert Sorten vorkommt. In letzter Zeit werden wieder verstärkt die alten, genügsamen Getreidearten *Amarant, Cañahua* und *Quinoa* angebaut, die nach der Inkazeit fast in Vergessenheit geraten waren. Das Mehl der eiweißreichen Quinoa wird zum Brotbacken verwendet.

Je höher die Lage, desto karger die Vegetation. In der *Puna* wächst ab 4000 Meter nur noch das harte, spitzes Büschelgras *ichu,* und eine Moosart, *yareta.* In einigen Gegenden ist die vom Aussterben bedrohte, über 10 Meter hohe Riesenbromelie *Puya raimondii,* eine Ananaspflanze, zu sehen. Sie kommt bis zu einer Höhe von 4200 Metern vor. Auffallend ist ihr bis zu sechs Meter hoher Blütenstiel. Bis an die Schneegrenze auf 5000 Meter ist das „Edelweiß der Anden" mit seinen Wollblättern zu finden.

Puya raimondii

Wesentlich tiefer können im **Bergnebelwald** wunderschöne Säulen- und Gliederkakteen, Bromelien und Orchideen bewundert werden. Hier wächst auch die peruanische Nationalblume *Cantuta,* deren rotweiße Blüten wie Kelche am Stengel hängen. An den Ostabhängen der Anden zum Regenwald hinab gedeihen nahezu alle tropischen Früchte sowie Tee, Kaffee, Reis und der *Cocastrauch* (s.S. 55). In der **Selva** wachsen die für die Ernährung der Ureinwohner wichtige *Yuca,* eine Maniokart, und die Knollenfrucht *Oca.* Vor kurzem wurde hier auch die *Camu-Camu* entdeckt, eine Urwaldfrucht, die von allen bekannten Pflanzen den höchsten Vitamin-C-Gehalt weltweit aufweist. Im Gebiet der großen Flussläufe kommt der wichtige *Kautschukbaum* vor.

In der fast vegetationslosen **Costa** wächst an den wenigen feuchten Stellen Schilfrohr, das für die Hütten der Elendsviertel der Küstenstädte als Baumaterial dient. Durch künstliche Bewässerung sind große Oasen entstanden, wo neben Reis und Mais auch Zuckerrohr und Baumwolle angebaut werden, außerdem Gemüse und Früchte wie *Mango, Papaya, Pepino, Chirimoya, Avocado* oder die lilafarbene Passionsfrucht *Granadilla.*

Große Auswahl beim Früchteangebot

Medizinalpflanzen

Peru gilt, was seine Vielfalt an medizinisch wirksamen Pflanzen angeht, als eines der reichsten Länder der Welt. Im Amazonasgebiet werden wirksame Heilpflanzen gegen Krebs, AIDS und andere schwere Krankheiten vermutet. Das Wissen um die Heilwirkung von Blättern, Rinden und Wurzeln wird von den Ureinwohnern im Tiefland seit Jahrtausenden von Generation zu Generation weitergegeben und ist inzwischen in das Visier der internationalen Pharmakonzerne gelangt. Bislang wurden erst wenige Pflanzen wissenschaftlich untersucht, doch bereits die Ergebnisse aus der Analyse einer einzigen Pflanze, der Katzenkralle, *Uña de Gato,* werden als sensationell bezeichnet: sie liefert über zehn verschiedene medizinische Wirkstoffe für verschiedene Therapieansätze.

Auch in den Anden gibt es Pflanzen, deren medizinische Wirkung verblüffend ist: Die *Maca-Wurzel* wächst als „Vitaminbombe" in 3500 bis 4500 Meter Höhe und gilt als „heilende Kraft" gegen Stress, Unfruchtbarkeit und andere Leiden. Schon bei den Inka war sie ein vitalisierendes Kulturgut. Als „Ginseng der Anden" wird Maca in Form von Pillen, Pulver und Bonbons weltweit exportiert.

Naturschutzgebiete

Etwa fünf Prozent der Landesfläche Perus wurden unter Naturschutz gestellt. Die bekanntesten Schutzgebiete sind der *Machupicchu Santuario Histórico* mit dem Inkatrail, der das Gebiet der Cordillera Blanca umfassende *Parque Nacional Huascarán* sowie der im südlichen Tiefland gelegene *Parque Nacional Manu* mit seiner außergewöhnlichen Artenvielfalt.

Um den Schutz der Tier- und Pflanzenwelt Perus bemühen sich etliche Naturschutz-Organisationen, wie beispielsweise *Rainforest Expeditions* in Pto. Maldonado, Calle Arequipa 401, Tel. 57-1056, Fax 23-2463, pdeza@rainforest.com.pe oder in Lima-Miraflores, Av. Aramburu 166, Tel. 421-8347, Fax 421-8183, rforest@perunature.com, www.perunature.com.

Klima

In einem Land mit so großen geografischen Unterschieden wie Peru ist das Klima sehr gegensätzlich. Da Peru dicht unterhalb des Äquators liegt, unterscheiden sich die Jahreszeiten weniger durch starke Temperaturschwankungen als durch Regen- und Trockenzeit.

Die **Küste** liegt im peruanischen Winter von Ende April bis November unter einer tiefen Wolkendecke mit ständigem Nebel, der *garúa*. Von Dezember bis April ist es hier mit Temperaturen zwischen 22 und 32 °C bei relativ hoher Luftfeuchtigkeit angenehm warm und sonnig.

In den **Anden** erreicht das Thermometer bis in Höhenlagen von 3500 Metern ganzjährig Temperaturen um die 20 °C, in größeren Höhen wird es entsprechend kühler. Dabei ist es in der **Anden-Regenzeit von Dezember bis April** nachts bei weitem nicht so kalt wie in den trockenen Monaten von Juni bis Oktober.

El Niño

Seinen Namen „Christkind" verdankt das Klimaphänomen *El Niño* seinem meist vorweihnachtlichen Auftritt. Gute Gaben sind vom ihm jedoch nicht zu erwarten: Das noch weitgehend unerforschte Phänomen in unterschiedlich starker Ausprägung kehrt die starken Monsunregen Südostasiens in ihrer Richtung um, die sich dann taifunartig über die sonst trockenen Westküsten Südamerikas ergießen. Katastrophale Überschwemmungen sind die Folge, gefolgt von „La Niña", der kalten Schwester des Christkindes, die anhaltende Dürre und niedrige Temperaturen bringt.

Dieses Wetterphänomen gibt es seit Jahrtausenden, und es wird vermutet, dass besonders heftige Überschwemmungen in Nordperu ganzen Kulturen ein Ende bereiteten. Möglicherweise trägt zurzeit die allgemeine Klimaerwärmung dazu bei, den Vorgang zu verstärken. Die durch El Niño 1997/98 verursachten außergewöhnlich heftigen Regenfälle kosteten allein in Peru 21.700 Menschen das Leben und richteten Schäden in Höhe von 35 Millionen US-Dollar an. An der Nordküste entstand für ein Jahr mitten in der Wüste ein riesiger See.

Das Klima im **Amazonastiefland** bestimmen ganzjährig Temperaturen zwischen 20 und 32 °C bei hoher bis sehr hoher Luftfeuchtigkeit. Regenzeit ist im Amazonastiefland von November bis April, doch nachmittägliche Regengüsse kann es das ganze Jahr geben.

Schwankender Grund

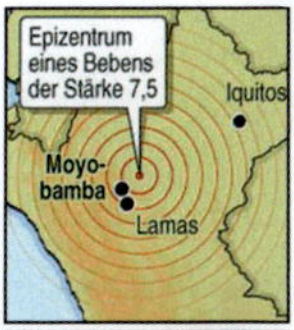

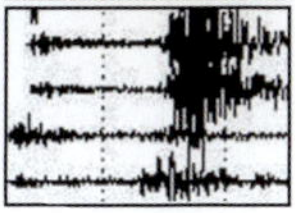

Peru befindet sich auf unsicherem Boden, es gehört zu den erdbebenreichsten Gebieten der Welt. Die Beben werden durch das Aufeinandertreffen der Amerikanischen mit der Pazifischen Platte verursacht und führen in der Sierra und an den Küsten immer wieder zu großen Zerstörungen. Städte wie Lima und Arequipa mussten mehrmals wieder aufgebaut werden. Eines der schlimmsten Erdbeben ereignete sich 1970, damals starben 70.000 Menschen. Zuletzt erschütterte 2007 ein Erdbeben mit der Stärke von 8,0 die Gegend um Pisco und forderte über 540 Todesopfer. 85 Prozent der Stadt wurden flachgerüttelt, und auch das nahe gelegene Ica und umliegende Dörfer wurden schwer getroffen.

Bitte schreiben oder mailen Sie (rkhhermann@aol.com), wenn sich in Peru Dinge verändert haben oder Sie Neues wissen. Wir beantworten jede Zuschrift. Danke!

Geschichte

Überblick

Erste Besiedelung

40.000 bis **10.000** v.Chr.	Einwanderung aus Asien über die Beringstraße auf den amerikanischen Doppelkontinent.
6000 bis **3000** v.Chr.	Beginn des Ackerbaus, Domestizierung von Lamas und Alpakas

Altperuanische Kulturen

um 2600 v.Chr.	*Caral* bei Supe, nördlich von Lima, älteste Stadt Amerikas
v.Chr.:	
1800 – 500	*Sechín,* Casma, Nordküste, Wandreliefs
1000 – 200	*Chavín-Kultur,* bei Huaraz, Textil- und Metallverarbeitung
700 – 200	*Paracas-Kultur,* Halbinsel Paracas, Web- und Keramikkunst, Trepanationen
100 v.Chr. – **1000** n.Chr.	*Tiwanaku,* Titicacasee, Baukunst
200 – 600	*Nasca,* Südküste, Geoglyphen
200 – 800	*Mochica,* bei Trujillo, Lehmpyramiden
600 – 1200	*Wari,* bei Ayacucho, Knotenschnüre
800 – 1100	*Sicán,* bei Trujillo, Goldschmiedekunst
1000 – 1450	*Chimú,* Nordküste, Chan-Chan, Tumi-Messer

Die Inka

Um 1200	*Manco Capac* gründet in Cusco *Tawantinsuyu,* das Reich der Inka
1438–71	Regentschaft des ersten geschichtlichen Inka-Herrschers *Pachacuti Inca Yupanki,* Einführung von Sonnenreligion und Staatssprache Quechua
1493–1527	*Huayna Capac;* Ausdehnung des Reiches von Chile bis Kolumbien
1537–32	Bruderkrieg zwischen *Atahualpa* und *Huáscar*

Spanische Eroberung

1532	Landung der Spanier in Tumbes, Nordperu
1532	Gefangennahme des Inca Atahualpa durch die Spanier in Cajamarca
1533	Ermordung Atahualpas, Eroberung Cuscos

Unten: Pizarro und sein Miteroberer Diego de Almagro, wie die beiden Konquistadoren von Huamán Pomo de Ayala gesehen wurde (ca. 1615).

Die einschneidenste Zäsur in Perus Geschichte war die Ankunft der Europäer. Im Bild oben wird der spanische Eroberer Pizarro (in Bildmitte) von einer großen Indianerschar empfangen, als er an der peruanischen Nordküste bei Tumbes 1526 zum erstenmal an Land geht (Stich von Theodore de Bry).

A-Z

1536	Inka-Aufstand unter Manco Inca, Belagerung von Cusco
1541	Ermordung Pizarros in Lima
1543	Gründung des Vizekönigreichs Peru
1572	Hinrichtung Túpac Amarús, des letzten Incas

Koloniale Herrschaft

1570	Einführung der Inquisition
1780/81	Aufstand unter *Túpac Amarú II.*
1809	Erste Unabhängigkeitsbestrebungen

Der Weg in die Neuzeit

1821	Unabhängigkeitserklärung Perus durch San Martín
1879–1884	Salpeterkrieg zwischen Chile, Peru und Bolivien
1941/42	Peru annektiert nach einem Grenzkonflikt mit Ecuador riesige Amazonasgebiete
1980	Beginn der Aktivitäten der Guerillabewegung *Sendero Luminoso* („Leuchtender Pfad“)
1990	Wahl von Alberto Fujimoris zum Präsidenten
1992	Zerschlagung des Sendero Luminoso, Festnahme des Führers A. Guzmán
2000	Nach Wahlbetrug setzt sich Fujimori nach Japan ab
2001	Alejandro Toledo wird neuer Präsident Perus

2002 Bush besucht als erster Präsident Peru und vereinbart einen gemeinsamen Anti-Drogen-Kampf

2003 Nach einer Streik- und Protestwelle wird Beatriz Merino erste Ministerpräsidentin Perus

2004 Toledos Ohnmacht, die Lebensverhältnisse der unterprivilegierten Bevölkerungsschicht zu verbesseren, führen zu Unruhen, Streiks und Protesten.

2006 Alan García wird nach 1985 erneut Präsident. Er gewinnt nach einer Stichwahl nur knapp gegen den linksradikalen Ollanta Humala.

Altperuanische Kulturen

Beim Stichwort „Peru" fallen den meisten als erstes die Inka ein. Doch schon lange vor ihnen entwickelten sich in Peru Hochkulturen, deren geschichtliche Zeugnisse bis heute überdauert haben.

Caral Während ca. 3000 v.Chr. die ägyptische Kultur mit den Pyramiden entstand, entwickelte sich fast zeitgleich in Peru das älteste Gemeinwesen Amerikas, **Caral.** Über diese erst 2001 nördlich von Lima bei Supe entdeckte Stätte und die Caral-Kultur ist bislang nur wenig bekannt. Fest steht, dass mit ihr die bislang älteste Stadtanlage des gesamten amerikanischen Kontinents entdeckt wurde. Ihr präziser Entwurf zeugt davon, dass ihre Bewohner über Kenntnisse der Geometrie, Arithmetik und Astronomie verfügten. Gefunden wurden Opfergaben, Gefäße, Textilien und Musikinstrumente. Reste von Früchten und Schnecken aus dem Amazonasgebiet lassen darauf schließen, dass Caral über die Anden hinweg Handel trieb.

Sechín Die wahrscheinlich aus Caral hervorgegangene **Sechín**-Kultur entwickelte sich 1800–500 v.Chr. etwas weiter nördlich im *Casma-Tal.* Hier wurde ein gewaltiges Kultzentrum mit ausgedehnten Terrassen und Zeremonialplätzen gefunden. Kampfszenen mit Kriegern wurden reliefartig in Steinplatten gemeißelt.

Chavín Von 1000–200 v.Chr. entstand im nördlichen Hochland bei Huaraz die **Chavín-Kultur,** in deren Mittelpunkt die kultische Verehrung von Mischwesen, wie etwa einer Raubvogelgottheit, stand. Charakteristisch für den Chavín-Reliefstil sind menschliche und tierische Darstellungen mit kurvigen und linearen Elementen. Der Chavín-Kultur, die sich von Küste bis ins Tiefland des Amazonas ausbreitete, wird auch die Erfindung der Textil- und Metallverarbeitung zugerechnet.

Paracas

Südlich von Lima entwickelte sich um 700 v.Chr. die **Paracas-Kultur** auf der gleichnamigen Halbinsel. Hier wurden hunderte Gräbern mit Mumien gefunden, daneben Schmuck, Keramiken und fein gewebte Totentücher *(mantos)* als wertvolle Grabbeigaben. Die Methode der Mumifizierung ist bis heute rätselhaft. Viele dieser Mumien weisen Schädeldeformierungen und Trepanationen, Anbohrungen des Schädels, auf (s.S. 90).

Totentuch (manto)

Tiwanaku

Zwischen der Paracas-Kultur und **Tiwanaku** südlich des Titicacasees bestanden kulturelle Beziehungen. Die auf 100 v.Chr bis 1000 n.Chr. datierte Tiwanaku-Kultur schuf mit ihren monolithischen Figuren und dem „Sonnentor" stumme Zeugen einer großartigen Baukunst. Der Einflussbereich Tiwanakus erstreckte sich rund um den Titicacasee bis hinab zur Küste. Ungeklärt ist, ob es auch ein politisches Tiwanaku-Reich gegeben hat.

Nasca

Die auf 200 bis 600 n.Chr. datierte **Nasca-Kultur** in Perus südlicher Küstenwüste wird oft als Fortsetzung der Paracas-Kultur interpretiert. Sie hinterließ außerordentlich interessante Zeugnisse: Die Nasca-Geoglyphen (Bodenzeichnungen), stilisierte Abbilder von Tieren und Pflanzen (s.S. 95f). Typisch für die farben-

freudige Nasca-Keramik sind Tonkrüge mit doppeltem Ausguss und komplexen zoomorphen Darstellungen.

Mochica

Etwa zur gleichen Zeit entfalteten sich im Norden Perus die **Mochica** (Moche). Sie bauten in der Küstenwüste ein gigantisches System von Bewässerungskanälen, die noch heute genutzt werden. Aus Lehmziegeln schufen sie die größten Pyramiden Südamerikas. Berühmt waren sie für ihre hohe Kunst der Metallverarbeitung. Außergewöhnlich sind auch ihre plastisch gestalteten und teils szenisch bemalten rotbraunen und cremefarbenen Tongefäße.

Wari (Huarí)

Um 600 v.Chr entwickelte sich im Hochland bei Ayacucho die Kultur der **Wari** (Huarí), in der sich viele Elemente aus Tiwanaku finden. Die Wari errichteten erste Verwaltungszentren, verbanden Städte und militärische Stützpunkte durch ein Straßennetz und erfanden ein System, um mittels Knotenschnüren Statistiken zu führen – Kulturleistungen, von denen später die Inka profitierten und die von ihnen weiterentwickelt wurden.

Sicán

Die auf 800 bis 1100 n.Chr. datierte **Sicán-Kultur** ist wahrscheinlich die Folgekultur der Mochica. Der bedeutendste Fund aus dieser Zeit ist das *Grab des Herrschers von Sipán* bei Chiclayo. Die Grabbeigaben zeugen von einer außerordentlich hoch entwickelten Goldschmiedekunst.

Chimú

Auf den Überresten der Moche-Kultur entstand zwischen 1000 und 1450 n.Chr. das Küstenreich der **Chimú.** Die von ihnen errichtete Stadt Chan-Chan war mit mehr als 100.000 Einwohnern damals eine der größten Städte der Welt. Aus der Chimú-Kultur stammen die berühmten *Tumi,* halbmondförmige Zeremonialmesser.

Ritualmesser Tumi

Die Inka

Rätselhafte Herkunft

Manco Capac (um 12. Jh.)

Um die Herkunft der Inka ranken sich viele Sagen. Eine Version erzählt, dass aus einer Höhle bei Cusco vier Brüder und vier Schwestern erschienen. Drei der Brüder wurden zu Stein verwandelt. Der übriggebliebene, *Manco Capac,* erwählte die mutigste seiner Schwestern, *Mama Ocllo,* zur Frau und gründete die spätere Hauptstadt Cusco. Nach dem Inka-Chronisten *Garcilaso de la Vega* hingegen schickte einst der Sonnengott Inti seine beiden Kinder Manco Capac und Mama Ocllo auf die Erde (s.S. 119). Von der Sonneninsel (Isla del Sol) im Titicacasee machten sie sich auf den Weg und gründeten Cusco, wo Manco Capac der erste Inca wurde.

Göttliche Herrscher und Staatssystem

Urmutter Mama Ocllo (nach Huamán Pomola d.Ä.)

Der Titelname „Inca" stand einst nur dem Herrschergeschlecht zu und wurde erst später auf das ganze Volk übertragen. Vom einfachen Volk wurde der Inca als direkter Nachfahre der Götter hoch verehrt. Um das göttliche Blut nicht zu „verwässern", war es Sitte, dass der Inca eine Halbschwester heiratete. Der Adel und die oberen Staatsbeamten waren weitläufig mit dem Inca verwandt und vereinten in sich die gesamte Macht. Sie verfügten über viele Privilegien. So waren sie z.B. von Feldarbeit und Militärdienst befreit und durften mehrere Frauen haben. Nur sie trugen Kleidung aus kostbarer Vicuña-Wolle und Schmuck, allein ihnen war der Genuss der Cocablätter erlaubt.

Das Reich der Inka, *Tawantinsuyu,* setzte sich aus den vier Landesteilen *Chinchaysuyu* (nördlich), *Contisuyu* (westlich), *Antisuyu* (östlich) und *Collasuyu* (südlich) zusammen, die in verschiedene Provinzen gegliedert waren. Über jeden Landesteil herrschte ein „Vizekönig", den Provinzen standen Gouverneure vor.

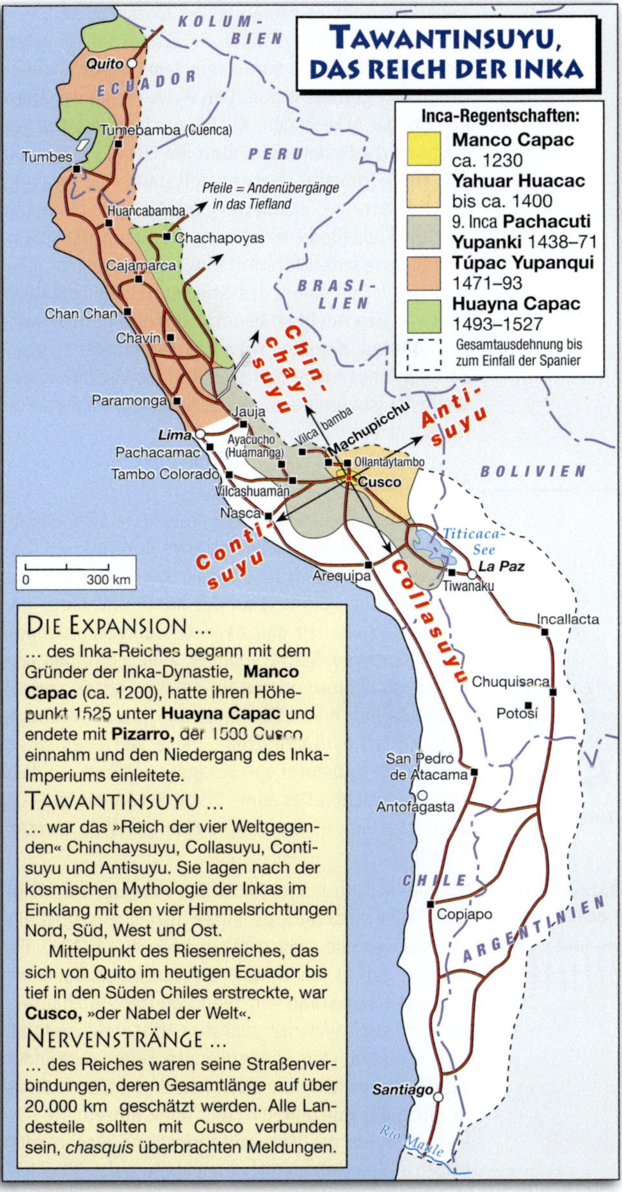

Die Expansion ...

... des Inka-Reiches begann mit dem Gründer der Inka-Dynastie, **Manco Capac** (ca. 1200), hatte ihren Höhepunkt 1525 unter **Huayna Capac** und endete mit **Pizarro,** der 1533 Cusco einnahm und den Niedergang des Inka-Imperiums einleitete.

Tawantinsuyu ...

... war das »Reich der vier Weltgegenden« Chinchaysuyu, Collasuyu, Contisuyu und Antisuyu. Sie lagen nach der kosmischen Mythologie der Inkas im Einklang mit den vier Himmelsrichtungen Nord, Süd, West und Ost.

Mittelpunkt des Riesenreiches, das sich von Quito im heutigen Ecuador bis tief in den Süden Chiles erstreckte, war **Cusco,** »der Nabel der Welt«.

Nervenstränge ...

... des Reiches waren seine Straßenverbindungen, deren Gesamtlänge auf über 20.000 km geschätzt werden. Alle Landesteile sollten mit Cusco verbunden sein, *chasquis* überbrachten Meldungen.

Angehörige des gemeinen Volkes lebten in weit verzweigten Familienverbänden, in *ayllus,* der kleinsten sozialen Einheit, die von einem Familienpatriarchen, dem *puric,* geführt wurde. Den Ayllu-Gemeinschaften gehörte der Ackerboden, die Bauern bearbeiteten gemeinsam die Felder und teilten die Erträge unter sich auf. Ein bestimmter Flächenanteil stand dem Inca und den Priestern zu. Das System der Ayllu ist bis heute die Grundlage für die kollektive Landwirtschaft. Außerdem musste jeder Untertan einen Arbeitsdienst leisten, die *mita,* damit das Straßennetz unterhalten oder von den Adeligen benötigte Stoffe gewebt werden konnten. Kranken, Witwen und Behinderten wurden Nahrungsmittel und Kleidung zur Verfügung gestellt, im ganzen Reich gab es Speicher mit Getreide für Notzeiten.

Strategen ...

Schlagadern des Inkareichs waren seine Straßenverbindungen mit einer Gesamtlänge von über 20.000 Kilometern, im Zentrum dieses Netzes lag Cusco. Die Hauptstraßen verliefen an der Küste und längs der Anden, dazwischen gab es viele Querverbindungen und Nebenwege. Stafettenläufer, zum Schweigen verpflichtete *chasqui,* waren in kleinen Hütten stationiert und eilten von Station zu Station um wichtige Botschaften zu übermitteln. Diese Stationen lagen nur wenige Kilometer von einander entfernt, so dass eine Nachricht über eine Distanz von bis zu 400 Kilometer an einem Tag weitergeleitet werden konnte.

Chasqui

Zahlen und Lauffeuer

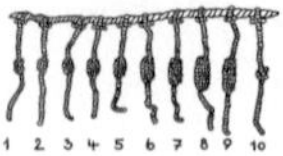

Kommunikationsmittel für Zahlen waren *quipus,* Knotenschnüre, und *tocapus,* eine Bildzeichenschrift aus rechteckigen und quadratischen Zeichen (s.S. 171). Für Notfälle gab es das System der Lauffeuer: Vor jeder der Stationen stand ein feuerbereiter Holzhaufen, dessen Rauch von der nächsten Hütte aus sichtbar war, wo daraufhin wiederum ein Feuer entzündet wurde. So erreichte die Nachricht drohenden Unheils in Kürze das ganze Reich, und ohne Einzelheiten zu kennen wurde das Heer mobilisiert und machte sich sofort in Richtung der Alarmmeldung auf.

... Techniker

Die von den Inka errichteten Mauern lassen bis heute den Betrachter staunen, zumal sie weder Metallwerkzeuge noch Zugtiere kannten. Die fugenlose und erdbebensichere Aneinanderfügung der riesigen Steine ist auch noch nach heutigen Gesichtspunkten eine technische Meisterleistung. Die gewaltigen Blöcke wurden mit harten Hammersteinen behauen. Doch wie sie ohne Rad transportiert wurden, ist bis heute nicht geklärt, ebensowenig, wie die schweren Steine fugenlos zusammengefügt wurden. Möglicherweise wurden die Blöcke nebeneinander gesetzt, ihre Berührungspunkte markiert und anschließend so lange bearbeitet, bis sie haargenau ineinander passten – zwischen die Steinquader lässt sich keine Messerklinge schieben. Herausragend war auch die Brückenbaukunst der Inka (s.S. 203).

... und Künstler

Eine aríbalo-Amphore für den Transport von Wasser

Die Inka-Kunst war schlicht und nüchtern, ohne große Verspieltheit. Teilweise übernahmen die Inka ganze Stilausprägungen besiegter Kulturen, wie etwa den Chimú-Stil. Ihre künstlerischen Arbeiten dienten in erster Linie der Verherrlichung des Staates mit seinem Herrscher und zeremoniellen Zwecken. Paradebeispiele für Zeremonialgefäße im klassischen Inkastil sind die großbauchigen Inka-Amphoren mit schmalem Hals, seitlichen Griffen und konischem Boden, genannt *aríbalo*. Gefäße und Becher, *keros,* wurden aus sehr hartem Holz hergestellt und mit Wachsfarben bemalt oder mit herausgeschnitzten Motiven dekorativ verziert. Die *techidos*, Webwaren aus feiner Vicuña- und Alpakawolle, zeichneten sich durch schöne Farben und Ornamente aus (s.S. 187).

Goldschmiedekunst

Goldene Lamafigur

Die Goldschmiedekunst der Inka geht vor allem auf die Chimú zurück, die ihr hohes Können nach Cusco mitbrachten. In den Tempeln und Palästen gab es große Goldschätze. Charakteristisch sind Lama- und Menschenfiguren aus Gold und Silber, Kultgegenstände waren außerdem oft mit kostbaren Steinen besetzt. Dabei hatte Gold, das die Inka „Schweiß der Sonne" nannten, für sie keinen besonderen, sondern nur dekorativen Wert, nachdem es in eine ansprechende Form gebracht worden war.

Staatsreligion Staatsreligion war die Verehrung des Sonnengottes **Inti** und seiner Frau, der Mondgöttin **Quilla.** Daneben wurde dem Schöpfergott Wiracocha und der Erdgöttin Pachamama gehuldigt (s.S. 57). Bedeutsam war der *huaca*-Kult (huaca = heilig), der sich mit dem Ahnenkult verband. Als *huaca* wurde nicht nur die Verstorbenen und ihre Gräber angesehen, sondern auch Quellen, Höhlen oder besonders geformte Steine. Eine große Rolle spielten außerdem die *apus,* Berggeistern, denen ähnlich wie der Erdgöttin Opfergaben dargebracht wurden.

Der Aufstieg zur Macht

Ursprünglich umfasste der Machtbereich der Inka nur die Gegend um Cusco, doch innerhalb einer verhältnismäßig kurzen Zeit, von 1230 bis 1527, entstand ein riesiges Reich, genannt *Tawantinsuyu.* Die Expansion wurde geschickt vorangetrieben: Sollte dem Inkareich ein neues Gebiet einverleibt werden, so wurde die fremde Provinz zunächst nicht bekämpft, sondern dem Regenten Abgesandte geschickt, die die Vorteile der Unterwerfung aufzeigten. Geschenke wurden verteilt, wirtschaftliche Hilfe in Form von Rohstoffen versprochen. Stimmte der Herrscher zu, so wurde er als Statthalter der neuen Provinz des Inkareiches eingesetzt. Weigerte er sich, so wurde sein Land mit militärischen Mitteln erobert. Dabei kam die Organisationsstruktur der Streitkräfte zum Tragen: Durch das hervorragende Nachrichtensystem und die Registrierung der Bevölkerung konnten in kürzester Zeit Bauern zwangsrekrutiert werden. Alle zehn Kilometer waren *tambos* errichtet worden, Vorratslager, die die Versorgung der Truppen gewährleisteten.

Inka-Dynastie

Der Überlieferung nach hatte das Inkareich bis zum Einfall der Spanier 1532 dreizehn Herrscher. Nur über die letzten fünf gibt es nachweislich Zeugnisse, die früheren Regenten waren halb geschichtliche, halb

A-Z

mythische Gestalten. Der 9. Inca, **Pachacuti Yupanki,** ist der erste, dessen Herrschaft historisch belegt ist. In seiner Regentschaft von 1438 bis 1471 verbesserte er die wirtschaftlichen Verhältnisse im Reich, indem er den Zeitpunkt für die Aussaat nach dem Stand der Gestirne bestimmen ließ. Unter ihm wurde der Sonnenkult Staatsreligion und Quechua Staatssprache (s.S. 166). Sein Sohn **Inca Túpac Yupanki** besiegte den letzten Herrscher des Chimú-Reiches und konnte so das Inka-Imperium erheblich vergrößern. Er rüstete eine Flotte von Flößen aus, und es ist nicht auszuschließen, dass günstige Meeresströmungen lange Reisen zu Pazifikinseln ermöglichten.

Unter **Huayna Capac** erreichte das Inkareich seine größte Ausdehnung, es erstreckte sich von der Mitte des heutigen Chile bis zur Südgrenze Kolumbiens. Mittelpunkt war Cusco, der „Nabel der Welt". Huayna Capac verlegte seine Residenz nach Tomebamba, dem heutigen Cuenca in Ecuador, um von hier aus Feldzüge in den an Bodenschätzen reichen Norden zu unternehmen.

In den letzten Jahren seines Lebens erreichte ihn noch die Meldung von der Ankunft „bärtiger weißer Männer", so wie es einst die Schöpfergottheit Wiracocha vorausgesagt hatte – Pizarro war mit seiner zerlumpten Truppe von nur wenigen Mann 1527 erstmals in Nordperu an Land gegangen. Huayna Capac hatte noch vor seinem Tod entschieden, das Reich unter seinen Söhnen aufzuteilen: **Huáscar** sollte Cusco bekommen, **Atahualpa** den Norden des Reiches. Doch beide beanspruchten die Herrschaft über das gesamte Reich, es kam zum Bruderkrieg, den der kriegserfahrene Atahualpa gewann. Im Siegestriumph übersah Atahualpa die Gefahr durch die Spanier, die im April 1532 unter der Führung Pizaros zurückgekehrt und bei Tumbes an Land gegangen waren.

Die Eroberung durch die Spanier

... es sind bärtige, sehr schöne und weiße Leute; sie essen aus silbernen Tellern, und sogar die Schafe, große Schafe, von denen sie getragen werden, besitzen silbernes Schuhwerk. Sie feuern Blitz und Donner

ab wie der Himmel. Du kannst dir selber ausrechnen, dass Leute dieser Art, die so leben und sich so verhalten, Wiraqochas (Götter) sein müssen ...

Aus dem Bericht von Titu Kusi Yupanki, Sohn des Manco Inca an den spanischen König, 1570

Die Gefangennahme Atahualpas

Francisco Pizarro fand auf seinem Marsch von der Küste ins Hochland überall verwüstete Felder und leere Dörfer vor, die der gerade beendete Bruderkrieg hinterlassen hatte. Mit seiner nicht einmal 200 Mann starken Truppe erreichte er **Cajamarca** und stationierte seine Soldaten in den leerstehenden Häusern um den Hauptplatz der Stadt. Am nächsten Tag schritt Atahualpa, reich geschmückt und von seiner Garde begleitet, in Cajamarca ein. Der Dominikanerpadre Vicente de Valverde trat vor und sagte dem Inca, er bringe die Botschaft Gottes und überreichte ihm eine Bibel. Atahualpa bewunderte den Einband, hielt das Buch an sein Ohr, warf es jedoch, als er nichts hörte, achtlos zu Boden. Dieses „Sakrileg" diente den Spaniern als Vorwand für das nun folgende Gemetzel. Mit dem Schlachtruf „Santiago" rief Pizarro die in den umliegenden Häusern wartenden Soldaten aus ihrem Versteck. Die völlig überraschte Garde Atahualpas wurde in kürzester Zeit vernichtend geschlagen, nicht einer überlebte. Atahualpa selbst wurde gefangen genommen.

Pizarro kniet vor Atahualpa

Fatalerweise hielt Atahualpa die Spanier nur für Schatzräuber und bot ihnen im Tausch gegen seine Freiheit einen Raum von 88 Kubikmetern voller Gold an, ein Handel, auf den Pizarro zum Schein einging. Tag und Nacht schleppten die Inka goldene Kunstwerke herbei, die die Spanier an Ort und Stelle einschmolzen. Aus der Haft heraus regierte Atahualpa sein Reich weiter und ließ seinen Bruder Huáscar töten. Nachdem jedoch

Atahualpa in spanischer Gefangenschaft

A-Z

ein General der Inka gefoltert worden war, dämmerte es Atahualpa, dass es ein Fehler gewesen war, sich auf den Handel mit den Fremden einzulassen und beorderte Truppen nach Cajamarca. Der in Panik geratene Pizarro ließ Atahualpa daraufhin hinrichten. Da die Inka glaubten, dass sie nur mit unversehrtem Körper ins Jenseits eingehen könnten, war für sie die Vernichtung ihres Leibes schlimmer als der Tod selbst. So ließ sich Atahualpa kurz vor seinem Tod taufen, um dem Scheiterhaufen zu entgehen, was ihn jedoch nicht vor dem spanischen Würgeeisen, der Garotte, rettete.

Die Belagerung Cuscos

... wenn wir sie gleichzeitig überfallen, werden wir sie rasch vernichten, ohne auch nur einen einzigen am Leben zu lassen und uns diesen Alptraum vom Leibe schaffen. Dann werden wir uns unseres Lebens erfreuen können.

Aus dem Bericht von Titu Kusi Yupanki, Sohn des Manco Inca an den spanischen König, 1570

Das nun führerlose Volk der Inka leistete keinen nennenswerten Widerstand. In Cusco wurden die Spanier von den Anhängern *Huáscars* sogar freundlich empfangen, hatten die Fremden doch den Widersacher Atahualpa getötet. Pizarro setzte den jüngsten Bruder Atahualpas, den gerade zwanzig Jahre alten Prinzen *Manco Inca* als Marionettenherrscher ein um seine Macht zu festigen. Hemmungslos machten sich die Spanier daran, das prächtige Cusco zu plündern. Heimlich mobilisierte jedoch Manco Inca Krieger und legte Waffenlager an.

Nachdem ihm die Flucht aus Cusco gelungen war, zog er 1536 mit seinem Heer gegen die Stadt, die er über acht Monate belagerte. Zur gleichen Zeit brachen überall im Land Aufstände aus, auch das erst kurz zuvor gegründete Lima wurde angegriffen. Die Spanier forderten eiligst frische Truppen aus Mittelamerika an um die Aufstände niederzuschlagen. Schließlich gab Manco Inca den Belagerungsring wegen der herannahenden Pflanzzeit auf.

Túpac Amarú (links) wird wegen eines angeblichen Aufstandes in Cusco hingerichtet

Manco Inca zog sich nach *Vilcabamba* zurück, von wo aus er und später sein Sohn **Titu Kusi Yupanki** immer wieder spanische Truppenteile überfiel und über den Rest des Inkareiches herrschte. 1567 drangen die Spanier auch in diese letzte Bastion der Inka vor. Nach dem plötzlichen Tod von Titu Kusi Yupanki 1571 übernahm sein Bruder *Túpac Amarú* das Reich. Mit seinem Fall wurde 1572 der letzte Inka-Regent von den Spaniern in Cusco hingerichtet.

Unterdessen hatten die Spanier untereinander erbittert über die Verteilung der erbeuteten Reichtümer und um die Macht gestritten. Pizarro ließ seinen alten Kampfgefährten Almagro 1538 hinrichten, dessen Anhänger wiederum Pizarro in seinem Palast in Lima 1541 ermordeten.

Koloniale Herrschaft

Die folgenden Jahre waren geprägt von der eisernen Hand der Spanier, die das Land ausbeuteten. *Francisco de Toledo,* erster Vizekönig über Peru, das damals ganz Spanisch-Südamerika mit Ausnahme Venezuelas umfasste, führte das System der *encomienda* ein, wonach die Bevölkerung den neuen Herrschern Tribut in Form von Arbeitskraft und Abgaben zu leisten hatte. Dabei machten sich die Spanier das überlieferte System der Gemeinschaftsarbeit *mita* zunutze. Als Gegenleistung übernahm der *encomendero* die „Verantwortung" für das Seelenheil seiner „Untergebenen" und sorgte für ihre „religiöse Unterweisung". Hemmungslos plünderten die Spanier die Reichtümer des Landes. So groß war ihre Gier nach Gold, dass die Inka sich fragten, ob die Fremden sich davon ernährten.

Nachdem alle Tempel und Paläste geplündert worden waren, machten sich die Spanier an die Ausbeutung der Bodenschätze, in großem Stil wurde die Bevölkerung zur Fronarbeit in Quecksilberminen (Huancavelica) und in Silberbergwerke gezwungen (die ergiebigsten waren die von Potosí, heute Bolivien). Die gnadenlose Ausbeutung forderte Millionen von Menschenleben, und gleichzeitig bemühte man sich darum, das indianische Bewusstsein auszulöschen:

Die Quechua-Sprache, die inkaische Kleidung und die alten Bräuche wurden verboten und die katholische Kirche versuchte den alten Glauben auszurotten.

Fortwährende Aufstände

Es kam immer wieder zu kleineren Aufständen. 1780 konnte *José Gabriel Condorcanqui,* das Volk zu einem Generalangriff auf die Spanier zu mobilisieren. Der Nachfahre des letzten Inca Túpac Amarú prangerte die elenden Lebensbedingungen der Menschen an und forderte die Abschaffung der Zwangsarbeit. Mit einem gewaltigen Heer gelang es ihm, La Paz über neun Monate lang zu belagern und Cusco zu erobern, bis die Aufstände niedergeschlagen wurden. Immerhin veranlasste dies den Vizekönig zu einigen Reformen. Die grausame Hinrichtung des vom Volk verehrten *Túpac Amarú II.* machte ihn zum Märtyrer der Befreiungsbewegung, und bis heute ist er vor der Geschichte und im kollektiven Bewusstsein der Peruaner der größte indigene Befreiungsheld der Anden.

Túpac Amarú II

Vor dem Hintergrund der Französischen Revolution und der Unabhängigkeit Nordamerikas traten auch immer mehr *criollos,* die Spanischstämmigen, für die Unabhängigkeit vom Mutterland ein. Unter Führung des Argentiniers *José de San Martín* kämpften die Rebellen gegen die Royalisten. 1821 rief der General die Unabhängigkeit Perus aus, die mit Hilfe des venezolanischen Freiheitskämpfer *Simón Bolívar* gefestigt wurde. Anerkannt wurde sie von Spanien allerdings erst 1879.

Der Weg in die Demokratie

Nach den Wirren des Befreiungskrieges versank das verwüstete Land im Chaos. Zwischen 1825 und 1865 hatte Peru nicht weniger als 35 Präsidenten, die sich einer nach dem anderen an die Macht putschten. Die Entdeckung des Guanos als weltbester natürlicher Dünger machte Peru reich, mit den Erlösen wurde der Bau der Eisenbahntrassen finanziert. Die reichen Salpetervorkommen im Süden Perus – damals unentbehrlich für die Herstellung von Schießpulver – führten 1879 zum „Salpeterkrieg“ zwischen Chile, Peru und Bolivien, den die Chilenen 1884 für sich entscheiden konnten. Peru verlor die Provinzen Arica, Tacna und Tarapaca, abermals stürzte das Land ins wirtschaftliche Chaos.

Im 20. Jahrhundert war Peru geprägt von Grenzkonflikten mit Ecuador, der Willkür der Weltmarktpreise für Rohstoffe, Landflucht, galoppierender Inflation, Militärjuntas und der wachsenden Abhängigkeit von den USA. Korrupte Regierungen, Wahlfälschungen und die zunehmende Verarmung breiter Bevölkerungsschichten begünstigten die Bildung von Terrororganisationen. Neben dem *Sendero Luminoso,* dem „Leuchtenden Pfad" (s.S. 222), machte auch die MRTA (Movimiento Revolucionario Túpac Amarú) mit Terroraktionen von sich reden.

Der japanischstämmige Präsident *Alberto Fujimori* führte 1990 ein hartes Sparprogramm ein und liberalisierte die Wirtschaft. Es gelang ihm, das Land zu einer gewissen Stabilität zu führen, gleichzeitig wurden jedoch die Menschenrechte eingeschränkt. Als Fujimori die Verfassung aushebelte und 2000 abermals als Präsidentschaftskandidat antrat, kam es zu Massenprotesten. Nach der offenkundigen Wahlfälschung und der Enthüllung von Korruptionsaffären setzte sich Fujimori nach Japan ab. Mit Alejandro Toledo wurde 2001 zum ersten Mal ein Präsident gewählt, der von der Hochlandbevölkerung abstammt.

Aber sowohl 2003 als auch 2004 gab es landesweite Streiks und Protestaktionen, denn Toledo konnte die Lebensverhältnisse im Land nicht wie versprochen verbessern. Zu seinem Nachfolger wurde 2006 der Sozialdemokrat Alan García gewählt, der bereits von 1985 bis 1990 Präsident des Landes war. Seine erste Amtszeit war vom wirtschaftlichen Niedergang des Landes mit bis zu 3000 Prozent Inflation, ausufernder Guerilla-Gewalt durch den Sendero Luminoso

Demonstration in Cusco

und Korruptionsaffären gekennzeichnet. Er versprach jedoch, aus seinen Fehlern in der Vergangenheit gelernt zu haben, kündigte einen Sparkurs inklusive Gehälterkürzung der Staatsbediensteten an und kürzte sein Gehalt um über die Hälfte. Seine Ziele: Eisernes Sparen, Kampf gegen die Kokain-Mafia und gegen die Armut. Das sind in etwa die gleichen Ziele wie schon bei seinem ersten Amtsantritt.

Deutsche in Peru

Zu behaupten, dass deutsche Einwanderer und Forscher Peru wesentlich geprägt haben, wäre zweifellos übertrieben. Dennoch gibt es eine ganze Reihe deutscher Pioniere, Abenteurer und Wissenschaftler, deren Namen heute noch oft fallen.

Unter den ersten deutschen **Einwanderern** im 16. Jahrhundert war *Bartel Blumen,* seine Nachfahren sind heute unter den Namen *Bartolomé Flores* in Peru und Bolivien weit verbreitet. Es folgten seit 1612 deutsche Jesuitenmissionare, dann Handwerker und Bergleute. Der Bremer *Hans Gildemeister* wanderte 1848 nach Peru aus, eröffnete die Firma Juan Gildemeister und handelte mit Erdöl, Fischmehl, Nahrungsmittel, Bergbau, Eisenbahn, Baumwolle und Zucker. Begünstigt durch das neue Einwanderungsgesetz von 1849 kamen zwischen 1850 und 1853 mehr als 1000 Deutsche nach Peru, darunter viele Bergleute, Bauern, Schmiede, Müller und Zimmermänner. Sehr viele jedoch starben danach an tropischen Krankheiten.

Ein besonders ehrgeiziges Siedlungsprojekt wurde 1852 *Damian Freiherr von Schuetz-Holzhausen* übertragen: Er sollte eine deutsche Kolonie im Amazonasgebiet am Marañón zu gründen. In Tirol, Bayern und im Rheinland wurden Handwerker und Bauern angeworben, die unter entbehrungsreichen Bedingungen ihren Weg in den Urwald fanden. Von den insgesamt 600 Auswanderern schaffte es jedoch nur rund die Hälfte bis zum Ziel. Die Pioniere gründeten an den unzugänglichen Ausläufern der Anden 1857 die Kolonie **Pozuzo,** und waren für hundert Jahre fast vergessen. Abgeschnitten vom Rest Perus bauten sie Holzhäuser im Alpenstil, sprachen Tiroler Dialekt, trugen die alte Tracht und schufen sich eine eigene Welt. Erst mit dem Bau einer Straße 1975 zog die peruanische Wirklichkeit in das Dorf. Doch die Nachfahren der Einwanderer pflegen ihre Wurzeln: An Festtagen wird in Dirndl und Lederhose Reigen getanzt, in der Schule Deutsch gelehrt und selbst die Papageien sprechen ein paar Brocken der hier fremden Sprache. Auch die Verbindung in die alte Heimat wurde wieder aufgenommen. Aus Tirol kommen die finanziellen Mittel für deutsche Bücher, ein Einwanderungsmuseum und für den Kulturverein.

Alexander von Humboldt

Der berühmteste deutsche Forscher, der nach Peru kam, war sicherlich **Alexander von Humboldt,** der 1802 den Küstenstreifen bereiste. Der eiskalte *Humboldtstrom* trägt seinen Namen.

Die ersten deutschen Wissenschaftler und Abenteurer gelangten schon einige Jahre früher in damals entlegene Gegenden Perus, wie etwa *Taddäus Haenke,* der ab 1790 zu verschiedenen Expeditionen durch die Anden aufbrach und die erste Karte des Vulkans *Misti* anlegte. Er stellte seine Erkenntnisse über die Salpeterverwendung der peruanischen Regierung zur Verfügung und war damit Mitbegründer des späteren Salpeterbooms. Sein bedeutendstes Werk ist die berühmte *Geografía del Perú.* Baron *Fuerchtegott Leberecht von Nordenflycht* führte 1791 die deutsche Bergbaumission an und gründete das erste mineralogische Labor in Lima, Vorläufer der *Escuela de Mineralogía*, der Bergbauschule Perus. Auch das erste umfassende Kartenmaterial Perus geht auf einen Deutschen zurück:

Oberst Baron von Althaus kartografierte von 1819 bis 1836 das Land. Der Forscher *Eduard Poeppig* erkundete von 1829 bis 1831 das Huallaga-Gebiet und fuhr mit einem Floß den Amazonas hinab. Künstlerische Impulse kamen aus Augsburg. Der Maler *Johann Moritz Rugendas* kam 1842 für zwei Jahre nach Lima und beeinflusste die peruanische Landschaftsmalerei. Dem Ingenieur *Friedrich Blume* verdankt Peru die 1872 von ihm erbauten Bahnstrecken von Lima nach Chancay und von Mollendo nach Arequipa. Ein leidenschaftlicher Sammler war der Schiffsingenieur *Heinrich Brüning,* der ab 1875 50 Jahre lang Stein-, Metall- und Webarbeiten sowie Keramiken peruanischer Kulturen zusammentrug und sie in Lambayeque im *Museo Bruening* präsentierte. Peru erwarb 1921 das Museum und brachte einige der 5000 Exponate nach Lima.

Gleich zwei Mal erhielten Deutsche für ihre Verdienste die höchste Auszeichnung, die Peru zu vergeben hat: Der Archäologe *Max Uhle* lebte von 1896 bis 1942 in Peru und grub bei Lima die Reste von *Pachacamac* aus. Damit setzte er wichtige Impulse für die weitere archäologische Erforschung des Landes und gilt als „Vater der peruanischen Archäologie". Die deutsche Mathematikerin und Geografin *Maria Reiche* (1903–1998) widmete ihr Leben der Erforschung der rätselhaften Geoglyphen (Wüstenbilder) von Nasca. Wie Max Uhle wurde sie dafür mit dem Sonnenorden ausgezeichnet.

Leben in Peru

Wirtschaft und Soziale Lage

Peru wird zu den Ländern der Dritten Welt gezählt, etwa die Hälfte der Bevölkerung lebt in absoluter Armut. Betrug die Inflationsrate 1990 noch über 7600 Prozent, liegt sie gegenwärtig bei rund zweieinhalb Prozent und damit im Vergleich zu anderen Ländern Südamerikas eher niedrig. Gleichzeitig konnte der Verfall der Reallöhne gestoppt werden, der Mindestlohn beträgt rund 140 Euro pro Monat, die Auslandsverschuldung derzeit über 28 Milliarden Euro.

Die offizielle Arbeitslosigkeit liegt bei knapp acht Prozent, dürfte aber weitaus höher sein. Schätzungen gehen davon aus, dass nur ein gutes Zehntel der arbeitsfähigen Bevölkerung adäquat beschäftigt ist. Die Schattenwirtschaft macht etwa ein Drittel des Bruttoinlandsproduktes aus. Hier finden viele Arbeitskräfte als Straßenhändler, Schmuggler und in der Cocaproduktion ein karges Auskommen.

Kinderarbeit

Obwohl Kinderarbeit in Peru, so wie in fast allen Ländern der Dritten Welt, offiziell verboten ist, gehört sie zum alltäglichen Bild: Kinder arbeiten in Minen, in der Landwirtschaft, als Schuhputzer und Straßenverkäufer. Ohne die Mithilfe ihrer Töchter und Söhne könnten die verarmten Familien nicht überleben, denn die Eltern verdienen alleine nicht genug und sind auf das zusätzliche Einkommen ihrer Kinder angewiesen. In Peru haben sich arbeitende Kinder und Jugendliche in der Bewegung NATs organisiert und fordern Rechte ein. Zum einen das Recht auf Arbeit, zum anderen aber auch, dabei nicht ausgebeutet zu werden. Was sie darunter verstehen, erklärt die 13-jährige Lady, Präsidentin einer Ortsgruppe aus einer Armensiedlung in Lima: „Wir verlangen, nicht mehr als sechs Stunden täglich arbeiten zu müssen, damit uns noch genug Zeit für die Schule bleibt."

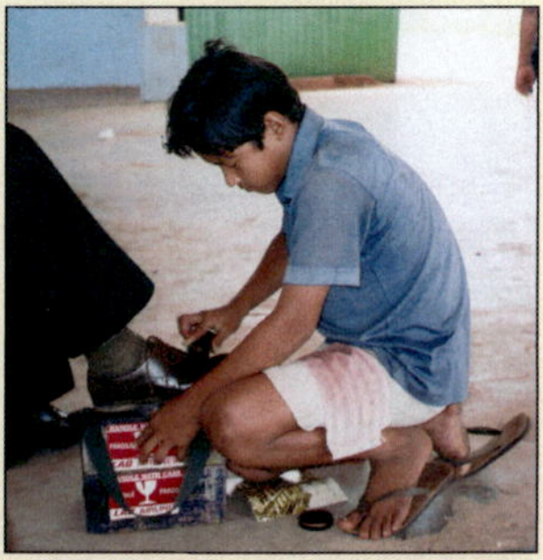

Rund zehn Millionen Peruaner leiden an den Folgen von Trinkwassermangel und schlechter Ernährung, nirgendwo in Südamerika sterben daran so viele Kleinkinder wie in Peru. Obwohl in Peru für alle Kinder Schulpflicht besteht und der Besuch der Schulen kostenlos ist, gehen nur drei Viertel der Kinder zu Schule, ein Drittel der Bevölkerung sind Analphabeten.

Wirtschaftsgüter

Der Bergbau war einst der bedeutendste Exportsektor Perus, doch heute trägt der Export von Eisen, Silber, Gold, Kupfer, Zink und Blei, zusammen mit der Ausfuhr von Erdöl, nur noch rund ein Zehntel zum Bruttoinlandsprodukt bei. Nach wie vor sind auch Fischereiprodukte ein wichtiger Exportzweig, sie machen rund 20% der Ausfuhren Perus aus.

Die Bedeutung der Industrie steigt ständig, während die der Landwirtschaft sinkt. Auch wenn mehr als ein Drittel der Arbeitskräfte Perus in der wirtschaft beschäftigt sind, macht sie nur 13% des Bruttoinlandsprodukts aus. Agrarexportprodukte sind vor allem Kaffee, Zucker und Baumwolle.

Der Tourismus wird als Wirtschaftsfaktor immer wichtiger. 2006 besuchten mehr als 1,6 Millionen Touristen aus dem Ausland Peru, das waren zehn Prozent mehr als noch im Vorjahr.

Viele Arbeitskräfte finden auf dem informellen Sektor (Straßenhandel, Schmuggel, Cocaproduktion, Dienstleistungen) ein karges Auskommen, die Schattenwirtschaft Perus soll nach Schätzungen 30 Prozent des Bruttoinlandproduktes betragen. Einen wichtigen Beitrag für die Wirtschaft des Landes leisten auch die Überweisungen der Auslandsperuaner. Angesichts der Dauerkrise zieht es vor allem junge Menschen in die USA oder in reichere Länder Südamerikas.

Verkauf von Cocablättern

Coca und Kokain

Peru ist neben Bolivien einer der Hauptlieferanten von Cocablättern, der Grundlage des Kokains. Seit vielen Jahren versuchen deshalb die USA, durch wirtschaftlichen Druck den Export von Coca zu unterbinden. Doch der Anbau des Strauchgewächses ist in beiden Andenländern uraltes Erbe. Im Inkareich galt die Pflanze als heiliges, göttliches Geschenk. Cocablätter wurden bei religiösen Ritualen, als Glücksbringer, Grabbeigaben und bei medizinischen Behandlungen verwendet.

In vielen Regionen Perus und Boliviens gehen viele, vor allem die Minenarbeiter und Bauern, noch heute dieser Tradition nach. Um die Wirkstoffe der Cocablätter freizusetzen, werden sie mit Kalk und Pflanzenasche gekaut. Das Gemisch entfaltet eine stimulierende und schmerzstillende Wirkung, Kälteempfinden, Hunger und Durst werden vermindert. Ein Tee aus Coca-Blättern kann die Beschwerden der Höhenkrankheit lindern. Und auch ganz andere Produkte lassen sich aus Coca herstellen: Seife, Shampoo, Zahnpasta und sinnigerweise auch Kaugummi.

Die anspruchslose Pflanze gedeiht auf 600 bis 1800 Metern und bringt auch auf kargem Boden drei bis vier Ernten pro Jahr. Von den jährlich rund 300.000 Tonnen geernteten Cocablättern wird etwa ein Sechstel auf traditionelle Weise konsumiert, zu kleinen Teilen wandern die Blätter auch in die Pharmaindustrie und in die Cola-Getränkeunternehmen. Der weitaus größte Teil der Cocaernte dient jedoch als Grundlage für Kokain. In Tausenden versteckter kleiner Dschungellabors werden die Blätter in einem aufwendigen chemischen Verfahren zu Cocapaste verarbeitet, wobei für ein Kilogramm Kokainbase 600 kg Cocablätter benötigt werden. Kleine Flugzeuge, die von versteckten Dschungelpisten starten, fliegen die hochlukrative Fracht meist nach Kolumbien aus, wo sie zu reinem Kokainpulver weiterverarbeitet in die USA und nach Europa geschmuggelt wird.

Die peruanische Armee rückt auf Druck der USA hin immer wieder aus, um Cocafelder zu vernichten, und durch ländliche Hilfsprogramme sollen die Bauern ermuntert werden, statt Cocasträuchern verstärkt Palmherzen, Bananen oder Kaffee anzubauen. Doch solange den *campesinos* der Verkauf eines Sacks Cocablätter ein Mehrfaches des Erlöses anderer Produkte bringt, wird sich nur wenig ändern, zumal die Weltmarktpreise für landwirtschaftliche Produkte seit Jahren immer weiter sinken. Außerdem scheint es oft so, als würde der peruanische Staat nur halbherzig gegen die Coca zu Felde ziehen – kein Wunder, die Cocaproduktion ist ein bedeutender wirtschaftlicher Faktor, auch wenn sie in keiner Bilanz auftaucht.

Das Leben der andinen Bevölkerung

Bis heute lebt die bäuerliche Andenbevölkerung Perus in weit verzweigten Familienverbänden und solidarischen Dorfgemeinschaften *(comunidades indígenas)*. Es ist die Fortführung der zu der Zeit der Inka üblichen *ayllu*. Alle anfallenden Arbeiten und Aufgaben werden nach wie vor durch gegenseitige Hilfe der Familienmitglieder bewältigt. Nur durch die Anstrengung eines ganzen Dorfes können die auf Terrassen dem Berg abgetrotzte Felder erhalten und die Erzeugnisse über oft weite Strecken zum Markt transportiert werden. Durch diesen überlieferten Gemeinsinn konnten kulturelle Werte und das traditionelle Leben im Andenhochland bis heute bewahrt werden, und nur so können die Campesino-Familien in der rauen Bergwelt der Anden bestehen.

Zunehmend erinnert sich die indigene Bevölkerung auch wieder an jahrtausendealte Landwirtschaftsbräuche. Einige davon klingen für uns merkwürdig, etwa das Saatgut als Mitglied der Familie zu betrachten oder die Kartoffel mit einem Kuss zu begrüßen, wenn man sie aus der Erde gegraben hat. Andere überlieferte landwirtschaftliche Methoden sind ebenso erfolgreich wie einfach:

Parzellen in unterschiedlicher Höhe anlegen, so dass bei einem Unwetter nicht die gesamte Ernte verloren geht und um Zugriff auf die in unterschiedlicher Höhe wachsenden landwirtschaftlichen Produkte zu

Altiplanodorf. Adobelehmziegel liegen zum Trocknen in der Sonne

haben. Oder wärmespeichernde Wände, welche die Pflanzen nachts vor der Kälte schützen.

Traditionell-typisches Material zum Bau der einfachen Häuser ist *Adobe,* luftgetrocknete Lehmziegel. Die Dächer werden mit dem harten *ichu*-Büschelgras gedeckt. Bis heute sind viele Dörfer weder an die Strom- noch an die Wasserversorgung angeschlossen. Bei den Trachten hat jede Gegend ihren eigenen Stil. Fast überall sieht man Ponchos, Zipfelmützen oder bei den Frauen die aus England stammenden Melonenhüte und das Rückentragetuch, die *manta,* in der wie seit ewigen Zeiten schwere Lasten und Kleinkinder getragen werden.

Vermischung der Religionen

Mit den spanischen Konquistadoren kam auch die katholische Kirche ins Land und mit der territorialen Eroberung des Inkareiches fand zugleich die geistige Unterwerfung statt. Doch der mit Gewalt aufgezwungene christliche Glaube vermochte nicht, die ältere kosmo-religiöse Welt der Urbevölkerung auszulöschen.

Pachamama

Ob die Ernte gut ausfällt, die Viehzucht gelingt und die Familie gesund bleibt hängt vom Segen *Pachamamas,* der Erdgöttin, ab. Dieser Glaube ist in der andinen Bevölkerung bis heute erhalten geblieben. Bevor ein Bauer das Feld bestellt, bittet er mit traditionellen Riten und Opfergaben die Mutter Erde um Verzeihung für die Verletzungen, die er ihr zufügen wird. In aufwendigen Zeremonien gehen die Bauern mit Fackeln eine ganze Nacht auf ihrem Feld herum, streuen Cocablätter aus, vergraben Lamaföten und verbrennen das, was sie sich an materiellen Gütern wünschen, in Form von Miniaturen aus Zucker.

Die Gaben sind Ausdruck höchster Achtung und gleichzeitig ein Handel: Soll Pachamama ihren Segen geben, so muss gut für sie gesorgt werden, denn die Götter sind nicht gnädig, sondern gerecht. Dabei sind über die Jahrhunderte Pachamama und die Jesusmutter miteinander verschmolzen. So heißt es im Glaubensbekenntnis der Aymara: „Ich glaube an Maria, welche die Mutter aller Menschen ist, was auch für Pachamama gilt."

Zahlreiche prähispanische Glaubenselemente und Göttervorstellungen fanden Eingang in den andinen Katholizismus. Entstanden ist ein christlich-animistischer Mischglaube, in dem oft noch Magie und Geistergläubigkeit eine Rolle spielen. Im Mittelpunkt des Alltagsglaubens stehen die Patronatsfesttage der Kirchenheiligen, die aber meist eine Doppelbedeutung haben, während christlicher Feste und Feiern werden gleichzeitig alte Rituale und Opfer zelebriert.

Heiler und Schmane

In allen altamerikanischen Kulturen hatten Priester, Heiler und Schamanen eine hohe Machtstellung inne. Sie allein wussten um die Geheimnisse über Religion, Wissenschaft und Heilkunde, sie bildeten die Brücke zur Welt der Götter und Geister, und noch heute werden sie in Peru um Rat gefragt. Peruanische *curanderos* sind hauptsächlich indianischer Abstammung und sie bewahren das uralte, überlieferte medizinische Wissen ihrer Region. Je nach Wissen und Können bewegen sie sich im weiten Feld zwischen ärztlicher Kunst, spirituell-magischen Ritualen, Magie und medizinisch wirksamen Heilpraktiken. Immer wieder werden Patienten von Schulmedizinern, die mit ihrem Latein am Ende sind, an Curanderos überwiesen, und oft gelingt diesen die Heilung.

Ausgelassene Feste

Egal zu welcher Jahreszeit, irgendein Fest findet immer in einem der Dörfer des Hochlandes statt. Vor allem rund um den Titicacasee wird fast jede Woche gefeiert. Mögen diese Festtage auch zu Ehren eines katholischen Heiligen abgehalten werden, so schimmert doch immer auch der tief in der Bevölkerung verwurzelte Glaube an die alten Götter durch. Prunkvolle Prozessionen bahnen sich ihren Weg durch die vollen Straßen, vorneweg wird eine Heiligenstatue getragen, begleitet von Musik und Tänzern in traditionellen, farbenfrohen Trachten. Es gibt reichlich zu Essen, und das in Strömen fließende Bier lässt für ein paar Stunden die Härte des Alltags vergessen.

Die wichtigsten Feste orientieren sich an dem andinen Jahreszyklus, wie etwa das *Paucarwaray* (Blumenfest) am 20. März, das *Inti Raymi* (Sonnwende am 21. Juni, s.S. 177), das viertägige *Coya Raymi* (Mondfest) am 22. September und das *Qhapaj Raymi,* ein großes Fest zur Wintersonnwende am 21. Dezember.

Auch christliche Feiertage werden in Peru begangen. Die Spanier brachten die *Semana Santa,* die Karwoche, mit nach Südamerika und nirgendwo sonst auf dem Kontinent wird sie so inbrünstig gefeiert wie in Peru. Über zehn Tage hinweg zelebrieren die Menschen die Passion Christi, sein Begräbnis und seine glorreiche Auferstehung. Stundenlange Prozessionen durch die Straßen, schwermütige Marschmusik, die einem fast das Herz zerreißt, schwarzgekleidete Menschen demütig verhüllt, eine magische Vermischung von christlichen und heidnischen Bräuchen, aber auch süße Leckereien, ausgelassene Feste und prächtige Feuerwerke kennzeichnen die mystische Stimmung während der Karwoche . Ebenso verbreitet wird Karneval gefeiert, und zwar mit Mehl- und Wasserbomben, die besonders gerne auf ahnungslose Touristen geworfen werden.

Ein bizarres Spektakel ist am Novemberanfang Allerheiligen: Dann finden auf allen Friedhöfen ausgelassene Partys statt, bei denen Angehörige an den Gräbern ihrer Verstorbenen fröhlich tanzen, beten und viel Alkohol trinken. Damit der Tote auch etwas von dem Fest hat, wird oft ein Trichter auf Höhe des

Marinera (Cueca)-Tanz beim Fest Inti Raymi, Saqsaywamán

Kopfes in das Grab gesteckt, durch den der Verstorbene reichlich mit Schnaps versorgt wird. Dazu wandern Musiker über die Friedhöfe, die für ein paar Münzen das Lieblingslied des Verstorbenen spielen.

Musik und Tänze

Durch die zahllosen südamerikanischen Gruppen, die hierzulande in den Fußgängerzonen spielen, hat fast jeder die melancholische Flöten- und Charango-Musik der Anden im Ohr. Diese Musik hat eine lange Tradition: Der *yaravi* stammt aus der Inka-Zeit, wo er besonders zu Vermählungen und zu rituellen Anlässen angestimmt wurde, seine gesungene Lyrik drückt neben Melancholie auch Schmerz und Trauer aus. Das wohl bekannteste Stück, *El cóndor pasa,* erzählt die Geschichte vom Aufstand Túpac Amarús II. gegen die Spanier. Gespielt wird diese Musik auf traditionellen Instrumenten, wie der aus Schilfrohr hergestellten Panflöte und der *charango,* eine mandolinenartige kleine Gitarre, deren Resonanzkörper oft der Panzer eines Gürteltieres ist. Dazu wird die *tinya,* eine kleine Andentrommel, geschlagen.

Ebenso alte Wurzeln hat der ungleich fröhlichere *huayno,* der typische Tanz des peruanischen Hochlandes. Mit heftigem Fußstampfen wird er bei allen festlichen Anlässen getanzt. Begleitet werden die Tänzer von den für europäische Ohren reichlich schräg tönenden Blechbläsergruppen, den *bandas,* die bei keinem Fest in den Anden fehlen dürfen.

Sakrale Baukunst und Malerei

In fast allen Kirchen Perus sind deutlich Merkmale andinen Ursprungs zu sehen, angefangen bei den von den Inka geschaffenen Tempeln, auf deren zerstörten Resten die Spanier ihre Kirchen und Kapellen errichteten, bis hin zur fantasievollen Innenausgestaltung durch indigene Künstler. Typisch sind kunstvolle Schnitzereien und Gemälde mit Elementen prähispanischer Religionen und Lebenswelten, wie Raubkatzen, Affen, Vögel oder Blumen. Als

Panflötenspieler

Estilo mestizo bezeichnet man die Vermischung von spanischem (Hoch-)Barock mit indigener Formensprache, deutlich bei den barocken Kirchen Cuscos, Punos und Arequipas zu sehen. Auch in der Malerei entwickelte sich eine eigenständige Darstellungsweise, charakteristisch dafür ist der Stil der *Escuela cusqueña* (s.S. 167).

Traditionelles Kunsthandwerk

Artesanías in ihrer ganzen Vielfalt werden auf jedem Markt angeboten: Farbenfrohes, traditionelles Kunsthandwerk, das Muster und Design längst vergessener Kulturen wieder aufgreift. Alleine die Bandbreite der Textilien, die im Hochland angeboten werden, ist unüberschaubar. Berühmt sind die feinen Alpakapullover. Aus der Wolle der Tiere werden auch Decken, Ponchos, Wandbehänge und Mützen gefertigt, kunterbunte Stofftragetücher, Taschen und Rucksäcke für Touristen. Daneben liegen Zylinderhüte, Keramiken, Aschenbecher, Zuckerdosen, Vasen, alles bemalt mit den typischen Ornamenten der Anden. Auch Lamafelle und Silberschmuck gibt es fast überall zu kaufen. In der Gegend um Huancayo sind außerdem geschnitzte Kalebassen zu finden, in Lima gibt es gehämmerte Lederwaren.

Eine Besonderheit sind die *retablos* aus der Gegend um Ayacucho, verzierten Kästchen, in deren Innern kleine Figuren aus Ton, Holz oder Pappmaché ausgelassene Feste feiern oder arbeiten. Und wen etwas bedrückt, der mag vielleicht nach den Sorgenpüppchen Ausschau halten. Ihnen erzählt man seine Sorgen, auf dass man sie loswerde. Im Tiefland finden sich fein gearbeitete Keramiken und Webereien der

Shipibo und Naturketten aus Kernen. Doch natürlich ist auch Peru nicht vom Kitsch verschont geblieben: Den Tumi, das Ritualmesser der Chimú, gibt es als Flaschenöffner, und mit den Geoglyphen von Nasca wird so ziemlich alles verziert, was sich nicht dagegen wehren kann.

Auf dunklen Kanälen gelangen auch immer wieder antike Stücke, die von Schatzgräbern geraubt wurden (s.S. 233) in den Handel. Deren Ausfuhr ist ebenso verboten wie die von Fellen und Federn bedrohter Tierarten. Ganz abgesehen davon, dass es am Zoll großen Ärger gibt, wenn man mit derartigen Dingen erwischt wird, sollte man schon aus grundsätzlichen Überlegungen heraus die Finger von solchen Mitbringseln lassen.

Kulinarisches

Traditionelles Essen ...

Perus wohl erfolgreichster Exportschlager aller Zeiten ist die **Kartoffel,** die im 17. Jahrhundert die Ernährung in Europa grundlegend veränderte. Die Kartoffel als das wahre Gold der Inka zu bezeichnen, scheint nicht übertrieben, denn heute übersteigt der Wert der jährlichen Weltkartoffelernte bei weitem den der Gold- und Silberbarren, die aus dem Reich der Inka nach Spanien gelangten. Im Hochland gibt es die weltweit größte Vielfalt mit vielen Hundert Sorten in unterschiedlichen Geschmacksrichtungen, die, so scheint es manchmal, in ebenso vielen Varianten zubereitet werden.

Bunter Markt in Pisaq

Das wichtigste Grundnahrungsmittel in den Anden ist jedoch der Mais, den übrigens bereits die Inka zu Popcorn verarbeiteten. Überall in Peru wird er in kleinen Garküchen am Straßenrand angeboten. *Anticuchos,* Spieße mit dünnen Rinderherzscheiben, mariniert in Essig und Bier und über einem Holzkohlefeuer gebraten, werden gerne als Vorspeise gereicht. Auf den Speisekarten der Restaurants finden sich Meerschweinchenbraten, Lama-Steaks und *Cabrito al horno,* gebackenes Zicklein, dazu gibt es selbst gemachten Andenhochlandkäse. Lecker sind auch gefüllte Avocados *(palta rellena).*

Cuyes – Meerschweinchen

Peru ist das Stammland der Meerschweinchen, die nach ihren Lauten *cuyes* genannt werden. Seit 5000 Jahren werden sie in den Anden als Haustiere gehalten. Die Inka züchteten sie in besonderen Gehegen, sie waren Fleischlieferanten, dienten als Opfer- und Spieltiere für die Kinder. In Andendörfern halten sich auch heute noch viele bäuerlichen Familie im hinteren Teil der Küche Meerschweinchen als lebenden Frischfleischvorrat, für viele Indígena ist Cuy die Hauptquelle tierischen Proteins. In Peru landen jährlich schätzungsweise über 50 Millionen der im Geschmack Hähnchen ähnelnden Meerschweinchen als Braten in der Pfanne, einige Restaurants haben sich ganz darauf spezialisiert. Dabei kommt pro Person ein ganzes Tier – mit oder ohne Kopf – auf den Tisch.

Eine Delikatesse im Hochland ist gegrilltes Meerschweinchen

Fast alle Gerichte und Soßen *(salsas)* werden mit *aji* zubereitet, der feuerroten peruanischen Chilischote (Hauptanbaugebiet ist die nördliche Küstenregion), entweder bereits in der Speise oder auch noch zum Nachwürzen – ein höllisch scharfes Vergnügen, auf das die meisten Europäer verzichten.

Die altüberlieferten Getreidearten Perus wie *Quinoa* waren fast in Vergessenheit geraten. Das sehr

Orangenschäler zum Saftpressen

proteinhaltige Getreide diente schon den Stafettenläufern der Inka als Proviant. Erst seit neuester Zeit wird es wieder angebaut und zum Brotbacken verwendet oder als schmackhafte Suppe gereicht. Eine Spezialität an der Küste ist *Cebiche,* rohe Fischstücke in Limettensaft, während in den Urwaldgebieten *Tacacho,* „Urwaldknödel" aus Kochbananen, Speck und Maniok gegessen werden. Und überall im Land gibt es tropische Früchte zu kaufen, die frisch oder zu Säften gepresst köstlich schmecken.

... und eigenwillige Durstlöscher

Peru ist eines der wenigen Länder dieser Welt, in dem nicht Coca-Cola, sondern eine nationale Brause die Nase vorn hat: **Inca-Cola.** Das nach aufgelösten Gummibärchen schmeckende giftgelbe Gebräu gilt als Kultgetränk der Peruaner. Heute wird es, sehr zu ihrem Leidwesen, unter der Fahne von Coca-Cola produziert. Den Traubenschnaps **Pisco** gibt es in den verschiedensten Sorten und Varianten, besonders gut schmeckt er als *Pisco Sour,* das peruanische Nationalgetränk (s.S. 88). Ein ganz besonderes Getränk ist **Chicha,** säuerlich schmeckendes Maisbier, dessen traditionelle Herstellung nicht jedermanns Sache ist: Man setzt Mais an und kaut ihn, durch den Speichel setzt die alkoholische Gärung ein. Diese andine Bierbraukunst stammt aus der Wari-Kultur und ist mindestens 1400 Jahre alt. In Hotels und Restaurants wird heute nur noch industriell erzeugte Chicha serviert, doch auf dem Land wird nach wie vor das traditionell hergestellte Gebräu angeboten. Kleine Fahnen vor den Hütten zeigen an, dass hier frische Chicha zu haben ist. Traditionell ist der Brauch, mit dem ersten Schluck Chicha den Boden zu benässen, um Pachamama für ihre Großzügigkeit zu danken.

Reiseteil

1

Lima – Stadt voller Widersprüche

Lima ist eine moderne Stadt mit einer halben Million Einwohner und liegt auf einer grünen Ebene am Fuße der Bergwüste. Sie ist in ihrer Architektur und vor allem in ihren öffentlichen Gärten und Anlagen eine der schönsten Hauptstädte der Welt, ein Stück moderne Riviera oder Kalifornien, mit einem Schuss altspanischer Architektur versetzt.

Thor Heyerdahl: Kon-Tiki, 1949

Seit Thor Heyerdahl Mitte des letzten Jahrhunderts diese Zeilen schrieb, hat sich die Stadt enorm verändert. Wie viele andere Großstädte Südamerikas ist auch Lima mit seinen rund 10 Millionen Einwohnern ein gewaltig großer Ballungsraum mit allen Problemen urbaner Giganten. Eine Stadt voller Gegensätze und Widersprüche: Grau vom Staub der Wüste, umschlossen von elenden Siedlungen, im Zentrum historische Bauten der Kolonialzeit und vornehme Viertel, die alle Annehmlichkeiten des Lebens bieten. Die meisten Limeños verbindet eine ausgeprägte Hassliebe zu Perus Hauptstadt.

Lima verfügt über herausragende Museen, die als die umfangreichsten und besten ganz Südamerikas gelten. Keiner, der die Kulturen und Geschichte des Landes genauer verstehen will, sollte sich den Besuch des Goldmuseums *(Museo de Oro del Perú)* und des Museums für Anthropologie und Archäologie *(Museo Nacional de Antropología y Arqueología)* entgehen lassen.

„Stadt der Könige"

Am 18. Januar 1535 gründete Francisco Pizarro an den Ufern des Río Rímac, zehn Kilometer von der Küste entfernt und auf den Trümmern eines alten Tempels, *Ciudad de los Reyes,* die „Stadt der Könige". Fast 280 Jahre lang sollte sie Hauptstadt des riesigen Reiches sein, das die Spanier in Südamerika eroberten. In nur wenigen Jahrzehnten entstand eine Metropole mit prunkvollen Gärten, Herrenhäusern nach andalusischem Vorbild, dem Palast der Vizekönige, einer

LIMA
0
3 km
©RKH VERLAG HERMANN
1 Museo Historico del Real Felipe
2 Museo Rafael Larco Herrera
3 Museo Nacional de Antropologia y Arqueología
4 Museo Nacional de Historia
5 Museo de Historia Natural Javier Prado
6 Museo de la Nación
7 Museo de Oro del Peru
8 Museo Amano
Oceano Pacífico
Rimac
Callao
La Perla
Pueblo Libre
Breña
Magdalena
Lince
San Isidro
Miraflores
Barranco
Surquillo
San Borja
San Luis
Monterrico
Aeropuerto Internacional Jorge Chavez
La Punta
Panamericana Norte
Panamericana Sur
Autopista n. Chosica (Carretera Central) La Oroya / Huancayo
Autopista Lima – Cañete
Villa El Salvador / Lurin
s. Karte Centro
s. Karte Miraflores
Plaza Mayor
Plaza San Martín
Cerro El Agustino
Cerro San Cristóbal
Cerro La Milla
Cerro Centinela
Cerro San Francisco
Río Rimac
Parque Las Leyendas
Campo de Marte
Campo de Golf
Av. Peru
Av. Faucett
Avenida Argentina
Av. Benavides
Av. Venezuela
Av. Arica
Ave. Brasil
Av. Ugarte
Tupac Amaru
Av. Sáenz Peña
Av. Buenos Aires
Av. de la Marina
Av. La Paz
Av. Salaverry
J. Prado Oeste
Av. J. Prado Este
Av. Arequipa
Paseo de la Republica
Av. Panama
Av. Aramburu
Avenida Angamos
Av. Benavides
Ave. Marzano
Pachacutec
Av. México
Canada
Canavaro
Av. 28 de Julio
Av. Grau
Abancay
Emancipacion
Piérola
Tacna
de la Vega
Av. Arriola
Alonso de Molina
Pardo
Cruz

1

Kathedrale und einer Wasserversorgung mit Steinröhren. 1551 wurde als erste Universität Südamerikas *San Marcos* eröffnet. Die Fassaden der Häuser waren ockerfarben, rosa und weiß gestrichen und verziert mit Holzbalkonen. Lima, abgeleitet vom Wort *Rímac,* wie die Stadt bald nur noch genannt wurde, entwickelte sich zur reichsten ganz Südamerikas, was neben Handelsleuten auch Piraten anlockte. Einer dieser Freibeuter war Francis Drake, der 1579 Limas Hafenort Callao überfiel.

Im 17. Jahrhundert zählte Lima 26.000 Einwohner und strebte zum Zenit seiner Macht. Durch die Ausbeutung der Bevölkerung und durch den Raub der unermesslichen Schätze der Inka gelangte die Stadt zu immer mehr Reichtum und Pracht, während das restliche Land verarmte.

Der letzte spanische Vizekönig musste 1821 Lima verlassen, nachdem General José de San Martín die Unabhängigkeit Perus in Lima proklamiert hatte. Danach setzte die Modernisierung und Industrialisierung ein. 1851 wurde eine der ersten Eisenbahnlinien Südamerikas zwischen Callao und Lima gebaut, im Salpeterkrieg (1879–1884) besetzten die Chilenen die Stadt. Lima wuchs weiter, bewahrte aber sein barockes Flair und war noch lange von ausgedehnten Plantagen umgeben. „Gartenstadt“ wurde die Metropole bis ins 19. Jahrhundert genannt, eine Bezeichnung, die heute längst nicht mehr zutrifft.

Lima, Plaza San Martín

Lima heute

Damals wie heute ist Lima mit dem Hafen Callao und dem guten Zugang zu den Anden ein Verkehrsknotenpunkt und wichtigstes Industrie- und Handelszentrum des Landes. Gleichzeitig ist die Stadt *der* Anziehungspunkt für Hoffnungslose. Ende der 1950er Jahre setzte die große Landflucht der indigenen Bevölkerung ein, die, auf der Suche nach einem Auskommen, nach Lima strömte. Zählte man 1940 noch 600.000 Einwohner, so sind es heute offiziell zehn Millionen – wahrscheinlich aber eher zwölf. Die Stadt platzt aus allen Nähten, die knatternden Motoren des mörderischen Verkehrs bilden eine ständige Lärmkulisse, sie droht an Auspuffgasen, Müll und ihren sozialen Problemen zu ersticken.

Pueblos Jóvenes

Die Landflucht ist eines von Perus dringendsten Problemen. Täglich kommen mit überladenen Bussen zahllose Indígenas nach Lima, auf der Flucht vor der Armut und Arbeitslosigkeit ihrer Dörfer im Hochland. Sie tauchen unter in den vielen trostlosen Vierteln aus Wellblechhütten am Stadtrand, beschönigend *Pueblos jóvenes* („junge Orte“) genannt, die sich weit in die Wüste hineinziehen. Wer hier eine gemauerte Wand besitzt, kann sich schon glücklich schätzen. Etwa zwei Millionen Menschen leben in diesen Slums, meist ohne Wasser- oder Stromversorgung. In Tankwagen wird oft nicht einmal trinkbares Wasser angekarrt, das die Bewohner teuer bezahlen müssen.

Die Hoffnungen auf ein besseres Leben sind aber meist vergeblich. Viele betätigen sich als Altmaterialsammler, fliegende Händler, Hilfskräfte auf dem Baugewerbe, sind Lastenträger und Karrenschieber auf den Märkten Limas. Doch der soziale Aufstieg, der Auszug aus den Elendsquartieren, gelingt fast nie. Meistens hausen die Zuwanderer über Generationen hinweg in den Elendshütten, die nach und nach zumindest mit festen Mauern versehen werden.

Stadt auf unruhigem Grund

Was Pizarro nicht wusste, als er Lima gründete, war, dass die Küstenoase mitten in einem Erdbebengebiet liegt. Seit seiner Gründung ist Lima von vielen heftigen Erdbeben erschüttert worden.

Die schwersten zerstörten 1687 und 1746 die Stadt nahezu völlig. Wie Kartenhäuser fielen die Bauten in sich zusammen, als sich die Erde mitten in der Nacht aufbäumte. Zurück blieben nur Ruinen. Doch jedes Mal wurde Lima wieder prächtiger aufgebaut und bewahrte seinen Ruf, das bedeutendste kolonialspanische Bau- und Kunstzentrum Südamerikas zu sein. Das letzte große Erdbeben war 1940 und beschädigte die Stadt abermals schwer. Doch das Geld für einen gleichermaßen prunkvollen Aufbau war nicht mehr vorhanden.

1970 erschütterte ein weiteres Erdbeben die Fundamente der stark angeschlagenen Stadt. Erst mit finanzieller Unterstützung der UNESCO, die 1991 das Altstadtzentrum Limas zum Weltkulturerbe erklärte, konnten die alten Kolonialbauten restauriert und herausgeputzt werden. Mag Limas Altstadt auch schöner geworden sein, ein sicheres Pflaster ist sie nicht – nach Einbruch der Dunkelheit sollte man nicht mehr durch die Straßen gehen.

Stadtrundgang

Das koloniale Lima

Die meisten der hier beschriebenen öffentlichen Gebäude können täglich von 9 bis 17.30 Uhr besichtigt werden, viele der Kirchen jedoch sind zwischen 12 und 16 Uhr für Besucher geschlossen.

Rund um die Plaza Mayor

Die einstige Plaza de Armas wurde neu hergerichtet und ist der schönste Platz der Stadt. Heute wie damals ist sie das Herz Limas, hier finden vor der prächtigen Kulisse der historischen Gebäude Paraden, Umzüge und Prozessionen statt. Schmuckstück in der Platzmitte ist der reich verzierte Brunnen von 1651.

Cathedral de Lima

An der Südostseite erhebt sich die **Catedral de Lima,** deren ursprünglicher Bau auf das Jahr 1555 zurückgeht. Ihr jetziges Aussehen hat sie nach dem Erdbeben von 1746 erhalten. Im Inneren ist das Chorgestühl aus dem 17. Jahrhundert besonders sehenswert. In der ersten Seitenkapelle rechts kann die (angebliche) Mumie von Francisco Pizarro besichtigt werden. Vor der Kathedrale werden Devotionalien verkauft: Kitschige Jesusfiguren und Marienbilder, die in keinem peruanischen Bus fehlen dürfen.

Palacio de Arzobispo mit Miradores

Palacio de Arzobispo

Neben der Kathedrale befindet sich der **Palacio de Arzobispo,** der bischöfliche Palast, eine fast originalgetreue Rekonstruktion aus dem Jahre 1924. Bemerkenswert sind seine *miradores,* die für das kolonialzeitliche Lima typischen reichgeschnitzten hölzernen Balkone. Von hier aus beobachteten die Damen der Gesellschaft das Leben auf der Straße ohne dabei selbst gesehen zu werden.

Palacio de Gobierno

Genau da, wo das Haus Pizarros stand, liegt der **Palacio de Gobierno.** Er wurde 1938/39 an der Stelle des ehemaligen Palastes von Pizarro im neoklassizistischen Stil erbaut. Sehenswert ist der „Goldene Saal", der ganz mit Blattgold ausgekleidet ist. Ein

1000 Kilogramm schwerer Kristalllüster und das aus Carrara-Marmor erbaute Treppenhaus sind weitere Glanzpunkte des prunkvollen Regierungspalastes. Das Schauspiel der Wachablösung der historisch gekleideten Ehrengarde mit vergoldeten Helmen erfolgt jeden Mittag um 12 Uhr. Der Palacio de Gobierno ist Amts- und Wohnsitz des amtierenden Präsidenten und kann nur mit einer geführten Tour, unter Angabe der Passnummer, besichtigt werden.

Links des Palastes, auf einem kleinen Nebenplatz, steht das Reiterstandbild von Francisco Pizarro, eine Kopie des Standbildes in Pizarros spanischem Geburtsort Trujillo.

Municipalidad

Das Rathaus, die **Municipalidad,** wurde nach einer Feuersbrunst in den Vierzigern des letzten Jahrhunderts neu erbaut. Auch hier fallen die reichverzierten Holzerker auf. Nach wie vor spricht hier der Bürgermeister von Lima bei wichtigen Anlässen vom Balkon zu den *Limeños.*

Neben dem Rathaus an der Westseite reihen sich harmonisch Gebäude mit eleganten Geschäften unter Arkaden. Namen wie *Portal de Escribanos* (Schreiber, Notar) und *Portal de Botoneros* (Knopfmacher) weisen auf deren frühere Bedeutung hin. Dazwischen erhebt sich ein andiner Basaltstein zur Erinnerung an *Taulichusco,* den letzten indigenen Führer.

Städte im Schachbrettmuster

Ein Erlass des spanischen Königs Philipp II. von 1573 verfügte, dass in den neuen spanischen Besitztümern in Süd- und Mittelamerika Stadtgründungen in quadratischem Grundriss mit sich rechtwinklig kreuzenden *calles* und *avenidas* auszuführen waren. Damit wollte man die chaotischen Zustände, die in vielen Städten des Mutterlandes mit engen und verwinkelten Gassen herrschten, vermeiden. Im Zentrum der Straßenareals befindet sich die *Plaza Mayor* oder *Plaza de Armas,* so genannt, weil dort früher die Waffen gelagert wurden. Um diesen Platz gruppieren sich die Bauwerke der weltlichen und kirchlichen Macht: Regierungs- bzw. Gouverneurspalast, Rathaus *(Palacio de la Ciudad)* und die Kirche bzw. Kathedrale. Auch Lima ist nach diesem Grundmuster erbaut worden, das historische Stadtzentrum wird noch heute *Lima quadrada* genannt.

Lima (Centro)
0 250 m
© Rkh Verlag Hermann
1 Santuario de Santa Rosa
2 Iglesia y Convento Sto. Domingo
3 Casa Aliaga
4 Iglesia Las Nazarenas
5 Correo Central
6 Municipalidad
7 Palacio de Gobierno
8 Estación Desamperados
9 Iglesia y Convento San Francisco
10 Teatro Municipal
11 Museo Nacional de la Cultura Perú
12 Iglesia y Convento San Agustín
13 Palacio de Arzobispo
14 La Catedral
15 Iglesia y Convento La Merced
16 Palacio Torre Tagle
17 Museo de Inquisición
18 Iglesia San Pedro
19 Mercado Central
20 Museo de Arte Italiano
21 Museo de Arte
Lima Centro Hotels
1 Gran Hotel Bolívar
Quinta de Presa
Puente Santa Rosa
Puente del Piedra
Río Rimac
Malecón Ribeyro
Conde de Superunda
Plaza Mayor
Casa de la Javara
Plaza Bolívar
Congreso
Mercado Central
Fußgängerzone
Jirón de la Unión
Plaza San Martín
Taxis u. Colectivos zum Flughafen
(INFO-TOUR)
Parque Universitario
Avenida Tacna
Av. Nicolas de Pierola
Avenida Abancay
Avenida Roosevelt
Avenida Garcilaso de la Vega
Paseo de la República
Palacio de Justicia
Museo de Arte Italiano
Plaza Grau
Avenida Grau
Av. 9 de Diciembre
Museo de Arte
Mercado Polvos Azules
Parque Neatuno
Busse und Colectivos nach San Isidro und Miraflores
Avenida 28 de Julio
Avenida Nicolas de Pierola
Montevideo
Leticia
Raymondi
Naranjo
Uruguay
Bolivia
Chota
Washington
Quilca
Zepita
Ocoña
Moquegua
Ave. Emancipacion
Huancavelica
Callao
Ica
Rufino Torrico
Cailloma
Camaná
Carabaya
Ucayali
Lampa
Miro Quesada
Cusco
Puno
Azángaro
Huallaga
Junín
Ancash
Ayacucho
Andahuaylas
Cotabambas
Sandia
Belén
Pachitea
Chancay
Angaraes
Tayacaya
Cl. de Presa
Chira
Pizarro
Proceres
Cajamarca
Virú

Casa Aliaga

Noch heute gehört die **Casa Aliaga** den Nachkommen von Don Jerónimo de Aliaga, der als einer der dreizehn Kommandeure Pizarros das Vorrecht hatte, sein Haus um die Plaza Mayor zu bauen. Das sehr sehenswerte und vollständig erhaltene Kolonialhaus aus dem Jahre 1535 steht auf dem alten Heiligtum des Häuptlings *Taulichusco*.

Klöster, Kirchen und ...

Convento San Francisco

Kirche und Kloster *(Convento)* **San Francisco** wurden 1546 gegründet und nach einem Erbeben von 1657 bis 1687 im Barockstil neu erbaut. Beide zählen zu den schönsten und größten Kolonialbauten Limas. Eine Legende rankt sich um ein Madonnenbild, welches über der Kirchentür der zum Kloster gehörenden „Capilla de los Milagros" stand: Während des Erdbebens von 1630 soll es sich gegen den Hochaltar gewendet und mit gefalteten Händen Gnade für die Stadt erfleht und sie dadurch von der vollkommenen Zerstörung errettet haben.

Berühmt ist das Kloster für seine Bibliothek mit unzähligen historischen Aufzeichnungen, unter ihnen auch Schriften aus der Zeit der Eroberung Perus. Der idyllische Innenhof ist vom Kreuzgang durch schmiedeeiserne Gitter getrennt. Importierte Kacheln aus Sevilla zeigen das Leben des heiligen Franziskus

Iglesia San Francisco (1657–1687)

von Assisi. Die Klosterkirche widerstand dank ihrer bambusverstärkten Gewölbe bis heute jedem Erdbeben. Beeindruckend ist auch das Chorgestühl aus Zedernholz. Die geometrischen Muster an den Säulen des Klostergebäudes sind, ebenso wie die Holzkuppel, im spanisch-arabischen Mudéjar-Stil ausgeführt. Unter dem Kloster wurden 1951 unterirdische Gänge wiederentdeckt, die in über 300 Jahre alte Katakomben führen. Bis 1808 wurden in ihnen über 70.000 Tote bestattet. Säuberlich wurden die Knochen der Verstorbenen getrennt nach Schädeln, Oberschenkel- und Hüftknochen, in den Lagerplätzen gestapelt. Es ist ein etwas schauriges Erlebnis, durch diese Galerie des Todes zu laufen ...

Convento Santo Domingo

Ebenfalls im Stadtzentrum liegt der **Convento Santo Domingo.** Der Innenraum des 1540 erbauten Klosters wurde im 18. Jahrhundert erneuert. Auffallend sind die neun Altäre in der Kirche, und bemerkenswert ist auch das aus Zedernholz geschnitzte Chorgestühl. Am rechten Seitenaltar stehen die Heiligenstatuen von San Martín de Porres und Beato Juan Masias sowie eine Alabasterstatue der Schutzheiligen Limas, *Santa Rosa,* die Papst Clemens IX. 1669 stiftete. Die sterblichen Überreste der drei Heiligen sind in einer Gruft des Klosters beigesetzt.

Iglesia San Pedro

Die 1638 von den Jesuiten vollendete, barocke **Iglesia San Pedro** widerstand allen Erdbeben und ist damit eine der besser erhaltenen Kolonialkirchen. Die drei Haupt- und die zwei prunkvollen Seitenaltäre im reichen maurischen Stil sind in sehr gutem Zustand. Die Glocke von 1590, genannt *La Abuelita* („Das Großmütterchen"), läutete 1821 die Unabhängigkeitserklärung ein.

Iglesia y Convento La Merced

Noch bevor Pizarro Lima gründete, fand in der **Iglesia y Convento La Merced** bereits eine Messe statt. Das Kirchenbauwerk wurde immer wieder abgerissen oder durch Erdbeben stark beschädigt, so dass sich das Aussehen des Baus im Laufe der Zeit mehrmals veränderte. Am Hauptaltar steht die *Virgen de la Merced,* die Lima 1615 vor einem Überfall beschützt haben soll und heute als Patronin der Armee verehrt wird.

Iglesias Las Nazarenas

In der **Iglesia Las Nazarenas** wird der *Señor de los Milagros,* der „Herr der Wunder“, als Patron von Lima verehrt, auch um dieses Gemälde aus dem 17. Jahrhundert rankt sich eine Legende: Das auf eine Lehmmauer von einem Sklaven gemalte Bild widerstand wie durch ein Wunder ein schweres Erdbeben und wurde so zum Gegenstand kultischer Verehrung. Ein ortsansässiger Priester fürchtete die „Konkurrenz“ und erhielt die Erlaubnis, das Bild zerstören zu lassen. Doch wer immer sich in dieser Absicht dem Gemälde näherte, wich verwirrt zurück, so lange, bis die kirchlichen Würdenträger schließlich ihr Vorhaben aufgaben. Jedes Jahr wird am 18., 19. und 28. Oktober in großen Prozessionen eine Kopie des wundertätigen Christusbildes durch die Straßen Limas getragen, der Tausende in violette Gewänder gehüllte Männer und Frauen folgen.

Santuario de Santa Rosa

Zu Ehren der Heiligen Santa Rosa wurde die kleine Kirche **Santuario de Santa Rosa** gebaut, gleich neben dem Haus, in dem sie 1586 geboren wurde. Die Dominikanerin soll eine Christusfigur zum Weinen gebracht haben. Der Legende nach sang sie in ihrer selbsterbauten, abgeschiedenen Zelle zusammen mit einer Nachtigall zu Ehren Christi. Neben dieser Zelle findet sich ein Brunnen, in den sie den Schlüssel zu ihrem schweren Büßergewand warf – Pilger und Schüler tun es ihr heute gleich und werfen Zettel mit ihren Wünschen hinein.

... Herrschaftshäuser

Palacio Torre Tagle

Der **Palacio Torre Tagle** wurde 1735 für den Marquis de Torre Tagle erbaut, der Schatzmeister der spanischen Pazifikflotte war. Der schönste koloniale Profanbau Limas ist heute Sitz einer Abteilung des Außenministeriums. Die reichverzierte Fassade mit den typischen Holzerkern ist ebenso beeindruckend wie der prachtvolle Innenhof im arabisch-andalusischen Stil.

Casa de Oquendo de Osambela

Ein weiteres altes Kolonialhaus ist die **Casa de Oquendo de Osambela** mit einem schönen Innenhof, Kolonialmöbeln und wechselnden Kunstausstellungen. Vom Aussichtsturm beobachtete einst Don Martín de Osambela mit dem Fernglas die in Callao ankommenden Schiffe.

Puente del Piedra

Ein schöner Abstecher führt über den Río Rímac über den *Puente del Piedra,* die älteste Brücke Limas, erbaut Anfang des 17. Jahrhunderts. Jenseits des meist trockenen Flusses liegt im Stadtteil Rímac an der *Plaza de Acho* die Stierkampfarena und in der Calle Presas die *Quinta de Presa,* der Palast der Schauspielerin La Perricholi. Sie war im 18. Jahrhundert die Geliebte des spanischen Vizekönigs und sorgte für zahllose Skandale, denn trotz dieser halboffiziellen Verbindung wollte sie auf ihre Bühnenauftritte nicht verzichten.

Stadt der Museen

Keine andere Stadt in Südamerika bietet eine solche Vielfalt an Museen wie Lima. Sie liegen quer über die Stadt verstreut, und für jeden Geschmack ist etwas dabei. Hier nur eine kleine Auswahl:

Museo de Oro

Das **Museo de Oro,** Av. Alonso de la Molina 1100, Monterrico, tägl. 11.30–19 Uhr, ist neben dem Goldmuseum von Bogotá das reichste in Südamerika. Ausgestellt sind unvorstellbare Goldschätze der Chimú- und Inka-Kultur, Perlen, Smaragde und andere Edelsteine, Zeremonial- und Kultgegenstände, goldene Haarnadeln, Kämme, Ketten und Trinkgefäße sowie feine Silber- und Goldblättchen. Hier erhält man eine Ahnung vom einstigen Reichtum Altperus. Das Obergeschoss präsentiert eine der weltweit besten Kleider- und Waffensammlungen.

Museo Nacional de Antropología y Arqueología

Im **Museo Nacional de Antropología y Arqueología,** Plaza Bolívar, Pueblo Libre, Di–So 9–17 Uhr, werden Exponate aus den Kulturen der Vorinkazeit von Chavín bis Chimú und auch der Inkazeit präsentiert. Das Museum platzt aus allen Nähten, und obwohl nur ein kleiner Teil der Kunstschätze gezeigt wird, ist ihre Fülle schwer überschaubar. Sehenswert sind vor allem die außergewöhnlich schönen Keramiken und

Textilarbeiten der Pucara, Nasca und Inka, die Kunstschmiedearbeiten der Chavín und Mochica, Stoffe von Paracas, trepanierte Schädel (s.S. 90) sowie die Modelle von Ollantaytambo und Machupicchu.

Museo de la Nación

Auf drei Stockwerken werden im **Museo de la Nación,** Av. Prado Oeste 2466, San Borja, Di–So 9–17 Uhr in chronologischer Reihenfolge die verschiedenen Kulturkreise Altperus von den Anfängen bis zur Inka-Zeit vorgestellt. Viele der meist großen Ausstellungsstücke sind Replikate (wer das Museo Nacional de Antropología y Arqueología gesehen hat, kann darauf verzichten). Ein Höhepunkt ist aber der Nachbau des **Grabes des Herrschers von Sipán** mit großartigen Original-Grabbeigaben.

Rafael Larco Herrera

Das Privatmuseum des Archäologen **Rafael Larco Herrera,** Av. Bolívar 1515, Pueblo Libre, täglich 9–18 Uhr, beherbergt über 50.000 Ausstellungsstücke, vorwiegend wertvolle Keramiken der Mochica-Kultur, daneben auch Mumien mit Grabbeigaben. Die *Sala de Tesoro* (Schatzkammer) zeigt einzigartige Kunstschmiedearbeiten, wie z.B. einen goldenen Brustpanzer eines Chimú-Häuptlings. In einem Nebentrakt werden Mochica-Keramiken mit erotischen Darstellungen gezeigt.

Museo de Arte de Lima

Neben kunstgeschichtlichen Gegenständen der Vorinka- und Inkazeit zeigt das **Museo de Arte de Lima,** Paseo Colón 125, Centro, Do–Di 10–13 und 14–17 Uhr auch Exponate aus der Kolonialepoche und der Gegenwart. Beeindruckend sind besonders schöne Werke der Malschule von Cusco aus dem 17. und 18. Jahrhundert. Paseo Colón 125, Centro, Do–Di 10–13 u. 14–17 Uhr.

Museo de Arte Italiano

Das in einem schönen neoklassizistischen Gebäude untergebrachte **Museo de Arte Italiano**, Paseo de la República 250, Mo–Fr 9–17 Uhr lohnt schon allein der Mosaike wegen einen Besuch. Ausgestellt werden hier italienische und andere europäische Gemälde.

Museo del Tribunal de la Santa Inquisición

Ein schauriges Gefühl verspricht der Besuch des **Museo del Tribunal de la Santa Inquisición,** Plaza Bolívar, Mo–Fr 9–17 und Sa 9–12 Uhr. Über Jahrhunderte hinweg wurden hier angebliche Ketzer gefoltert und

LIMA - MIRAFLORES
© RKH VERLAG HERMANN
0
200 m
Miraflores Hotels
1 Incahaus
2 Antigua Miraflores
3 Hostal La Castellana
4 Hotel Exclusive
nördl. außerhalb:
5 Country Club Lima Hotel
6 Bed & Breakfast La Punta
z. Hotel Nr. 4
z. Deutschen Botschaft
z. Hotel Nr. 5
Huaca Pucllana
Museo Amano
Avenida Angamos
Avenida Angamos Este
Junin
Montero
Sanio
Tarapaca
Domingo
Elias
Tacna
Gral. Borgoño
Avenida Paseo de la República
El Carmen
San Agustin
G. Prada
Gonz. Prada
L. Prado
De La Colonia
San Diego
Gral. Vidal
Petit Thouars
Gral. Suárez
Avenida Arequipa
Atahualpa
Coronel Inclan
Independencia
Elias Aguirre
Chiclayo
Plaza República
Piura
Enrique Palacios
Avenida Espinar
Arica
Calle 2 de Mayo
Ovalo
Av. José Pardo
Av. R. Palma
Bonilla
Esperanza
Fußgängerzone und »Calle las Pizzas«
San Ramón
Bolognesi
Grau
Gral. Recavaren
Libertad
Bellavista
Berlin
Galvez
Francia
Revett
(Diagonal)
Parque Central
Parque Kennedy
Catedral
Cantuarias
Canseco
Shell
La Paz
Mariano Odicio
Plaza Bolognesi
Madrid
Italia
Tripoli
Ave. Mariscal Benavides
Malecon Balta
Avenida Alfredo Benavides
Augusto Weberbauer
Juan José de Leuro (San Martin)
Grimaldo del Solar
Alcanfores
Av. Reducto
Av. Miraflores (Av. 28 de Julio)
Clemete Palma (Manco Capac)
José Gonzales
Avenida Larco
Parque Raimondi
Venecia
Parque del Amor
Puente Villeno Rey
Malecón Reserva
Malecon 28 de Julio
Porta
Ocharan
Colon
J. Fanning
Diego Ferré
Las Dalias
Aljovin
Avenida Vasco Nuñez de Balboa
Playa Costa Verde
Oceano Pacífico
LARCOMAR (Einkaufszentrum)
Parque Salazar
Armendaris
San Fernando
La Paz
Barranco
N

hingerichtet. In den hinteren Kammern gibt es Original-Folterinstrumente und nachgestellte Folterszenen mit Puppen. Einen ungleich schöneren Anblick bietet die Mahagoni-Holzdecke im Gerichtssaal.

Das moderne Lima

Limas moderne Stadtteile **Miraflores, San Isidro** und **Barranco** bilden so etwas wie einen Gegenpol zur Altstadt. Hier wird der Smog durch den Wind des nahen Meeres etwas erträglicher, und läuft man an den Parks, Shopping-Centern und eleganten Villen vorbei, so könnte man sich auch in jeder westeuropäischen Großstadt wähnen.

Miraflores

Das belebte Stadtviertel **Miraflores** ist mit seinen zahlreichen besseren Geschäften, Hotels und Restaurants das moderne Zentrum Limas. Hier befinden sich die Büros der meisten Fluggesellschaften und das immer gut besuchte Einkaufs- und Restaurantzentrum **Larcomar,** das direkt in die Steilküste gebaut wurde. Vor allem, wenn man zuvor Dörfer im Hochland besucht hat oder durch eines der Elendsviertel Limas gefahren ist, wirkt das Einkaufszentrum Larcomar mit seinen Restaurants jeder Preisklasse und dem wunderschönen Blick auf das Meer wie ein Ort in einem anderen Land.

Barranco

Ein ebenfalls beliebter Vorort ist **Barranco,** in dem sich viele Künstler angesiedelt haben. Tagsüber liegen die eng verschachtelten Gassen mit malerischen Villen nahezu verträumt da, nachts trifft sich hier die *jeunesse doré* Limas in den zahlreichen Bars und *Peñas*. Von der Plaza Barranco führt die *Bajada,* ein steiler Weg, zum Meer hinunter. Westlich der Plaza liegt der romantische *Puente de los Suspiros* (Seufzerbrücke), ein Ort, an dem sich vor allem Verliebte treffen. Vom Mirador bietet sich der beste Blick entlang der Steilküste auf die Costa Verde.

Service Lima

Information

Infotur, Belén 1066, Tel. 425-5640, Fax 431-0177 (infoperu@latinmail.com, infoperu@qnet.com.pe),

Mo–Fr 9–18 Uhr, Sa 10–14 Uhr. Infokiosk von Miraflores: Parque Central (neben Parque Kennedy), 9–18 Uhr. Telefon-Vorwahl Lima: 01.

Ankunft

Der Flughafen Limas liegt 12 km außerhalb des Stadtzentrums, ein Taxi nach Miraflores sollte nicht mehr als 10 Euro kosten; wer gut handelt zahlt etwa die Hälfte. Die drei großen Busterminals und der Bahnhof der Stadt liegen im alten Zentrum Limas.

Klima

Pizarros Chronisten vermerken über die Gründung der „Stadt der Könige" am Río Rímac ein „angenehmes und klares Klima". Kein Zweifel, Pizarro gründete die Stadt im Sommer, wenn bei Sonnenschein und 25 °C die nahen Badeorte zu einem Sprung in den Pazifischen Ozean einladen. Im peruanischen Winter, von April bis November, liegt Lima unter der *garúa,* ein dichter Nebelschleier. Das Quecksilber fällt dann auf 10 °C und die Sonne ist über Monate kaum zu sehen.

Unterkunft

Bed & Breakfast La Punta, Sáenz Peña 486-490, etwa 30 Minuten nördlich des Zentrums, Tel./Fax 429-1553, info@bed-and-breakfast-la-punta.com. Herrenhaus aus den 1930ern, außergewöhnlicher Patio, ruhig, deutschsprachig.

Incahaus, Av. Larco 189, Miraflores, Tel. 242-4350, Fax 241-3701, www.incahaus.com. Geschmackvolles Kolonialstilhaus mit freundlicher Atmosphäre, DZ 30 US$.

Hostal Casa Lima Kolping, Thomas Ramsey 1005, Magdalena del Mar, Tel. 460-1466, Fax 461-6166, www.hoteleskolping.net. Sauberes und freundliches Hostal in zentraler Lage, DZ ab 32 US$.

Gran Hotel Bolívar, Plaza San Martín, Tel. 427-2305, Fax 428-7675, bolivar@terra.com.pe. Altehrwürdiges Hotel im Kolonialstil mit Stil und Ambiente im Altstadtzentrum; DZ ab 50 US$.

Hostal La Castellana, Grimaldo del Solar 222, hcastellan@terra.com.pe, www.hotel-castellana.com.

Märchenhaftes Kolonialhaus mit schönem Garten, ruhige Lage, charmanter Patio und gutem Restaurant.; DZ ab 45 US$.

Hotel Antigua Miraflores, Av. Grau 350, Miraflores, Tel. 241-6116, Fax 241-6115, hantigua@amauta.rcp.net.pe. Kleines, aber feines Hotel im kolonialspanischen Stil, DZ ab 75 US$.

Country Club Lima Hotel, Los Eucaliptos 590, Tel. 211-9001, Fax 211-9002, country@hotelcountry.com, www.accesoperu.com/countryclub. Grandioses Luxushotel mit historischem Ambiente, exquisite Wohlfühlzimmer, gutes Restaurant, eine der besten Adressen in Lima; mit angeschlossenem Golfplatz; DZ ab 220 US$.

Restaurants

Die Spezialität Limas ist Cebiche und frisch gefangener Fisch. Daneben gibt es alles, was die peruanische, die spanisch-kreolische und die internationale Küche zu bieten hat.

Die preiswertesten und besten Fischgerichte und Mariscos werden in den Fischerkneipen im alten Hafen und im Stadtteil *La Punta* in Callao aufgetragen. Das Seafood-Restaurant *Surf Fish,* Bolognesi 229, Miraflores, lockt mit einem reichhaltigen Buffet und hervorragenden Langustengerichten. Im rustikalen *Canta Rana,* Genova 101, Barranco, treffen sich vor allem Einheimische bei schmackhaften und günstigen Fischgerichten. Das *Cordano,* Carabaya/Ancash (beim Bahnhof) ist die Kneipe mit dem ältesten Nostalgie-Ambiente Limas (1905), das Warten auf einen Platz lohnt; preiswerter Mittagstisch.

Das *Manos Morenas,* Av. Pedro de Osma 409, Barranco, Tel. 01-467-4902, hat die angeblich beste einheimische Küche Limas, am Wochenende mit Folkloreshow. Im *Huaca Pucllana,* Borgoño, Huaca Pucllana, Miraflores, gibt es neuperuanische Küche in urigem Ambiente.

Mit die besten Restaurants der Stadt sind *Rosa Nautica,* Espigon 4, Costa Verde, Tel. 447-0057 und *Costa Verde,* Playa Barranquito, Barranco, Tel. 477-2172. Beide servieren ein exzellentes Mittagsbuffet,

Fisch und Mariscos sowie internationale Küche, Meeresblick. Peruanische Küche auf höchstem Niveau bei *Astrid & Gaston,* Cantuarias 175, Miraflores, ayg@qnet.com.pe. Sehr schönes Ambiente, Bar.

Unterhaltung

Die meisten Nachtclubs, Musikkneipen und Discos befinden sich in San Isidro, Miraflores und Barranco. Gleich mehrere Discos finden sich in Miraflores im **Larcomar.** Auch in der Fußgängerzone **Calle de las Pizzas** in Miraflores wird ab den frühen Abendstunden einiges geboten. Musikkneipen und Video-Pubs haben sich über den Restaurants angesiedelt. Ein bedeutendes Unterhaltungszentrum mit Discos, Restaurants, Pubs und mehr ist der **Marina Park,** Av. de la Marina. Der Dreh- und Angelpunkt des Nachtlebens in Barranco ist die **Plaza Barranco.**

Hervorragende Folkloreshows werden am Wochenende in den Peñas *Sachún Peña,* Av. Del Ejército 657 in Miraflores und in der *Asociación las Brisas del Lago Titicaca,* Walkusky 168, aufgeführt.

Touranbieter

Qoyllur Tours, Enrique Palacios 1125 A, Miraflores, Tel./Fax 242-3758, www.qoyllur-tours.com. Sehr freundliche, deutschsprachige Touranbieterin, mit der sich individuell maßgeschneiderte Touren organisieren lassen.

Inkaland Tours, Calle Los Libertadores 445, San Isidro, Tel. 422-8540, scastillo@inkalandtours.com. Veranstaltet sowohl Gruppenreisen als auch Privattouren, Stadtführungen und Trekking, deutschsprachig.

Bei **Inka Wasi Travel Service,** Tarata 265, Tel. 242-7212, Fax 447-8096, www.inkawasitravel.com, lassen sich Hotels reservieren, Rundreisen buchen und jede Art von Informationen einholen.

Einkaufen

Minka, Calle Barcelona 115, Lince, Di–Sa 11–19 Uhr, bietet hochwertiges Kunsthandwerk aus allen Teilen Perus an. Die Produkte sind hier etwas teurer als anderswo, weil Minka es sich zur Aufgabe gemacht hat, die Landbevölkerung gezielt mit fairen Preisen für ihre Erzeugnisse zu unterstützen. Minka kann außerdem die Teilnahme an Pachamama-Zeremonien organisieren.

Umgebungsziele Lima

Ruinen rund um Lima

Für archäologisch Interessierte bietet sich ein Ausflug zu den präkolumbischen Ruinen rund um Lima an. Hinter dem Dorf **Puruchuco** liegen der rekonstruierte Palast eines *Curaca* (Dorfvorsteher) aus der Präinkazeit, eine Lehmziegelburg mit vielen Gängen und Gemächern sowie ein kleines Museum mit lokalen Kunstgegenständen wie Keramik, Stoffen und Musikinstrumenten. Über die Ruinenstadt **Cajamarquilla** ist nur bekannt, dass sie ein urbanes Zentrum des kleinen Königreiches *Cuismancu* war. Es wird angenommen, dass die rechteckigen Adobe-Lehmbauten aus der Tiwanaku-Periode stammen. Die Ruinen der Lehmziegelstadt bestehen aus drei Gebäudegruppen mit Terrassen und pyramidenähnlichen Bauten, die von labyrinthartigen Straßen durchzogen sind. Im 19. Jahrhundert hatte eine Räuberbande unter *Rossi Arci* hier ihren Schlupfwinkel. Eine andere Ruinenstadt ist **San Juan de Pariache** in der Nähe des Luftkurortes **Chosica.** „Villa del Sol" nennen die Limeños diesen der Hauptstadt nächsten Ort, an dem im Winter die Sonne zu sehen ist. Das Städtchen liegt bereits 850 Meter hoch und ist Treffpunkt der Hauptstädter, die hierhin von Mai bis Oktober der *garúa*, dem Küstennebel, entfliehen. Hinter Chosica beginnt das malerische *Eulalia-Tal*, das sich bis auf eine Höhe von über 1000 Metern hochzieht und den Limeños als Obstanbaugebiet dient.

Auf der südlichen Panamericana

Vom Fuß bis zum Scheitel nacktes Gebirge. Nicht ein Baum, nicht ein Strauch, nicht ein Grashalm. Auch nicht der geringste Ansatz irgendwelcher Vegetation. Eine großartige Landschaft, die auf jedes Beiwerk, jeden Schmuck verzichtet, nur aus Linien, Formen und Farben besteht – Wüste und Gebirge. So muss wohl die Welt am ersten Tage der Schöpfung ausgesehen haben, als Erde und Wasser sich schieden: nacktes Gebirge, Wüste und Ozean. Und sonst nichts.

Siegfried von Vegesack:
Südamerikanisches Mosaik, 1937

„Traumstraße der Welt" wird die Panamericana auch genannt. Auf kaum einem anderen Abschnitt ihrer insgesamt 25.750 Kilometer führt sie an so vielen unterschiedlichen Sehenswürdigkeiten vorbei wie im Süden Perus. Eine davon hat sie regelrecht durchschnitten: die „Eidechse", eines der Wüstenbilder von Nasca. Viele weitere Geoglyphen, von zahllosen Robben und Pinguinen bevölkerte Felseninseln und palmenbestandene Wüstenoasen – all dies und noch mehr ist an der 1000 Kilometer langen Strecke von Lima nach Arequipa zu sehen.

Heiß flimmert die Luft über dem Asphalt der Panamericana, schnurgerade zieht sie sich durch die Wüste und verliert sich irgendwo am Horizont. Staubwirbel tanzen, und manchmal versperren Sandwehen den Weg. Die Wüste hat viele Gesichter: Mal erscheint sie als steinige, mit Geröll bedeckte Einöde, mal schimmert sie in Farbnuancen von grau über braun bis rot. An den Steilküsten hingegen führt sie in wilden Kurven oft so knapp an den Klippen vorbei, dass bei dem Blick aus dem Autofenster nur der gegen die Felsen brandende Pazifik zu sehen ist.

Das Heiligtum von Pachacamac

Kaum liegen die Armutssiedlungen Limas hinter einem erreicht man das Lurín-Tal, eine fruchtbare Gegend rund 30 Kilometer südlich von Lima. Hier liegen die Ruinen des Heiligtums von Pachacamac, seit dem 9. Jahrhundert ein Wallfahrtsort. Pilger reisten hunderte von Kilometern, um hier das Orakel zu befragen. Die Inka eroberten im 15. Jahrhundert Pachacamac, übernahmen die Tempelanlagen und erweiterten sie um ein weiteres größeres Sonnenheiligtum in Form einer terrassenartig ansteigenden Pyramide. Die gemauerten Terrassen und Lehmwände sind noch recht gut erhalten. Von oben bietet sich ein beeindruckender Blick über die zwischen den Anden und dem Pazifik liegende Ruinenstadt. Einzigartig für diesen Tempel ist, dass er nicht nach der Sonne, sondern nach dem Meer und den Bergen ausgerichtet wurde. Das Prunkstück des kleinen Museums ist eine fein gearbeitete Holzsäule. Die Vertiefungen der Figur waren einst mit Gold oder Silber ausgelegt. Außerdem werden Keramiken und Stoffe präsentiert.

Neben dem Museum steht ein halb unterirdischer und rekonstruierter Gebäudekomplex, die *Casa de las Mamaconas,* deren Bedeutung umstritten ist. Ob hier die ausgewählten Sonnenjungfrauen lebten oder ob der Komplex der Verehrung des Mondes diente konnte bis heute nicht geklärt werden. Auf einem kleineren Hügel, auf dem der Pachacamac-Tempel stand, sind einige Terrassen mit Resten einer Bemalung gut erhalten.

Tambo Colorado

Die Anlage von Tambo Colorado ist das beste Beispiel inkaischer Architektur an der Küste. Über die ehemalige Funktion der Ruinen sind sich die Gelehrten nicht einig. Der aus roten Adobeziegeln erbaute Gebäudekomplex könnte eine Stadtanlage mit Rast- und Lagerhäusern *(tambo)* und mit einem Sonnentempel gewesen sein. Andere sprechen von einer Festung.

Neben den Ruinen liegt ein Friedhof. Nachdem durch einen Erdrutsch viele Gräber freigelegt wurden, stößt man hier überall auf mit Stoffen umhüllte Skelette, Tonscherben mit Verzierungen, Totenköpfe mit erhaltenen Haarresten und auf unzählige Knochen.

Lima –
Nasca
(ca. 450 km)
0 25 km
© RKH Verlag Hermann
Callao
Lima
Chosica / La Oroya
Río Lurín
Ruinas Pacha-camac
Lurín
Punta Hermosa
Punta Negra
San Bartolo
Santa María del Mar
Pucusana
Chilca
San Antonio
Mala
Cerro Azul
Quilmana
San Vicente de Cañete
Río Cañete
Panamericana
Chincha Alta
Río Chincha
Islas Ballestas
H.-Insel Paracas
Pisco
San Clemente
Independencia
Paracas
Río Pisco
Ayacucho / Castrovirreyna
Humay
Tambo Colorado
Guadalupe
Oase Huacachina
Hacienda Vista Alegre
Ica
Santiago
- Fortsetzung andere Karte -
Nasca

Santiago
0 25 km
Ocucaje
Río Ica
Panamericana
Santa Cruz
Río Palpa
Palpa
Changuillo
Llipata
Boca Río Ica
Ingenio
Río Ingenio
Pampa
Líneas Nasca (Geoglyphen)
Mirador
Pto. Caballa
Río Grande
Colorado
Cerros Huricangana
1725 m
Nasca
Río Nasca
Cahuachi
Chauchilla-Gräberfeld
Cerro Chauchilla
Pampa Galeras / Puquio / Cusco
Puerto San Juan de Marcona
Lomas
n. Chala / Arequipa

Panamericana

2

Pisco

Die Hafenstadt Pisco ist mit ihren rund 90.000 Einwohnern ein eher ruhiger Ort. Aus der Umgebung von Pisco kommt der gleichnamige Traubenschnaps, Hauptbestandteil des peruanischen Nationalgetränks *Pisco Sour*. Zum Ärger der Peruaner verkauft auch Chile unter dem Namen „Pisco“ erfolgreich seinen Schnaps. Daraus entstand ein Streit, der mittlerweile die Politik beider Länder beschäftigt.

Pisco ist ein beliebtes Wochenendziel der Limeños und Ausgangspunkt für Besuche auf die Halbinsel Paracas 2007 wurde die Stadt zu 85 Prozent von einem schweren Erdbeben zerstört, alleine in Pisco starben dabei über 300 Menschen. Seither sind auch die ohnehin wenigen Sehenswürdigkeiten Piscos verschwunden. Präsident Alan García kündigte den Wiederaufbau der Stadt an. Doch ob und wann das tatsächlich der Fall sein wird, bleibt abzuwarten.

Pisco Sour

3 Teile Pisco,
1 Teil frischgepresster Limonensaft,
2 Teelöffel löslicher Zucker,
1 Eiweiß,
Angostura und
10 gestoßene Eiswürfel.

Im Mixer 2 Minuten durchrühren und in Gläser füllen, nach Wunsch mit Zimt bestreuen.

Service Pisco

Information

Municipalidad de Pisco, San Juan de Dios s/n, Tel. 53-2525. Vorwahl: 056.

Unterkunft

Hostal San Isidro, San Clemente 108, Tel. 53-6471, www.sanisidrohostal.com. Sauberes Hotel mit ausgesprochen schönen Zimmern, hübschem Patio und Pool. DZ ab 10 US$.

Hostal La Posada Hispaña, Av. Bolognesi 236, Tel. 53-6363, posadahispana@terra.com.pe, www.posada hispana.com. Freundliche Posada mit hübschen Zimmern sowie preisgünstige Tourangebote, DZ 20 US$.

Hotel Paracas, Ribera del Mar, Tel. 034-54-5100, Fax 034-22-5379, hparacas@terra.com.pe. Luxuriöses Hotel auf der Halbinsel Paracas, direkt am Meer in Gartenanlage, mit Pool und Tennisplatz. DZ ab 90 US$.

Restaurants Neben Fisch gehören in Pisco verbotenerweise Schildkröten zu den Spezialitäten. Ausgezeichnete Fischgerichte bekommt man im *El As de Oros,* Av. San Martín 472, oder im *Tequila,* San Francisco 456; hervorragendes chinesisches Essen bei *Ken Chay,* Dr. Zuñigan 131.

Unterhaltung Im *El As de Oros,* Av. San Martín 472, findet am Wochenende Disco statt. Gemütlich sitzen lässt es sich in der urigen Bar *Piave* an der Plaza de Armas.

Touranbieter Die meisten Touranbieter sitzen in der Calle San Francisco und jeder wirbt mit dem besten Angebot zu den Islas Ballestas, wie etwa:

Zarcillo Connections, Plaza de Armas, Tel. 53-3095, zarcillo@terra.com.pe

3

Paracas und Nasca

Der peruanische Archäologe Julio C. Tello entdeckte 1927 auf der Halbinsel Paracas ein riesiges Gräberfeld mit in feinsten Tüchern eingewickelten Mumien, bei denen auch Gegenstände des täglichen Lebens wie Werkzeuge und Waffen, Schmuck und sogar Lebensmittel lagen. Daneben wurden auch alte Textilien gefunden, vor allem *mantos,* Grabtücher, über die die Experten wegen des außergewöhnlich feinen Gewebes und der dauerhaften Farben noch immer staunen. Einige dieser Stücke sind im Museo Nacional de Antropología y Arqueología in Lima zu sehen.

Bei vielen der Toten wurde am Schädel Trepanationen festgestellt. Andere Köpfe weisen Deformationen auf: Kleinkindern wurde der Kopf mit Bandagen fest abgebunden, so dass der Schädel in eine konische Form wuchs. Längliche Köpfe entsprachen dem Schönheitsideal und dokumentierten gleichzeitig die Stammeszugehörigkeit.

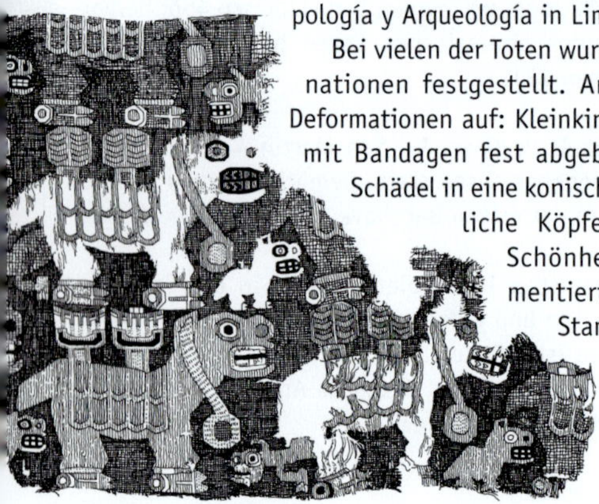

Paracas-Totentuch (manto)

Trepanationen

Viele der in Peru gefundenen Mumien weisen Schädelöffnungen auf, die als *Trepanationen* bezeichnet werden. Die Heilkundigen führten diese Operationen mit Hilfe von Bronzemeißeln durch, bohrten ovale, manchmal auch eckige Öffnungen in die Schädel. Die Operationen dienten Krankheitsbehandlungen, etwa bei Geschwülsten, und sollten verwirrte Patienten heilen. Hinterher wurden die Öffnungen mit Silberplättchen oder Kürbisschalen wieder verschlossen. Genauere Untersuchungen ergaben aber, dass mehr als die Hälfte der Trepanationen an bereits Verstorbenen durchgeführt wurden. Ob damit die Seele der Toten von Dämonen befreit werden sollte oder ob diese Eingriffe schlicht zu Übungszwecken durchgeführt wurden, ist ungeklärt.

El Candelabro

Bis heute sind die Urheber des mächtigen *Candelabros* am Küstenhang von Paracas ungeklärt. Wie alt das in den Wüstenboden gekerbte Bild ist und wozu es gedient haben mag, ist bis heute rätselhaft. Vermutet wird, dass der 180x70 Meter große Dreizack Seefahrern und Fischern als Orientierungspunkt dienen sollte.

Stilistische Ähnlichkeiten mit den Bodenzeichnungen von Nasca sind aber unverkennbar. Möglicherweise stellt das Zeichen auch einen Kandelaberkaktus dar, der den einstigen Bewohnern der Region wegen seiner halluzinogener Wirkstoffe als heilig galt.

Die Islas Ballestas – Das kleine Galápagos

Die Klippen der wild zerklüfteten Inselgruppe *Islas Ballestas* sind die Heimat Zehntausender Seevögel. Tosend brechen sich die grünblauen Wellen des Pazifiks an den steilabfallenden Hängen. Hier nisten und misten Pelikane, Guanay, die seltenen Blaufußtölpel, Guanotölpel, Bigua- und Buntscharben; im Sturzflug schießen sie in die See um Fische zu fangen. Auch Humboldt-Pinguine sind zahlreich vertreten, und Seelöwen machen sich in dem eiskalten, fischreichen Gewässer auf die Jagd. Dicht an dicht lagern sie auf den Klippen, aalen sich in der Sonne und schimpfen schrecklich auf die fotobewehrten Eindringlinge.

Guano

Der Mist der zahllosen Vögel auf den Islas Ballestas bescherte der Region Mitte des 19. Jahrhunderts einigen Reichtum. Guano von den Küsteninseln Perus gilt als der wertvollste natürliche Dünger der Welt. Der mineralienreiche Vogelmist wurde jedoch vom Kunstdünger verdrängt und wird heute nur noch in kleinen Mengen von Männern mit geruchsunempfindlichen Nasen eingesammelt.

Seit 1975 bilden die Islas Ballestas und die Paracas-Halbinsel ein maritim-terranes Naturschutzgebiet. Die Inseln dürfen nicht betreten werden, nur vom Boot aus lässt sich ihre Tierwelt betrachten. Von der Paracas-Halbinsel aus kann jedoch nach Süden ein Spaziergang auf die von Wind und Wellen geschaffene bizarre Felsformation *La Catedral* unternommen werden, die allerdings bei dem schweren Erdbeben 2007 in sich zusammenstürzte. Von hier lassen sich mit etwas Glück Delfine beobachten.

Ica

Ica hat 160.000 Einwohner, ist die Hauptstadt des gleichnamigen Departamento und liegt inmitten der Wüste. Sie gilt als einer der heißesten Orte Perus. Die Wüste ist hier keine steinige, trockene Ebene, sondern wartet mit Sanddünen auf, die der Sahara alle Ehre machen würden. Kein Wunder, dass in den Oasen afrikanische Dattelpalmen gedeihen. Erstaunlicherweise ist diese trockene Gegend Perus wichtigstes Weinanbaugebiet, und das Winzerfest im März der jährliche Höhepunkt Icas.

Die Stadt hat eine rebellische Vergangenheit: Nur mit Mühe gelang es den Spaniern im 16. Jahrhundert die widerspenstigen Einwohner zu unterwerfen – worauf sie heute noch stolz sind. Sehenswert ist an der Plaza de Armas die koloniale *Iglesia de la Merced* mit ihren kunstvoll geschnitzten Holzaltären. In einem Park döst die bereits 1558 erbaute Wallfahrtskirche *Iglesia del Señor de Luren* in der Glut der Wüstensonne, in ihr wird ein vom Meer angespültes Christusbild verwahrt. Hier finden in der Osterwoche und im Oktober die *Fiesta del Señor de Luren* mit eindrucksvollen nächtlichen Prozessionen statt.

Das archäologische *Museo Regional* zeigt Stoffe mit Tiermotiven und Fabelwesen, Keramiken, Beuteköpfe, Mumien und deformierte und trepanierte Schädel der Paracas- und Nasca-Kultur. Sehenswert ist die bedeutende und übersichtlich präsentierte Sammlung an Knotenschüren *(quipus)* der Inka-Epoche. Alle Exponate werden detailliert erklärt.

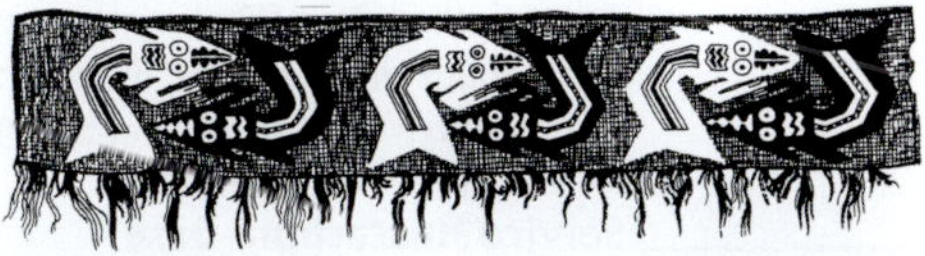

Webmuster mit Fischen eines Nasca-Baumwollgewebes

Im *Museo de Gliptolitos* sind über 11.000 gravierte Steine zu bestaunen, deren Darstellungen zum Teil auf mehr als 12.000 Jahre geschätzt werden. Sie zeigen Menschen die Organtransplantationen und andere Operationen durchführen, Dinosaurierarten oder alte Weltkarten.

Huacachina-Oase

Orientalisch anmutende Gebäude zwischen Dattelpalmen inmitten hoher Sanddünen – wenn man es nicht besser wüsste, man wäre sicher, plötzlich nach Nordafrika versetzt worden zu sein.

Die Oase Huacachina ist wie ein Ort aus 1001 Nacht, ein herrlicher Platz um zu entspannen. Eine kleine, schwefelhaltige Lagune lädt nicht nur zum

Schwimmen ein, ihr wird auch heilende Wirkung zugeschrieben, und von den Dünen-Abhängen stürzen sich die Sandsurfer mit hohem Tempo auf ihren Boards in die Tiefe.

Während der Inkazeit war die Lagune ein heiliger Ort. Nach einer Legende verwandelten die Inka-Götter die Tränen einer Frau, die ihren verstorbenen Geliebten beweinte, zu dieser Lagune. Tatsächlich aber steht sie mit einem unterirdischen Fluss in Verbindung, der von den Anden herunterfließt.

Die Lagune hat in den letzten 30 Jahren die Hälfte ihres Wasservolumens verloren, was mit dem Absinken des Grundwasserspiegels durch einen erhöhten Wasserverbrauch der Bewohner von Ica zusammenhängt. Inzwischen wird mit zwei Pipelines für Wassernachschub gesorgt, so dass der Wasserspiegel einigermaßen gehalten werden kann. Doch ihre besten Tage hat die Wüstenoase hinter sich. Vielleicht bringt die Initiative des marokkanischen Königs neue Perspektiven: Er spendete einige Dromedare, die sich prächtig vermehren. Mit ihnen sollen Touristen zu Wüstentouren aufbrechen. Außerdem sollen in der peruanischen Oase Erholungsbereiche im arabischen Stil gebaut werden. Des weiteren werden Buggytouren durch die Dünen angeboten.

Service Huacachina-Oase

Unterkunft

Hostal El Huacachinero, Av. Parotti s/n, Tel. 21-7453. Sauberes Hostel direkt an den Sanddünen, helle Zimmer, Fenster zum gepflegten Garten mit Pool und „Weckservice“ durch die Papageien. DZ 15 US$.

Hospedaje Suiza, letztes Haus auf der rechten Seite der Laguna, direkt an den Dünen. Schöner Garten, Rattan-Betten, sehr ruhig und sauber, großer Pool. DZ 30 US$.

See im Sandmeer: Laguna Huacachina

Der Bilderteppich von Palpa

Es war eine Sensation, als 2004 bei dem Städtchen Palpa, etwa auf halber Strecke zwischen Ica und Nasca, bis zu 40 Meter große Bodenzeichnungen entdeckt wurden. Bislang waren Archäologen davon ausgegangen, dass die Geoglyphen von Nasca absolut einzigartig seien. Doch die 78 Bodenzeichnungen, die auf ein Gebiet von 150 Quadratkilometern verteilt sind, sind sogar noch älter. Experten vermuten, dass sie aus der Paracas-Kultur stammen und zwischen 800 und 200 v.Chr. erschaffen wurden. Vögel, Affen und Katzen wurden dargestellt. Dominierend ist eine Figur, die als Hauptgottheit der Paracas-Kultur bekannt ist. Offenbar haben die Menschen jener Zeit Bildnisse ihrer Götter in Berghänge geritzt, um sie vom Tal aus im Blick zu haben. Die Berge mit den Erdzeichnungen könnten als Rituallandschaften gedient haben um von den Göttern Regen und Fruchtbarkeit zu erflehen.

Bei Drucklegung dieses Buches wurden noch keine Flüge über den Bilderteppich von Palpa angeboten. Das kann sich aber schnell ändern.

Die geheimnisvolle Wüste von Nasca

Die *Pampa von Nasca* ist eine der trockensten Gegenden der Welt, eine Wüste, in der es nur einmal im Jahr für ein paar Minuten regnet. Dank dieser Trockenheit blieben die weltberühmten, rätselhaften Erdzeichnungen erhalten, die der Nasca-Kultur zugerechnet werden. Aus dieser Kultur stammt auch der Wüstenfriedhof von Chauchilla, auf dem zahlreiche gut erhaltene Mumien zu sehen sind.

Die Geoglyphen von Nasca

Die berühmten Geoglyphen in der Wüste von Nasca sind in ihren Ausmaßen von bis zu 300 Metern nur vom Flugzeug aus zu erkennen, und kaum ein Perureisender lässt sich den imponierenden Anblick der tief unter dem kleinen Flugzeug sichtbar werdenden Bilder entgehen. Die Zeichnungen und die zahllosen Linien, die sich irgendwo am Horizont verlieren, erstrecken

3

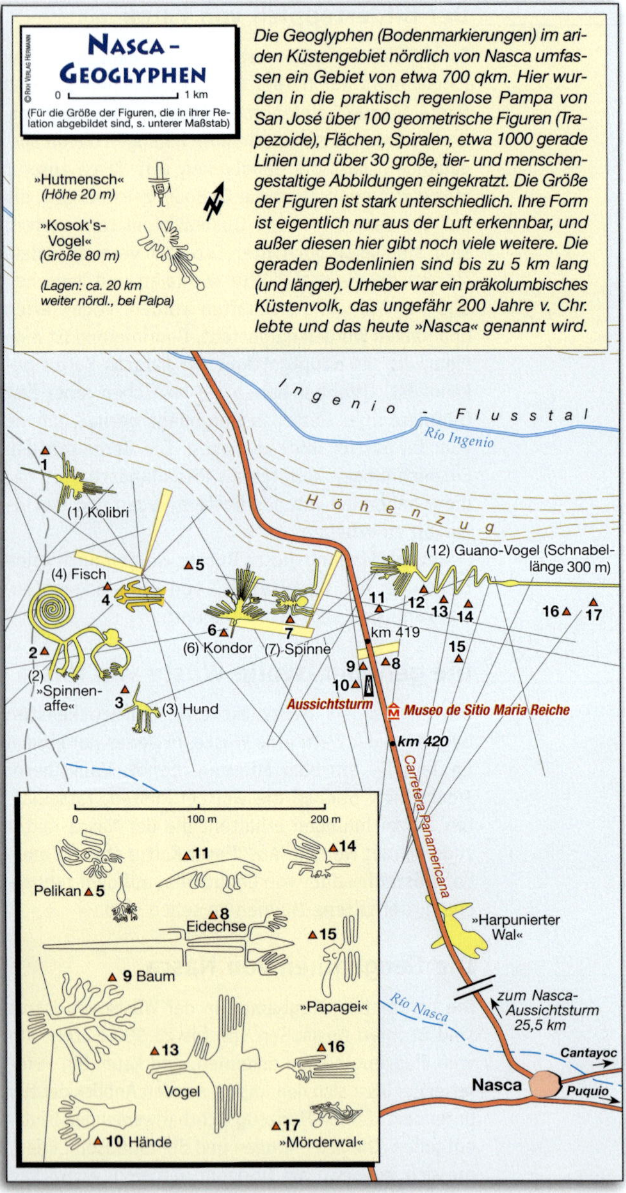
Nasca-Geoglyphen
© Reise Know-How Verlag Hermann
0 1 km
(Für die Größe der Figuren, die in ihrer Relation abgebildet sind, s. unterer Maßstab)
Die Geoglyphen (Bodenmarkierungen) im ariden Küstengebiet nördlich von Nasca umfassen ein Gebiet von etwa 700 qkm. Hier wurden in die praktisch regenlose Pampa von San José über 100 geometrische Figuren (Trapezoide), Flächen, Spiralen, etwa 1000 gerade Linien und über 30 große, tier- und menschengestaltige Abbildungen eingekratzt. Die Größe der Figuren ist stark unterschiedlich. Ihre Form ist eigentlich nur aus der Luft erkennbar, und außer diesen hier gibt noch viele weitere. Die geraden Bodenlinien sind bis zu 5 km lang (und länger). Urheber war ein präkolumbisches Küstenvolk, das ungefähr 200 Jahre v. Chr. lebte und das heute »Nasca« genannt wird.
»Hutmensch« (Höhe 20 m)
»Kosok's-Vogel« (Größe 80 m)
(Lagen: ca. 20 km weiter nördl., bei Palpa)
Ingenio - Flusstal
Río Ingenio
Höhenzug
1
(1) Kolibri
(4) Fisch
4
5
2
(2) »Spinnenaffe«
3
(3) Hund
6
(6) Kondor
7
(7) Spinne
(12) Guano-Vogel (Schnabellänge 300 m)
11
12
13
14
16
17
km 419
15
9
8
10
Aussichtsturm
Museo de Sitio Maria Reiche
km 420
Carretera Panamericana
»Harpunierter Wal«
zum Nasca-Aussichtsturm 25,5 km
Río Nasca
Cantayoc
Nasca
Puquio
0
100 m
200 m
11
14
Pelikan 5
8
Eidechse
15
9 Baum
»Papagei«
13
16
Vogel
17
»Mörderwal«
10 Hände

Nasca-Geoglyphe „Hund“

sich auf einer Fläche von rund 700 Quadratkilometern. So gigantisch die Dimensionen auch sein mögen, die Furchen selber sind nur daumentief und etwa 20 Zentimeter breit. Durch Abtragen der oxydierten, eisenhaltigen dunklen Bodenoberfläche kam die darunter liegende hellere, sandgelbe Schicht zum Vorschein. Mit dieser simplen Technik wurden Menschen- und Tierfiguren, Abbildungen von Affen, Spinnen, Walfischen, Vögeln, Leguanen und Lamas in die Erde „gemalt“, und nur weil es in der Nasca-Region so gut wie nie regnete, blieben die Kunstwerke über 1500 Jahre lang erhalten.

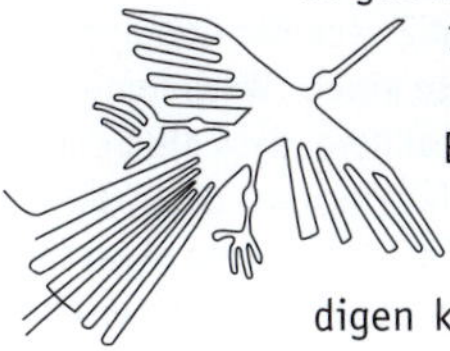

Nasca-Geoglyphe „Kondor“

Die ersten Linien wurden 1939 von dem Bewässerungsexperten Dr. Paul Kosok entdeckt. Der US-Amerikaner erkannte jedoch schnell, dass es sich bei den merkwürdigen kilometerlangen Linien und den geometrischen Figuren nicht um Straßen oder Bewässerungskanäle handeln konnte. Als er am Tag der Sonnwende beobachtete, wie die untergehende Sonne genau auf eine der kilometerlangen Linien fiel, gelangte er zu dem Schluss, dass die Wüste von Nasca das „größte Astronomiebuch der Welt“ ist.

Maria Reiche

Unterstützt wurde Paul Kosok bei seinen Forschungen seit 1946 von der deutschen Mathematikerin und Geografin *Maria Reiche* (1903–1998). Sie begann systematisch die Figuren und Linien präzise zu vermessen und mathematisch zu katalogisieren. Die Forschung über die Geoglyphen wurde ihr Lebenswerk. Mit Messband, Sextant, Leiter und Kehrbesen war sie oft tagelang in der Wüste unterwegs und legte nach und nach die meisten Tierfiguren frei.

Im Laufe der Jahre gelangte sie zu der Überzeugung, dass die Wüste von Nasca astronomisches Geheimwissen birgt. Sie fand mindestens drei Linien, die kalendertechnisch nutzbar waren: Zur Bestimmung wiederkehrender Tage, für Sonnenstände und Mondaufgänge. Hinter den Tierzeichnungen vermutete sie Abbildungen von Sternbildern. Zur Herstellung der Zeichnungen wurden ihrer Annahme nach Planzeichnungen auf dem Wüstenboden entworfen und diese dann durch maßstäbliches Vergrößern in

Längeneinheiten auf das Original übertragen. Kreise zeichnete man demnach mit einem überdimensionalen „Zirkel“ durch das Herumführen von Seilen um Pflöcke. Der etwa 70 Meter große Affe ist derart in ein mathematisches Liniensystem eingebettet, dass ohne Kenntnisse eines geometrischen Winkelmesssystems dessen Konstruktion nicht möglich gewesen wäre. Der in Peru hochverehrten Forscherin wurden die Ehrendoktorwürde und der Sonnenorden verliehen, bevor sie 1998 starb.

Es gibt zahlreiche weitere, teils abenteuerliche Theorien über Herkunft und Zweck der Geoglyphen. Erich von Däniken vermutete einen „Weltraumbahnhof mit Signalen für Ufos“, andere, dass die Geoglyphen rituelle Prozessionspfade waren, deren Linien zu bestimmten Anlässen von Tänzern und einer langen Menschenkette abgeschritten wurde. Inzwischen wurde herausgefunden, dass einige der Linien den Verlauf unterirdischer Wasserverläufe anzeigen. Eine spannende Entdeckung wurde 30 Kilometer weiter im Palpa-Gebirge gemacht: Dort stieß man auf Felswände mit Gravuren, die wie Skizzen und Entwürfe für die großen Geoglyphen-Bilder wirken.

Wozu auch immer das größte Zeichenbuch der Welt gedient haben mag – es ist in Gefahr. Denn während es in der einst fast völlig trockenen Wüste früher maximal 20 Minuten im Jahr regnete, führen globale Klimaveränderungen heute zu wesentlich häufigeren Niederschlägen, die die Linien und Figuren wegzuwaschen drohen.

Blick vom Aussichtsturm auf den „Baum“

Der Wüstenfriedhof von Chauchilla

Rund 25 km südlich von Nasca liegt inmitten der Küstenwüste ein ausgedehnter Friedhof, der *Cementerio Arqueológico de Chauchilla*. Hier finden sich unzählige Mumiengräber der Nasca-Kultur. Beim Gang über das Gräberfeld stellt sich ein etwas schauriges Gefühl ein. Früher einst überall herumliegende Knochen, Textilfetzen und ganze Schädel setzte man teils wieder in die freigelegten Grabkammern, darunter auch einige vollständig erhaltene Mumien. Archäologen, aber auch Grabräuber, haben hier ein riesiges Betätigungsfeld.

Offenes Mumiengrab

Acueductos de Cantayoc

Ein Ausflug nach *Cantayoc* führt zu den unterirdischen Wasserkanälen, genannt *puquios*, in die man über wendelförmige Einstiege 5 bis 20 Meter tief hinabklettern kann. Die Kanäle leiten Wasser von den Anden zur Bewässerung der Felder in der Küstenebene herab. Einige Kanalpassagen sind bis eineinhalb Kilometer lang und führen sogar unter Flussläufe hindurch. Das ausgeklügelte System besitzt alle 10 bis 20 Meter einen Entlüftungsschacht, damit die Luft im Kanalsystem zirkulieren kann. Die Kanäle sind gut erhalten und werden ständig ausgebessert, denn sie sind bis heute für die Bauern lebensnotwendig.

Service Nasca

Information

Turismo Tour Perú, Arica 285, Plaza de Armas, Tel./Fax 52-2481. Der deutschsprachige Marco gibt gute Tipps zu Unterkünften und Touren, Tourbuchungen nach Paracas, Isla Ballestas und Rundflüge. Vorwahl: 056.

Unterkunft

Albergue Villa Verde Lodge, Pasaje Angela, Tel. 52-3373. Ruhige Landherberge mit schöner Gartenanlage, Pool, Bar, Cafetería, DZ ab 20 US$.

Hotel de la Borda, etwa 5 km außerhalb von Nasca hinter dem Flughafen an der Carretera Panamericana (Km 447), Tel. 52-2576. Ehemalige Hacienda mit Gartenanlage und ansprechenden Zimmern.

Hotel Nasca Lines, Bolognesi, Tel. 52-2293. Komfortable Zimmer in netter Anlage mit Pool, DZ ab 65 US$.

Restaurant

El Portón, Lima 315; große Portionen, fast jeden Abend Peña.

Touranbieter

Juan Tohalino Vera, Nasca Trails, Ignacio Morsesky 122 oder Bolognesi 550, Tel./Fax 52-2858. Preiswerte Angebote, der deutschsprachige Juan ist zugleich ein hervorragender Führer.

4

Arequipa – die weiße Stadt

Von hier aus hat der Betrachter angesichts dieser Menge schneeweißer Häuser, dieser Vielzahl in der Sonne glitzernder Kuppen, inmitten der verschiedenen Grüntönungen des Tals und des Graus der Berge einen Eindruck, der ihm nicht für die Dinge dieser Welt bestimmt schien. Dem Reisenden (...) muss sich der Gedanke aufdrängen, dass hier andersartige Wesen ihr geheimnisvolles Leben führen, beschützt und abgeschirmt durch die riesenhafte Erhebung des Vulkans, dessen Anblick die Sinne fast betäubt.

Flora Tristan: Meine Reise nach Peru, 1838

Arequipa, die „Stadt des ewigen Frühlings", liegt 75 Kilometer von der Küste entfernt in einem fruchtbaren Tal. Drei mächtige, schneebedeckte Vulkane umgeben sie: *Misti, Nevado Chachani* und *Nevado Pichu.* Sie sind die Wahrzeichen der Stadt.

Mit ihren etwa 700.000 Einwohnern ist Arequipa nicht nur das Kultur- und Wirtschaftszentrum des Südens, sondern zugleich die zweitgrößte Stadt Perus. Für Reisende ist sie ein guter Zwischenstopp, bevor es hinauf zum Altiplano geht, denn hier, auf 2353 Meter, kann man sich gut an die Höhe gewöhnen. Doch längst nicht nur deshalb besuchen die meisten Touristen Arequipa: Das historische Stadtzentrum besticht mit einer Fülle von weißen, reich verzierten kolonialen Prachtbauten, 2000 wurde es in die Welterbeliste der UNESCO aufgenommen. Gleichzeitig ist Arequipa Ausgangspunkt für einen Besuch des Colca-Canyons, dem zweittiefsten Südamerikas.

Geschichte

Schon lange vor den Zeiten der Inka war das Tal am Fuße des 5822 Meter hohen Misti besiedelt, die ältesten archäologischen Funde datieren auf 6000 bis 8000 v.Chr. Einer Legende nach gab der Inka-General *Mayta Capac* der Stadt ihren Namen, er soll das Tal *ari-quepay* genannt haben, was auf Quechua soviel wie „hier bleiben wir" bedeutet.

AREQUIPA
0 100 m
© RKH Verlag Hermann
Yanahuara
Flugplatz, Chiva / Cusco
Convento de La Recoleta
z. Parque Selva Alegre u. Hotel Libertador (Nr. 5, ca. 400 m)
Torrentera (Schlucht)
z. Museo Arqueológico (ca. 800 m)
z. Kirche Sta. Teresa u. Monasterio del Carmen
Convento Santa Catalina
hier Eingang
Plaza u. Iglesia San Francisco
Polizei u. Info!
AUTOCOLCA (Permits f. Colca-Canyon)
Río Chili
Club Aleman
San Agustín
La Catedral
Plaza Principal
Museo Santuarios Andinos
La Compañia
Santo Domingo
Parque Duhamel
La Merced
Mercado San Camilo
Eingang
Estación
Cruz del Sur
Ormeño
Expreso Sudamericano
zum Terminal Terrestre
zum Terminal Terrestre ca. 3,5 km
Av. Ejército
Cordaderas
Bolognesi
Puente Grau
San Lázaro
Bayoneta
Redondo Llosa
Zela
Villalva
Ayacucho
Melgar
A. La Marina
Moral
Ugarte
San Francisco
Jerusalén
Santa Marta
San Agustín
Bolivar
Sta. Catalina
Puente Bolognesi
Av. Bolognesi
Rivero
Peral
San José
Av. La Marina
Mercaderes
Cruz Verde
Sucre
Palacio Viejo
La Merced
Moran
Puente Consuelo
Consuelo
Santo Domingo
Valdivia
San Juan de Dios
Pierola
Pizarro
Perú
Tristan
Alvarez Thomás
San Camilo
Alto de la Luna
Victor Lira
28 de Julio
Av. Romaña
Leticia
Olimpico
Tacna y Arica
Av. Salaverry
Huáscar y Angamos
Quiroz
Junín
Ibañez
Socabaya
Nummern:
1 Museo Histórico Municipal
2 Campamento Base
3 Museo Regional Histórico Etnológia
4 Casa de La Moneda
5 Casa de los Mendiburros
6 Casa del Moral
7 Arzobispado
8 Casa Yriberry
9 Lima-Tours
10 Casa Ugarteche (Casa Trista del Pozo)
11 Airline-Büros (ganze Plaza-Seite)
12 Teatro
13 Casa-Colonial
14 Municipalidad
15 Casa Goyoneche
16 Jockey-Club
17 Biblioteca Municipal
Hoteles y Hostales
1 Hostal La Casa de mi Abuela
2 Servicios Turísticos La Hostería
3 Hotel La Posada del Monasterio
4 Hostal Regis
außerhalb der Karte:
5 Hotel Libertador

Auch die Spanier wussten das gesunde Klima und die fruchtbaren Böden zu schätzen und gründeten 1541 die „Stadt unserer Frau der Himmelfahrt vom schönen Tal von Arequipa". Es entstand eine Stadt im kolonialen Schachbrettmuster, das Zentrum erbaut aus Sillar, einem hellen Vulkanstein. In dieses weiche Material ließen sich kunstvolle Ornamente und Verzierungen schnitzen, und so ist Arequipa heute eine Stadt voller architektonischer und historischer Schätze. 1868 verwandelte ein schweres Erdbeben die Stadt in ein Trümmerfeld – das gesamte Zentrum musste neu aufgebaut werden. Ihren Namen „weiße Stadt" verdankt Arequipa übrigens nicht dem hellen Sillar, sondern dem Umstand, dass früher das Zentrum alleine den Weißen vorbehalten war, während das „farbige" Personal in den Außenbezirken zu wohnen hatte.

Heute wie damals sind die Arequipeños sehr stolz auf ihre Stadt, was ihnen den Ruf eingetragen hat, etwas arrogant und angeberisch zu sein. Alles hier wirkt geordnet, und im Gegensatz zu anderen Städten Perus sind nur wenige Indígena mit in Tragetüchern gewickelten Babies zu sehen.

Barocke Kirchen und Herrenhäuser

Die Hauptplaza bzw. *Plaza Principal de la Virgen de la Asunción* wird an drei Seiten von zweistöckigen Arkadengängen umsäumt. In den 450 Jahre alten Gebäuden finden sich gemütliche Restaurants und Cafés. Das Platzzentrum schmückt eine gepflegte Anlage mit alten Palmen und der *Tuturutu,* ein Springbrunnen.

Die gesamte Nordseite der Plaza wird von der mächtigen **Kathedrale** eingenommen. Sie ist aus Sillargestein erbaut, beeindruckend sind ihre 70 Fassadensäulen, die drei mächtigen Portale und die weit auseinander stehenden Türme. Prächtig ist auch das Kircheninnere, der vergoldete Hauptaltar stammt aus Frankreich.

Die **Iglesia La Compañía de Jesús** ist eines der ältesten Gotteshäuser Arequipas. Die Jesuitenkirche weist in ihren Verzierungen Elemente der indigenen Bevölkerung auf: Einer der Engel trägt Federschmuck. Bemerkenswert ist auch eine Gemälde-Kollektion im cusqueñer und europäischen Malstil. Kuppel und Wände der Sakristei bestechen durch wunderschöne Fresken und mit Bildnissen der vier Evangelisten. Die Kirche erwies sich als außerordentlich standfest, als einzige hat sie bisher alle Erdbeben Arequipas schadlos überstanden. Von ihrem Turm bietet sich ein fantastischer Blick über die Stadt.

Gleich daneben befindet sich der Eingang zum *Claustro Jesuita,* dem zur Kirche gehörenden ehemaligen Jesuitenkloster, dessen renovierter Kreuzgang mit barocken Verzierungen aus Sillar sehenswert ist.

In Arequipa finden sich jedoch nicht nur prachtvolle Kirchen und Klöster, sondern auch wunderschöne weltliche Kolonialbauten, wie beispielsweise das **Tristán del Pozo.** Das 1738 erbaute Haus beherbergte das alte San-Jerónimo-Seminar und wurde später von der Familie Ugarteche bewohnt. Die kunstvolle Fassade ist ein einzigartiges architektonisches Juwel, und auch der Innenhof ist sehenswert. Heute ist es im Besitz einer Bank, die eine Galerie unterhält, in der häufig Gemäldeausstellungen stattfinden.

Ebenfalls einer Bank gehört die nicht minder prächtige **Casa del Moral.** Rund um den hübschen Innenhof des Kolonialhauses sind feine Sillarsteinmetzarbeiten mit künstlerisch gestalteten Türen und Fenstern zu bewundern. Die Fassade schmückt das Wappen eines schlangenspeienden Pumas, das an die Tiwanaku-Kultur erinnert und ein typisches Beispiel

Plaza Prinicipal de la Virgen de la Asuncíon mit dem Springbrunnen Tutututu, Arequipa

des indigenen Einflusses auf den spanischen Barock ist. Das Kolonialhaus erhielt seinen Namen durch den alten Maulbeerbaum im Innenhof.

Auch der **Mercado San Camilo** ist eine Augenweide – nicht nur der schönen alten Markthalle wegen. An den zahllosen farbenfrohen Ständen geht es lebhaft zu. Hier wird frischer Fisch ausgenommen, dort Geflügel aller Art angeboten, dazwischen findet sich zu hohen Türmen aufgebautes Obst. Von den kleinen Garküchen steigen verlockende Düfte auf, und überall bekommt man frisch gepresste Obstsäfte.

Santa Catalina – die Stadt in der Stadt

Ach, was für ein Kleinod war diese Zelle. (...) Man stelle sich einen kleinen gewölbten Raum vor, (...) vollständig ausgelegt mit einem englischen Teppich mit türkischem Muster, (...) in einer Ecke ein kleines, lackiertes Eisenbett mit einer Matratze aus englischem Drillich und Batistlaken mit spanischer Spitze. Gegenüber eine Couch, (...) über die ein kostbarer Teppich aus Cuzco gebreitet war. (...) Auf der Konsole standen mehrere hübsche Vasen mit künstlichen und echten Blumen, silberne Kerzenleuchter mit blauen Kerzen (...). Dieser bezaubernde Zufluchtsort war der Retiro der Oberin.

Flora Tristan: Meine Reise nach Peru, 1838

Das 1579 erbaute Kloster Santa Catalina ist zweifellos *die* Sehenswürdigkeit Arequipas. Hinter hohen Mauern verborgen liegt eine mehr als 20.000 Quadratmeter große „Stadt in der Stadt", in der über drei Jahrhunderte hinweg 150 Nonnen mit ihren 400 Dienstmädchen lebten.

Seit 1970 ist Santa Catalina für Besucher geöffnet. Nicht nur für ausländische Touristen ist das Kloster eine Sehenswürdigkeit, auch viele Peruaner zieht es hierher. Sie pilgern zur Zelle der *Ana los Ángeles Monteagudo León*. Die 1606 geboren Priorin des Klosters soll an einem sterbenskranken Arequipeño ein Wunder vollbracht und ihn geheilt haben. Ihre Zelle ist voller Blumen und kleiner Zettel, auf die die Gläubigen ihre Wünsche geschrieben haben.

Leben hinter Mauern

In das Dominikanerkloster Santa Catalina einzutreten war eine große Ehre, die nur den Töchtern aus reichen Patrizierfamilien spanischer Abstammung zuteil wurde. Eine Mitgift von 1000 Goldpesos musste bei Eintritt in das Kloster entrichtet werden, und die Familien waren verpflichtet, weiterhin für den Lebensunterhalt der Nonnen aufzukommen. Die Klostersitten waren streng, der Kontakt zur Außenwelt so gut wie abgeschnitten. Vor den Besucherzellen waren Sprechgitter installiert, durch die die Nonne ihre Angehörigen sehen konnte, sie selber blieb jedoch den Blicken ihrer Familie verborgen. Alle Gespräche wurden überwacht und Geschenke und Briefe kontrolliert. Nur die Nonnen, nicht aber die Novizinnen, die ab 12 Jahren aufgenommen werden konnten, durften Besuch empfangen. Ihre Zellen waren spartanisch: Ein Holzbett mit Fell, aber ohne Matratze, Tisch, Stuhl und ein Altar, das war alles, was den Novizinnen zur Verfügung stand. Das Fenster musste immer offen stehen, damit kontrolliert werden konnte, was die Novizin tat. Das Noviziat dauerte zwischen ein und vier Jahren. Danach wurde das Schweige- und Armutsgelübde nicht mehr ganz so streng gehandhabt. Im 17. Jahrhundert glichen manche Zellen, ausgestattet mit seidenen Vorhängen und Teppichen, eher Luxusgemächern als asketischen Klausen.

Heute wohnen nur noch wenige Nonnen in einem abgeschiedenen Teil des Klosters. „Sie leben zurückgezogen und gleichen Engeln. Es ist tröstlich zu wissen, dass es jemanden gibt, der für uns betet", erzählt Ana, eine Kunststudentin, die Besucher durch die Klosterstadt führt.

Kloster Santa Catalina, Arequipa

Santa Catalina ist angelegt wie eine kleine Stadt, jede Gasse hat einen Namen. Gärten, Werkstätten und eine eigene Wasserversorgung sorgten dafür, dass das Kloster autark war. Hinter den Mauern beginnt eine Zeitreise in eine vergangene Welt. Zu hören ist nur das Singen der Vögel, die Stadt mit ihrem Lärm bleibt vor dem Tor. Die Schönheit der maurischen Architektur erinnert den Besucher an Córdoba oder Granada, der Kontrast des weißen Tuffsteins zu den in leuchtendem Blau und Rostrot gestrichenen Wänden schafft einen magischen Reiz. In den winzigen Hintertreppengärten blühen Rosen und tropische Pflanzen, Kolibris schwirren um ihre Blüten. Die einstigen Schlafsäle beherbergen Gemälde der Cusco- und Arequipaschule (s.S. 169). Besonders schön ist das Kloster im warmen Licht der Nachmittagssonne.

Wer von altehrwürdigen Klostermauern noch nicht genug hat, kann im **Kloster Santa Teresa,** Calle Melgar 303, noch einmal in die Abgeschiedenheit der Nonnen eintauchen. In dem ehemaligen Karmeliterkloster ist heute das *Museo de Arte Virreinal* untergebracht, in dem hauptsächlich Gemälde aus dem 16. Jahrhundert und Gegenstände aus dem Klosterleben ausgestellt werden.

Die Andenprinzessin Juanita

1995 wurde auf dem Vulkan Ampato, etwa 70 Kilometer nördlich von Arequipa, die Mumie eines etwa 13 Jahre alten Mädchens gefunden, die ihr Entdecker Johann Reinhardt „Juanita" taufte. Wahrscheinlich wurde sie vor rund 500 Jahren von Inka-Priestern *Apu Ampato,* dem Berggott des Ampato, geopfert. Untersuchungen ergaben, dass das Mädchen nach einer Fastenzeit während des Capacocha-Rituals mit Chicha-Bier eingeschläfert und mit einem Schlag auf den Kopf getötet wurde. Im ewigen Eis des 6310 Meter hohen Vulkangipfels blieb die Mumie hervorragend erhalten, die Gesichtszüge sind gut zu erkennen: Sie wirkt gefasst, fast stolz darauf, für das Opfer auserwählt worden zu sein. Tatsächlich scheint sie den beschwerlichen Weg zu ihrem Opferplatz hoch oben auf dem Gipfel des Ampato freiwillig gegangen zu sein, ihr Körper weist außer dem tödlichen Schlag auf den Kopf keine Spuren von Gewalt auf. Im **Museo Santuarios Andinos**, La Merced 110, (Mo–Sa 9–18 Uhr, So 9–13 Uhr) wird sie in einem gläsernen Tiefkühlkasten ausgestellt. Außerdem wird ein Film in englischer Sprache über die Entdeckung und die Forschungsergebnisse gezeigt.

Mumien in Peru

Die Mumifizierung gehört bereits in den frühen Hochkulturen im ganzen Andenraum zu den verbreiteten Bestattungsarten, denn die Menschen glaubten, dass ihre Seele solange lebe, wie ihr Körper intakt bleibt. Die Inka entwickelten daraus einen regelrechten Totenkult. Hochgestellte Personen wurden nicht einfach begraben, sondern, versehen mit zahllosen Grabbeigaben, manchmal sogar mit Dienern, auf die Reise ins Jenseits geschickt.

Die Mumien der Inkaherrscher wurden nicht bestattet, sondern „genossen" dieselben Privilegien wie bereits zu Lebzeiten. Sie „wohnten" weiterhin im Kreise ihrer Familien in Palästen voller Diener und man stellte ihnen nicht nur Speisen und Getränke, sondern auch junge Mädchen zur Verfügung, die alle eventuell aufkeimenden Wünsche zu erfüllen hatten. An Festtagen trug man die Mumien zum Besuch ihrer ebenso steifen und vertrockneten Verwandten oder ließ sie an Prozessionen teilnehmen, wo sie als spiritistische Medien befragt wurden. In abgelegenen Andendörfern ist dieser Brauch heute noch lebendig. Zusammen mit den Heiligenfiguren wird in manchen Orten jedes Jahr eine als heilig betrachtete Mumie durch die Straßen getragen.

Service Arequipa

Information

i-Peru, Casona Santa Catalina, Santa Catalina 210, Tel. 22-1227, www.peru.org.pe, 9–19 Uhr
Arequipa im Internet: www.arequipa-tourism.com.
Für Bergsteiger: *Casa de Guía,* Pasaje Desaguadero 126, Tel. 20-4182, Fax 26-310, casaguias@correo.rh.com.pe. Vorwahl Arequipa: 054.

Unterkunft

Hotel Regis, Ugarte 202, Tel. 22-6111, regis@qnt.com.pe. Kolonialhaus mit schönem Patio, gepflegte Zimmer, moderne Holzmöblierung, Dachterrasse mit herrlichem Blick, DZ 11 US$.

Hostal La Casa de mi Abuela, Jerusalen 606, Tel. 24-1206, Fax 24-2761, www.lacasademiabuela.com. Familiäres und freundliches Hostal in wunderschöner Gartenanlage mit Pool, DZ ab 20 US$.

Servicios Turísticos La Hostería, Bolívar 403, Tel. 28-9269, Fax 28-1779, la_hosteria@lared.net.pe. Restauriertes Kolonialhaus mit blumenreichem Innenhof und gepflegtem Ambiente, DZ ab 50 US$.

Hotel La Posada del Monasterio,
Santa Catalina 300, Tel./Fax 20-6565,
laposadadelmonasterio@star.com. Koloniales Gebäude aus dem 17. Jahrhundert mit Original-Möbeln und freundlichem Ambiente, DZ ab 50 US$.

Hotel Libertador, Plaza Bolívar, Tel. 21-5110,
Fax 24-1933, www.libertador.com.pe.
Altehrwürdiger Hotelbau in hübscher Parkanlage mit Pool, DZ ab 70 US$.

Restaurants

Gastronomisch ist Arequipa ein wahres Eldorado und bietet vom Meerschweinchen über Meeresfrüchte bis zur internationalen Küche alles, was das Herz begehrt.

Zum Frühstücken empfiehlt sich die *Baguteria La Canasta,* Jerusalen 115, wo in dem schönen Patio frisch gebackene Baguettes angeboten werden. Das *Zig Zag,* Zela 210, serviert exzellente peruanische Küche. Spezialität des Hauses: Verschiedene Fleischarten – Rind, Strauß oder Lama, aber auch Vegetarisches – werden auf heißem Stein serviert. Dazu gibt's leckere Soßen und in der Bar überaus guten Kaffee. Die Restaurants *El Jayarí* und *El Vinero* in der San Francisco 319-B gehören mit ihren schönen Dachterrassen mit zu den besten Adressen Arequipas. Hier lockt die lokale Küche mit Grillplatten, Cuyes und mit süffigen Cocktails, aber auch Meeresfrüchte verwöhnen den Gaumen.

4

Eines der besten und zudem preiswertesten Restaurants mit typischer Arequipa-Küche ist *El Sombrero Arequipeño,* Av. Salaverry 408, Socabaya, Tel. 43-6111 mit großem Garten und Kinderspielplatz.

Unterhaltung

Die Vergnügungszone Arequipas liegt in der Av. Dolores. Dort befinden sich zahlreiche Discos, Restaurants und Kneipen. Das *Forum Café,* San Francisco 319, gilt als der Treff schlechthin, und ist das Beste, was Arequipa in punkto Live-Musik, Disco und Ambiente zu bieten hat. In der Peña *El Moro,* Plaza Principal de Yanahuara, gibt es am Wochenende typische Folkloremusik.

Touranbieter

Reisebüro Miedl, Jerusalen 524-B, Cercado, Tel./Fax 20-1222, perureisen@star.com.pe oder mmiedel@terra.com.pe. Erfahrener, zuverlässiger und kompetenter deutschprachiger Touranbieter mit allumfassenden Angeboten.

Giardino, Jerusalen 604-A, Tel. 24-1206, Fax 24-2761, giardinotours@terra.com.pe, www.giardinotours.com. Giardino organisiert zu vernünftigen Preisen Touren zum Colca- und Cotahuasi-Canyon, Kondorbeobachtungen und Trekkingtouren.

Naturaleza Activa, Santa Catalina 211, Tel. 69-5793, naturaleza@yahoo.com, www.axb.it/naturaleza. Bergtouren, spezialisiert auf die Besteigung des Misti, breites Sortimentsangebot an mietbarem Equipment, kompetente Führer.

Achtung: Wer eine Tour zum *Colca-Canyon* unternehmen will sollte sich wegen der großen Höhe auf manchmal bittere Kälte einstellen und unbedingt warme Kleidung mitnehmen!

Umgebungsziele Arequipa

Campiña-Route durch reizvolle Vororte

Rund um Arequipa liegt eine ganze Reihe sehr hübscher, typischer Ortschaften, die in einer entspannten, rund dreistündigen Tour besucht werden können. Anders als in Cusco oder Puno wird man dabei nicht ständig auf andere Touristen treffen.

Die Campiña Tour beginnt in **Yanahuara,** einem netten Vorort von Arequipa mit dem *Puente Grau.* Von der Brücke aus bietet sich ein wunderschöner Blick auf die Silhouette Arequipas. An der von malerischen Gässchen umgebenen Plaza Principal findet sich der *Mirador de Yanahuara* mit einer Aussichtsterrasse und in Stein gemeißelte poetische Phrasen. Der Blick vom Mirador über die Stadt bis zur Plaza ist einer der schönsten Arequipas. An der Plaza steht außerdem eine aus dem 18. Jahrhundert stammende Kirche mit churrigueresker Fassade aus Sillargestein.

Das Dorf **Cayma** beginnt gleich hinter Yanahuara und wird wegen seiner erhöhten Lage auch „Balkon Arequipas" genannt. Auf der Plaza San Miguel befindet sich eine der schönsten Kolonialkirchen im Mestizo-Stil aus dem Jahr 1730. Die Doppelsäulen des Portals beeindrucken durch vollendete Steinmetzkunst. Auf einer Seite der Kirche befindet sich die *Casa Cultural,* in dem der historische Essraum Simón Bolívars zu sehen ist.

Dorf in der Nähe des Colca-Canyons

Die Lage des Dorfes **Chilina** am Río Chili ist wildromantisch. Das von grünen terrassierten Feldern umgebene Landdorf gilt für viele als eines der schönsten in der Gegend um Arequipa. Die aus Sillarstein erbaute Kolonialkirche von **Paucarpata** ist in ihrem Innern mit Gemälden aus der Escuela Cusqueña geschmückt. In Paucarpata finden alljährlich im April Kämpfe zwischen wilden Stieren statt und es gibt viele *Restaurantes campestres* (Landgaststätten), in denen Spanferkel oder gegrillte Meerschweinchen angeboten werden. Um Paucarpata sind die meisten der terrassierten Felder und Hänge aus der Inkazeit noch intakt und werden für die Landwirtschaft genutzt.

Auch **Sabandía** ist für seine noch aus der Inkazeit erhaltenen terrassierten Felder und Hänge bekannt, die nach wie vor für die Landwirtschaft genutzt werden. Kanäle sorgen für eine gleichmäßige Bewässerung, in dem milden Klima gedeihen Kartoffeln, Mais und vor allem Zwiebeln. In Sabandía kann die berühmte Steinmühle oder *Molino de Sabandía* besichtigt werden. Sie wurde 1622 erbaut und ist nach einer Restaurierung wieder voll funktionstüchtig. Inmitten grüner Felder und Wiesen liegt der Landsitz **Mansión del Fundador.** Das Anwesen mit dem ehemaligen Landhaus aus dem Jahr 1540 gehörte *Don García Manuel de Carbajal,* dem Stadtgründer Arequipas und bietet einen sehr guten Einblick in die koloniale Epoche.

Vorbei an den **Wasserfällen von Socabaya** geht es weiter zum Erholungsort **Tingo,** der sonntags von den Arequipeños förmlich überrannt wird. Dann gibt es um den kleinen See, in den Swimmingpools und den Restaurants keine freien Plätze mehr. Ruhiger ist es in dem von Eukalyptusbäumen und Feigenkakteen umgebenen kleinen Ort **Tiabaya,** in dem sich die Arequipeños am Wochenende in den unzähligen *Picanterías* treffen. Alljährlich wird hier am 6. Januar der Dreikönigstag mit einem großen Fest gefeiert.

Inmitten der engen Gassen des Dorfes **Sachaca** schlummert der *Palacio de Goyeneche.* Das Örtchen wird vom Mirador, einem Aussichtsturm aus einem Betongerüst, überragt. Von hier aus bietet sich ein letzter, wunderschöner Blick auf die umliegende *Campiña Arequipeña.*

Der Colca-Canyon – Terrassen in die Tiefe

Der Colca-Canyon ist eine der attraktivsten Natursehenswürdigkeiten Perus. Eine Tour zu der bis zu 1200 Meter tiefen Flussschlucht dauert ein bis zwei Tage und führt durch eine wilde, raue Landschaft. In der kargen Hochebene *Pampa Cañahuas*, die auf 3800

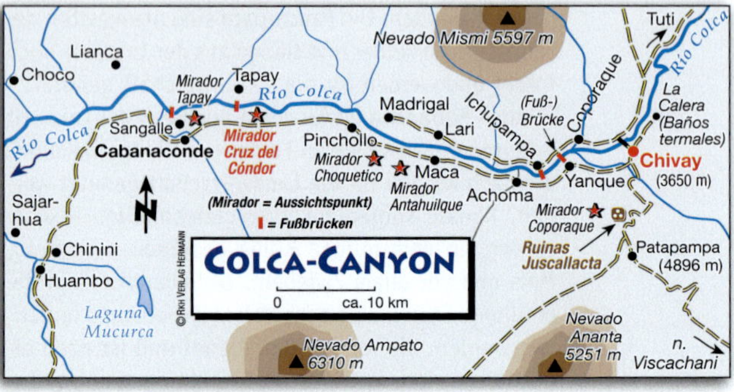

Metern liegt, zupfen im eisigen Wind Alpakas, Vicuñas und Lamas trockene Grasbüschel, und durch Lagunen staksen Sichler und Flamingos. Als höchster Punkt wird der Pass Pata Pampa passiert, von seinen 4896 Metern Höhe bietet sich ein fantastischer Blick auf die umliegenden Vulkanberge und den schneebedeckten Ampato.

Übernachtet wird meist in dem Städtchen **Chivay** (3600 m) am Río Colca im Colca-Tal. In der Nähe gibt es ein Thermalbad, das von den heißen Quellen der umliegenden Vulkane gespeist wird. Das schwefelhaltige Wasser soll heilende Wirkung haben. Die Vulkane sorgen auch täglich für kleinere Erdbeben, die in der ganzen Gegend gemessen, aber nur selten von Menschen wahrgenommen werden.

Am nächsten Morgen geht es in aller Frühe von Chivay zum **Cruz del Cóndor,** dem besten Aussichtspunkt am Colca-Canyon. Unterwegs trifft man auf Hirten, die Lamas mit bunten Schleifen im Ohr zur Weide treiben oder Lasten transportieren.

In der Ferne ist der Vulkan *Hualca Hualca* zu sehen, der 1991 ausbrach. Das damit einhergehende Erdbeben, das auch in Arequipa erhebliche Schäden anrichtete, zerstörte das Andendörfchen **Maca** fast vollständig. Auch wenn die Schäden im Dorf inzwischen beseitigt sind, leiden seine Bewohner noch immer unter den Folgen, denn in den Feldern bildeten sich erhebliche Spalten, die eine Bewirtschaftung zum Teil sehr schwierig machen.

Zwischen Maca und dem Mirador Cruz del Cóndor kleben wie überdimensionale Hornissennester Gräber der Collagua im Fels. Kurz vor **Pinchollo** ist eine kleine Sensation zu bestaunen: Hier wurde von den Inka eine topografische Terrassenreliefkarte in einen Stein gemeißelt. Deutlich gibt die Darstellung die Terrassenneigung für die Wasserverteilung auf der gegenüberliegenden Flussseite wieder. Von hier an führt die Fahrt am Canyon entlang, der durch unzählige Terrassenanlagen beeindruckt, die bereits vor der Zeit der Inka angelegt wurden. An manchen Stellen scheint es, als sei die gesamte Landschaft in Terrassen verwandelt worden. Auf dem fruchtbaren Boden gedeihen Bohnen, Kartoffeln und Mais. Eine Besonderheit ist ein nur von weitem sichtbarer See, der aus noch nicht geklärten Gründen jedes Jahr seine Farbe wechselt.

Am **Cruz del Cóndor** hat man am Vormittag die Chance, die erhabenen Kondore zu beobachten, die sich hier vom Aufwind getragen in die Höhe schrauben. In der Morgensonne am Rande der mächtigen Schlucht sitzend die riesigen Vögel zu beobachten ist ein einzigartiges Erlebnis (doch eine Garantie, sie fliegen zu sehen, gibt es natürlich nicht). Der Cruz del Cóndor war früher ein heiliger Ort, Bewohner von Pinchollo brachten hier zu Ehren von Pachamama Opfergaben dar. Um die Zeremonien zu beenden, stellte die Kirche an dieser Stelle ein Kreuz auf, die Bewohner von Pinchollo suchten sich eine neue Opferstätte.

Blick in den Colca-Canyon

Service Chivay

Policía de Turismo, Plaza Principal, tägl. 7–20 Uhr; Registrierung für Trekking- und Bergtouren obligatorisch. Kopie verbleibt bei der Polizeistation.

Unterkunft

Hostal Colca Wasi Kolping, Siglo XX s/n, Tel./Fax 54-531076, www.hoteleskolping.net. Charmante, saubere Cabañas mit freundlichem Service, DZ 35 US$.

Estancia Pozo del Cielo, Richtung Corporaque, Tel. 53-1144, www.pozodelcielo.com.pe; rustikales Hotel in Naturbauweise am Hang, für ältere Reisende besonders geeignet, DZ ab 56 US$.

Der Kondor, König der Anden

Wie kein anderes Tier steht der Kondor als Symbol für Peru. Als „Bote der Götter" wurde er schon in der Chavín-Kultur angesehen, und auch in vielen Mythen und Geschichten anderer peruanischer Kulturen wird er verehrt. So besagt eine Legende, dass sich die Götter in Kondore verwandeln um in ihrer Gestalt die Menschen zu besuchen.

Mit einer Flügelspannweite von bis zu 3,20 Metern ist er der größte Raubvogel der Erde. Sehr wendig ist er bei dieser Größe nicht, er lässt sich jedoch durch bereits geringe thermische Aufwinde in Höhen von bis zu 5000 Meter tragen. Die weiten Täler der Anden mit wechselnden Luftströmungen sind daher die idealen Lebensräume der Kondore.

Der Kondor ernährt sich hauptsächlich von Aas, ist aber in der Lage, auch ein Schaf zu schlagen. Mit seinem Krummschnabel kann das Fleisch des Beutetieres regelrecht zerrissen werden. Männliche Kondore tragen an Stirn und Scheitel einen hohen Kamm und können bis zu 11 kg schwer werden, weibliche sind leichter (sie sind an ihren roten Augen erkenntlich). Das Federkleid ist schwarz mit weißer Halskrause, Hals und Kopf sind nackt. Die Zucht ist mühsam, denn Kondore werden erst mit zwölf Jahren geschlechtsreif und ein Weibchen legt nur alle drei Jahre ein Ei.

Restaurants Die preiswerten Kneipen an der Plaza und in den Nebenstraßen servieren Einheitsessen. Am besten und billigsten isst man bei den Garküchen im *Mercado* an der Av. Salaverry. Ansonsten das kleine Restaurant *El Ccogollo* probieren, exzellente Küche, Calle Grau. Forellen gibt's im *La Casa Nuestra*.

Die Petroglyphen von Toro Muerto

Rund zwei Stunden nördlich von Arequipa liegt der archäologische Komplex *Petroglifos Toro Muerto*. Hier wurden etwa 6000 Petroglyphen, in Stein gehauene Figuren, auf bis zu zwei Meter hohen vulkanischen Blöcken entdeckt. Die ältesten Darstellungen werden der Wari(Huarí)-Kultur zugesprochen und sind demnach zwischen 600–1200 n.Chr. entstanden. Andere sollen von den Chuquibamba um 1200 n.Chr. stammen. Neben abstrakten und geometrischen Figuren und Tänzern mit Masken wurden auch Abbildungen von Tieren, Pflanzen und Menschen in das Gestein geritzt. Eine Szene zeigt tanzende Wesen mit Hirschgeweih, Pferdeschwanz und Bart, weitere große Jaguar- oder Pumaabbildungen. Einigen Forschern gilt dies als Hinweis auf den im Andenraum verbreiteten Hirsch- und Jaguarkult. Andere vermuten, dass es sich bei den Tänzern mit Geweih um Schamanen handelt, die Hilfsgeister für die Heilung von Kranken anrufen. Was auch immer die Darstellungen bedeuten mögen – Toro Muerto gilt als die umfangreichste Petroglyphengruppe in Peru und das gesamte Areal wurde zum UNESCO-Kulturerbe der Menschheit erklärt.

Toro-Muerto-Raubkatze

Steinerne Bilderbücher von Toro Muerto

4

5

Titicacasee – das Andenmeer

... Der Wind pfeift um die Ecken und man trachtet eiligst danach, sich einen Schlupfwinkel zu suchen ... Das Klima ist begreiflicherweise sehr gesund, die Luft prachtvoll und besonders klar, so dass man auf weitester Entfernung deutlich sehen kann.

Albert Perl: Durch die Urwälder Südamerikas, 1904

Im Süden Perus liegt an der Grenze zu Bolivien der große Titicacasee. Tiefblau hebt sich sein kristallklares Wasser vor der mächtigen, schneebedeckten Königskordillere Boliviens ab. Das „Andenmeer“ ist ein mythischer Ort, auch heute noch. Der Legende nach wurde der erste Inca hier auf der Sonneninsel geboren. Die 36 Inseln des Sees und seine Ufer sind eine einzigartige archäologische Schatzkammer. Angeblich ist der Titicacasee auch eine Goldgrube: Während der Eroberung durch die Spanier soll ein Teil des Inka-Goldes auf dem Seegrund versenkt worden sein um es vor den Eindringlingen zu retten. Gefunden wurde es aber bis heute nicht. Für jeden Besucher sind hier aber schwimmende Inseln, strickende Männer und die mächtigen Grabtürme von Sillustani zu entdecken.

„Qué frío“ – „wie kalt,“ ruft jeder Peruaner aus, wenn er an die Gegend um den Titicacasee denkt, denn hier oben auf dem rauen, unwirtlichen Altiplano ist es das ganze Jahr über sehr kalt und windig, im Winter sind auch Minusgrade keine Seltenheit.

Titicacasee

Der fischreiche Titicacasee liegt 3810 Meter hoch und ist der höchstgelegene schiffbare See der Welt. Mit einer Größe von 190x65 Kilometern ist er gleichzeitig das größte Binnengewässer Südamerikas, die Seefläche beträgt 8562 Quadratkilometer, 13 mal so groß wie der Bodensee. Obwohl das Wasser zehn Grad kalt ist, ist der Titicacasee für das andine Hochland mit seinem rauen Klima und den oft eisigen Temperaturen ein klimatischer Wärmespeicher. Mais, Kartoffeln und Quinoa gedeihen hier gut.

Titicacasee-Sagen

Einer Sage nach stieg einst der Gott *Con Ticci Wiracocha* aus dem Titicacasee und erschuf die Sonne und in Tiwanaku – gut 20 Kilometer entfernt in Bolivien (s.S. 149) –, die Welt und die Menschen. Wiracocha setzte seine Kinder *Manco Capac* und *Mama Ocllo* auf einer Insel im Titicacasee aus, vermachte ihnen einen Stab aus Gold und sagte: „Geht, wohin ihr wollt, und wenn ihr Halt macht um zu essen und zu schlafen, so stoßt diesen Stab in die Erde. Wenn er darin stecken bleibt, lasst euch nieder und regiert die Völker mit Gerechtigkeit, Vernunft, Duldsamkeit, Liebe und Milde." So machten sich die beiden Kinder auf und kamen in die Gegend des heutigen Cusco, wo der Stab in der Erde stecken blieb und sie das Inka-Imperium gründeten.

Als im 13. Jahrhundert die Inka das Gebiet um den Titicacasee annektierten, ohne aber die Bräuche und Sprache der Aymara auszulöschen, erhoben sie die heutige Sonneninsel *Isla del Sol* zum heiligen Ort. In dieser Zeit durfte die Sonneninsel nur durch die Adelskaste betreten werden. In einem höhlenartigen Labyrinth, das völlig mit Goldplatten ausgelegt war, wurden höchste Riten durch den Inca vollzogen und Inti gehuldigt. Als Inti zum Himmel aufstieg, hinterließ der Sonnengott der Legende nach einen Fußabdruck.

Eine weitere Sage erzählt, dass nach der Eroberung des Inkareiches durch die Spanier die Tempelwächter der Sonneninsel den sagenhaften, nie gefundenen Goldschatz der Sonneninsel im Titicacasee versenkt haben sollen. Immer wieder wurde nach diesem legendären Schatz gesucht. Die letzte große Tauch-Suchaktion wurde 1968 von dem berühmten, inzwischen verstorbenen Jacques Cousteau unternommen, der zwar eine Tiefe von 230 Meter erreichte und Unterwasseraufnahmen mitbrachte, aber keine Spur von dem Schatz sah. Stattdessen entdeckte er eine 60 Zentimeter lange Kröte mit Kiemen – und fand so die auf der Insel Taquile erzählte Sage bestätigt, die seit Jahrhunderten von den riesigen Tieren erzählt.

Titicaca-See
0 20 km
© Rkh Verlag Hermann
n. Cusco
Pucara
Azángaro
n. Arequipa
Lampa
Putina
Laguna de Arapa
Santa Lucia
Río Cabanillas
Deustúa
Taraco
Juliaca
Mañazo
Huancané
Vilque
Atuncolla
Caracotto
Pusi
Vilque Chico
Laguna Umayo
Coata
Sillustani
Schiffs-verbin-dungen
Rosaspata
Huata
Paucarcolla
Totoral
Capachica
Puno
Moho
Isla Suasi
Isla Amantani
Conima
Chucuito
Ninantaya
Isla Soto
Isla Taquile
PERU
Acora
BOLIVIEN
Lago Titicaca
(3810 m ü.N.N.)
Puerto Acosta
Río Llave
Llave
Escoma
Sorapa
Puerto Carabuco
Isla del Sol
Chaguaya
Julí
Isla de la Luna
Tacna
Ancoraimes
Yampupata
Pomata
Copacabana
Sorata
Estrecho de Tiquina / Fähre
Yunguyo
Achacachi
San Pedro de Tiquina
San Pablo de Tiquina
Zepita
Laguna Wiñaymarca
Huatajata
Desaguadero
Golfo de Taroco
Huarina
Cordillera Real
PERU
Puerto Perez
Batallas
Guaqui
Tiwanaku
BOLIVIEN
Pucarani
Pata Manta
Tambillo
Laja
Rió Desaguadero
El Alto
Viaja
La Paz

Ausgangspunkt für Erkundungen auf und rund um den Titicacasee ist **Puno,** die größte Stadt am See, auch als „Folklore-Hauptstadt" Perus bezeichnet. Sie ist berühmt für farbenprächtige Volks- und Tanzfeste sowie für ausgelassene *Diabladas.*

Die Stadt am See: Puno

Puno als eine sehenswerte Stadt zu bezeichnen, wäre zweifellos übertrieben. Gegründet wurde sie offiziell 1668, nachdem hier reiche Silbervorkommen entdeckt worden waren. Aus dieser Zeit sind nur noch das typische Schachbrettmuster der Straßen und einige historische Bauten übriggeblieben. Heute leben in der Universitätsstadt am Ufer des Titicacasees knapp 100.000 Einwohner.

Die reich geschmückte Fassade der 1757 fertiggestellten Kathedrale an der Plaza de Armas zeugt von dem Einfluss einheimischer Künstler: Sonne und Mond, bei genauem Hinsehen sogar ein Puma und überraschenderweise auch zwei Meerjungfrauen, sind hier zu finden – alles Symbole aus dem alten Glauben, der sich hier, wie überall in Südamerika, mit dem der katholischen Kirche vermischt hat. Erstaunlich karg ist dagegen das Kircheninnere: Während peruanische Kirchen sonst vor Gold fast überzulaufen scheinen, findet sich hier nur ein versilberter Hauptaltar.

Das kleine **Museo Carlos Dreyer** zeigt Webarbeiten, Stoffe, Keramiken und Töpferarbeiten aus der Präinka-, Inka- und Kolonialzeit. Interessant ist ein Besuch auf dem täglich stattfindenden **Markt.** Mag

Hafen von Puno

er auch nicht ganz so farbenfroh sein wie der in Cusco, so ist er doch authentischer. Alles was die Hochlandbevölkerung für ihren täglichen Bedarf braucht ist hier zu haben: Unzählige Kartoffelsorten und vielerlei Gemüse, aber auch Haushaltswaren, Plastikschüsseln, Badelatschen und natürlich Alpakapullover und Töpferwaren für Touristen.

Der „Hausberg" von Puno ist der *Huaisapata*. Dort steht das Denkmal von *Manco Capac* im kalten Andenwind. Etwa zehn Minuten dauert der Aufstieg, der mit einem wunderschönen Blick über die Stadt und den See belohnt wird.

Service Puno

Information Lima/Deustua, Tel. 35-1261. Vorwahl: 051.

Unterkunft **Hotel Sillustani,** Lambayeque 195, Tel. 35-2641, Fax 35-6111, sillustani@punonet.com, www.punonet.com/sillustani.

Gefällige Zimmer mit Zentralheizung, DZ 30 US$.

Hostal La Hacienda, Deustua 297, Tel./Fax 35-6109, haciendahostal@hotmail.com. Stilvolle, hübsche Zimmer mit Zentralheizung, schöner Patio im Kolonialstil, DZ 50 US$.

Hotel Colón Inn, Tacna 290, Tel. 35-1432, Fax 35-7090, colon@titicaca-peru.com, www.titicaca-peru.com. Wer Kolonialbauten liebt, der ist in diesem Hotel gut untergebracht. Die mit alten Möbeln eingerichteten Zimmer laden zum Wohlfühlen ein, der hübsche Patio ist ein guter Ort zum Entspannen. DZ 53 US$.

Restaurants Viele Restaurants und Kneipen befinden sich in der Calle Lima, dort besonders in der Fußgängerzone und in den angrenzenden Seitenstraßen.

Das *Café Ricos Pan* in der Calle Lima 424 ist der richtige Ort, um ein gutes Frühstück zu genießen. Die Bäckerin Imperatriz serviert delikate Kuchen, frische Säfte und einen ausgezeichneten Cappuccino. Im Restaurant *El Palza,* Calle Puno 425, bekommt man wohl das beste Essen der Stadt Zu empfehlen ist besonders Stroganoff, Lomo und Cordon Bleu, alle

Gerichte ab 20 Soles). Das beste Grillrestaurant ist *La Estancia* in der Libertad 137 mit zahlreichen Grillspezialitäten und großem Salatbuffet.

Hervorragende, hauchdünne Steinofenpizza gibt es in der *Pizzeria Bar*, Jr. Deustua 312.

Unterhaltung In etlichen Kneipen und Lokalen spielen abends Amateurmusiker Andenmusik, nach einiger Zeit sammeln sie mit dem Hut ein kleines Trinkgeld ein. Sehr originell ist die Café-Bar *La Casa del Corregidor,* Deustua 576, in einem Kolonialbau aus dem 17. Jahrhundert mit Bibliothek; Internetzugang, Kunst- und Kulturausstellungen. *Pub Kusillos,* Arequipa/Libertad, Disco mit Pub, schöne Atmosphäre, gute Musik. *Peña la Candelaria,* Deustua 564, typische Landesmusik.

Touranbieter

Latin Reps, Arequipa 736 A, Tel. 36-4887, www.latinreps.com. Individual- und Pauschaltouren, das Reisebüro für das Hochland von Peru, auch für Rollstuhlreisende und Behinderte, deutschsprachig

Always Travel, Calle Tacna 234 und Deustua 576, Tel. 35-5552/36-3979, Fax 36-7246, www.titicacaperu.com. Die Agentur bietet gut organisierte Ausflüge zu allen Sehenswürdigkeiten in der Umgebung an.

Einkaufen

Artesanías Puno EPS, Alfonso Ugarte 150.

Diablada

Von den etwa 1500 Tänzen Perus haben mindestens 400 in Puno und in der Region um den Titicacasee ihren Ursprung. Mit am bedeutendsten ist die *Diablada,* der Teufelsmasken-Tanz. Wie so vieles in Peru geht auch er auf eine Legende zurück: Minenarbeiter wurden einstmals bei einem Erdrutsch verschüttet. In ihrer Todesangst sahen sie eine Armee von Teufeln, die versuchten, sie der Hölle zuzuführen. Verzweifelt beteten sie zur Jungfrau Maria, solange, bis sie endlich befreit wurden. Bis heute ist Maria die Schutzpatronin der Minenarbeiter und Punos, und jedes Jahr wird ihr zur Ehren beim Fest *Virgen de la Candelaria* (Maria Lichtmess) die *Diablada* getanzt. Der katholische Feiertag bildet dabei nur den christlichen Rahmen, die Tänze aber beruhen auf magischen Handlungen: Fruchtbarkeitszauber, Dämonenbeschwörung, Bannformeln und Totemkulte sind in die Tänze verwoben, und ständig kommen neue, moderne Elemente dazu.

Das Teufelsmaskenfest ist das wichtigste Festereignis in Puno und um den Titicacasee. In einem Wettbewerb streiten Dutzende Maskentänzer-Gruppen, ähnlich den Sambaschulen beim Karneval in Rio de Janeiro, um den Triumph des Siegs. Die alten Masken wiegen einige Kilos, und die Tänzer tragen zum Schutz des Gesichts einen gepolsterten Kopfschutz. Auch ihre prunkvollen Gewänder sind sehr gewichtig. Tage- und Nächtelang toben die verschiedenen Gruppen durch die Straßen, und das Bier fließt reichlich.

Inseln im tiefblauen Wasser

Die schwimmenden Inseln der Uro

Einst waren die Uro ein stolzes Volk, das einzige im Reich der Inka, das nicht von ihnen unterworfen wurde, denn bei Auseinandersetzungen zogen sie sich auf ihre Schilfinseln im Titicacasee zurück. Die letzte reinblütige Uro-Frau starb 1959, doch die Nachfahren versuchen, die Kultur des Seevolks fortzuführen. Die heutigen Bewohner der Schilfinseln sind eine Mischung aus Uro, Aymara und Inka-Nachfahren, die fast ausschließlich vom Tourismus leben. Der Besuch einer der extra für Touristen erbauten Schilfinsel erinnert stark an einen Gang durch einen Zoo mit angeschlossenem Souvenirladen, viel authentisches ist dabei nicht zu sehen.

Leider passen die Frauen ihre Webkunst immer mehr dem Geschmack der Touristen an, so dass die überlieferten Muster in Vergessenheit zu geraten drohen. Trotzdem ist es ein eindrucksvolles Erlebnis, über den weichen, schwankenden Schilfboden zu gehen und eine Ahnung davon zu bekommen, wie das Leben der Uro einmal ausgesehen haben mag. Immerhin gibt es am äußeren Rand des Schilfgürtels noch Inseln, die vom Tourismus bislang verschont wurden.

Wie die Uros die eiskalten Nächte auf dem See ertragen können, dafür haben sie eine ganz eigene Erklarung: „Wir haben schwarzes Blut, das ist kälter als normales Blut, deshalb halten wir die Kälte besser aus“, erzählt Eduardo, der auf einer der Schilfinseln lebt.

Die strickenden Männern der Isla Taquile

Taquile ist ein gelungenes Beispiel dafür, dass Tourismus nicht gleichzeitig das Ende der Traditionen bedeuten muss. Die ersten Besucher waren übrigens Gefangene, denn bis in die 1970er Jahre war die Insel ein Gefängnis für politische Häftlinge. Berühmt ist Taquile für ihre strickenden Männer, denen man überall auf Taquile begegnet. Unentwegt scheinen sie bei der Arbeit zu sein, ob beim Plausch mit dem Nachbarn oder auf dem Weg durch die Gassen. Das Spinnen hingegen ist Sache der Frauen. Seit Jahrhunderten hat sich an dieser Arbeitsteilung nichts geändert. Den auf der Isla Taquile in hergestellten Textilien wurde 2006 der Status als UNESCO Welterbe verliehen. Neben der großen Ehrung dieser wertvollen Stoffe bedeutet diese Anerkennung auch einen Beitrag zu deren Erhaltung. Mit Hilfe des UNESCO-Weltkulturerbe-Status soll verhindert werden, dass diese prähispanische Kunsthandarbeit verloren geht. Die sehr feinen und qualitativ hochwertigen Textilien können im Genossenschaftsladen im Hauptort der Insel an der Plaza Principal gekauft werden. Das so erwirtschaftete Geld fließt in die Gemeindekasse. Traditionell ist auch die Kleidung der Inselbewohner. Die weiße Spitze an den Zipfelmützen der Männer zeigt seit jeher an, dass sie noch nicht verheiratet sind.

Bis heute gibt es auf Taquile kein Hotel, sondern Touristen werden gegen ein geringes Entgelt bei Familien untergebracht. Unterkunft und Verpflegung sind einfach, doch die Gelegenheit, das Leben der Inselbevölkerung kennenzulernen, ist einzigartig. Ein Gesetz der Freundschaft ist es, sich beim Vornamen anzusprechen – auch die Besucher aus Europa. Der Aufstieg vom Bootsanleger über die 536 unregelmäßigen Stufen ist in der dünnen Luft auf 4000 Meter nicht gerade ein Spaziergang. Oben angekommen, bietet sich ein grandioser Blick über den tiefblauen See, in dem sich die schneeweißen Gipfel der Anden spiegeln. Am „Bogen der Freundschaft" werden die Besucher von einem kleinen Empfangskomitee begrüßt und auf die Familien verteilt.

Im Hauptdorf von Taquile

Alles aus Schilf

Das Totora-Schilf war und ist die Lebensbasis der Uro. Aus dem Rohrgewächs bauen sie ihre Inseln, Wohnhütten und die weltberühmten *balsas,* ihre Totora-Boote. Neben Fisch- und Vogelfang dienten Schilfsprösslinge auch als Nahrungsmittel. So entwickelten die Uro eine autarke Lebensweise, brauchten keinen Ackerbau an Land zu treiben. Der Bau einer Totora-Insel gleicht einer Sysiphus-Arbeit, denn das Schilf saugt sich mit der Zeit mit Wasser voll und muss etwa alle sechs Monate ausgewechselt werden, sonst werden die Inseln zu schwer und drohen zu sinken. Ständig werden beschädigte oder verfaulte Teile ausgebessert oder ersetzt. Vorgefertigt werden die Totora-Inseln im seichten Wasser am Rand der Schilfzone. Von ausgewachsenem Totora werden die Wurzeln *(kili)* verwendet und zu Blöcken von bis zu acht Quadratmetern zusammengebunden. Auf diese Kili-Blöcke wird anschließend schichtweise Totora gestapelt, bis die schwimmende Plattform einen Tiefgang von etwa 80 Zentimetern erreicht hat. Auf die etwas erhöhte Inselmitte wird zum Schluss eine bedachte Schilfhütte gesetzt.

Für die schönen Schilfboote wird das Schilf zunächst zu Rollen zusammengepresst, die in der Mitte dicker sind. Anschließend werden sie zu bootsförmigen Paketen verschnürt, mit spitzem Bug und Heck. Bevor es Tuchsegel gab, wurden die Segel in Form von Matten aus feinen Grashalmen gefertigt. Mit einer größeren Machart dieser Bootstechnik segelte 1947 der berühmte norwegische Forscher Thor Heyerdahl von Callao in 97 Tagen über den Pazifik nach Tahiti, um so seine These von der Herkunft der polynesischen Kultur von Altperu zu beweisen.

Inkaruinen auf der Isla Amantani

Noch untouristischer als Taquile ist die Insel Amantani. Ihr besonderer Reiz sind die zahlreichen Inkaruinen. Die bedeutendste ist *Incatiana* im Westen der Insel, mit dem „Sitz des Incas". Dieses Monument wurde aus einem einzigen, nach vorne offenen, trogartigen Steinblock erbaut, um damit den Lauf der Sonne zu verfolgen.

Auf dem Berg Llacasiti gibt es den Bereich von *Llacasiti Pata,* auch *Pachamama* genannt, in dem eine nahezu kreisrunde, durch einen Zugang unterbrochene Steinmauer mit 13 Meter Durchmesser zu finden ist. Der Zugang im Osten bildet eine Linie mit der Sonne im Januar. Der Innenraum ist vertieft und hat einen Brunnenschacht in der Mitte. Wahrscheinlich wurden hier Zeremonien aus der Zeit der Pucara abgehalten. Auch auf Amantani kann in den einfachen, aus Lehmziegeln errichteten Häusern der einheimischen Familien übernachtet werden. Des Nachts breitet sich über der Insel und dem See eine fast unwirkliche Stille aus, und es scheint, als sei die Zeit angehalten worden.

Feste auf Taquile und Amantani

Auf beiden Inseln werden das ganze Jahr über zahlreiche Feste gefeiert, vor allem aber in der Zeit von Februar bis August. Auf Taquile findet das größte Fest am 15. Mai zu Ehren des Heiligen Isidro statt. Die meist nur wenigen Übernachtungsgäste sind bei den Feierlichkeiten am Lagerfeuer willkommen. Da meistens sowohl Einheimische als auch Besucher dieselben Wollmützen tragen, sind sie abends im Schein des Feuers auf den ersten Blick kaum voneinander zu unterscheiden. Bei den Feiern wird mit großer Ausdauer in farbenprächtigen Kostümen zum eintönigen Rhythmus der Trommeln und Flöten getanzt und oft zu Ehren Pachamamas, der Mutter Erde, Cocablätter als Opfergaben dargebracht.

Maskenträger

Die Grabtürme von Sillustani

Die beeindruckendsten Bauten in der Gegend um den Titicacasee sind sicherlich die mächtigen *chullpas* (Aymara, „Begräbnisturm") von Sillustani oberhalb des Umayo-Sees. Sillustani war eines der bedeutendsten Zentren der Colla-Kultur, die um 1200 n.Chr. hier die ersten Chullpas errichteten. Für die Colla war Sillustani heilig, hier bestatteten sie ihre wichtigsten Persönlichkeiten. 1445 nutzten die Inka den Streit zwischen den Colla und Lupaca aus Chucuito und eroberten die gesamte Region. Sie übernahmen den Colla-Begräbniskult, verehrten deren *mallku* (Schutzgeist) und perfektionierten mit ihrer Steinmetzkunst die Begräbnistürme. Der spanische Chronist *Cieza de León* berichtete später, dass beim Begräbnis eines bedeutenden Mannes 20 bis 30 Lamas verbrannt, Frauen, Kinder und Diener getötet wurden, damit sie dem Verstorbenen im Jenseits dienen konnten. Meist wurden auch noch weitere Personen mit den Toten lebend in den Grabturm miteingemauert.

Chullpa in Sillustani

Die meisten Chullpas sind von runder Form und bestehen aus fein bearbeiteten Basalt- und Trachytsteinen. Es wurde das gleiche Bauprinzip wie beim Sonnentempel in Cusco oder beim Torreón in Machupicchu angewendet: Die Steine wurden sorgfältig ausgewählt und nach dem berechneten Durchmesser rund behauen, passgenau zusammengesetzt und von innen zum besseren Halt mit Lehm verschmiert. Die Eingänge zu den Mausoleen hoher Persönlichkeiten waren nach Osten ausgerichtet und sehr niedrig, aber hoch genug, um einen Menschen in gebückter Haltung durchzulassen. Einige Chullpas weisen nur einen Raum mit einer versenkten Grabkammer auf, andere haben Nischen in den Seitenwänden für die in Hockstellung aufgestellten Mumien. Fast alle Chullpas wurden im Lauf der Zeit von Schatzgräbern aufgebrochen und durchwühlt.

Am zauberhaftesten ist der Rundgang durch Sillustani am Nachmittag, wenn die Sonne im Gegelicht auf die glitzernde Oberfläche des Umayo-Sees fällt und die Weite des Altiplano am Horizont mit den schneebedeckten Bergen verschmilzt.

Der phallische Tempel von Chucuito

Das Dorf Chucuito, idyllisch am Rande des Titicacasees gelegen, war früher die Hauptstadt der Inka und Lupaca und bildete auch während der Kolonialzeit das Zentrum der Region zwischen Puno und Desaguadero. In der Zeit der Pucara entstand hier das Zeremonialzentrum *Tunuhuiri,* in dem später die Inka den phallischen Tempel *Inca Uyo* errichteten. Wozu die rechteckige, aus großen polierten Steinblöcken erbaute Mauerkonstruktion diente, konnte bis heute nicht eindeutig geklärt werden. Der Zugang liegt auf einer Linie von 35 Grad nach Nordost, der Richtung, aus der meist die Hauptwinde des Titicacasees wehen. Gleichzeitig bilden die beiden gegenüberliegenden Ecken mit dem Eingang den Schnittpunkt der Nord-Süd- und Ost-West-Achse. Es wird vermutet, dass der Inca Uyo zur astronomischen Beobachtung diente. Bei Ausgrabungen wurden zahlreiche bearbeitete und polierte, säulenartige Stelen gefunden. Wahrscheinlich wurden sie bei einem Fruchtbarkeitsritual im Zusammenhang mit der Aussaat des Getreides verwendet.

Chucuito selber wartet mit einer hübschen Plaza und der sehenswerten Kirche *Iglesia de Nuestra Señora de la Asunción* auf. Auf der Plaza ragt der *Rollo* in die Höhe. Die Säule symbolisierte während der Kolonialzeit Recht und Gesetz. Hier wurden Gesetze öffentlich proklamiert und Strafen verkündet. Die *Iglesia*

Sto. Domingo wurde Anfang 1534 erbaut und ist die älteste Kirche auf dem Altiplano. Sie birgt das wertvolle Bildnis der *Virgen del Rosa Río.*

Das Jesuitenzentrum Julí

In dem kleinen Ort Julí wurden einst die Jesuiten-Missionare auf ihre zukünftige Aufgabe vorbereitet. Aus dieser Zeit gibt es einige sehr sehenswerte Jesuitenkirchen. An der Hauptplaza liegt die *Iglesia San Pedro,* die einen deutlich indigenen Einfluss in Malerei und Schnitzkunst aufweist. Besonders schön sind die eigenartig verzierten Altäre. Die *Iglesia San Juan Bautista* ist heute ein Kirchenmuseum, in dem große Gemälde aus dem 17. Jahrhundert ausgestellt werden, auf denen das Leben Johannes des Täufers und der Heiligen Teresa dargestellt werden. Daneben sind kostbare Steinmetzarbeiten im typischen Mestizo-Stil zu sehen. Einen Besuch wert ist auch der völlig untouristische Markt am Donnerstag.

▶ **Abstecher nach Bolivien** s.S. 132
▶ **Von Puno nach Cusco** s.S. 157

Chuño

Chuño ist eine gefriergetrocknete Bitter-Kartoffel, die bis in Höhen von 4500 m wächst. Zur Haltbarkeit haben die Andenbewohner sozusagen das Gefrier-Trocknungsverfahren erfunden: Unter Ausnutzung der starken Tag- und Nacht-Temperaturschwankungen werden die Kartoffeln nächtens dem Frost ausgesetzt und tagsüber wieder an der Sonne getrocknet. Dadurch verlieren sie stark an Gewicht

und Volumen. Vor der letzten Trocknung wird mit den Füßen das letzte Wasser ausgequetscht. Danach sind sie bis zu zehn Jahre lang haltbar und durch ihr leichtes Gewicht mühelos zu Vorratslagern zu transportieren. Die Chuño-Vorräte schützten die Andenbewohner vor den Folgen von Missernten und Hungersnöten. Auch andere Knollenfrüchte, wie beispielsweise die Oca, können so haltbar gemacht werden.

6 Abstecher nach Bolivien

Kleine Landeskunde Bolivien

Geografie und Klima

Mit seinen knapp 1,1 Millionen Quadratkilometern ist Bolivien etwa dreimal so groß wie Deutschland. Im Nordwesten grenzt das Land an Peru, im Südwesten an Chile, im Süden an Argentinien und im Südosten an Paraguay. Im Norden und Osten hat Bolivien eine lange Grenze mit Brasilien. Etwa ein Drittel des Landes wird von den Anden und dem Altiplano eingenommen. Auf 3600 bis 4100 Meter Höhe ist das Klima sehr trocken und kühl, in den Hochwüsten im Süden geradezu eisig. Im Südwesten des Landes liegt der *Salar de Uyuni,* der größte Salzsee der Welt. Das bolivianische Tiefland nimmt etwa zwei Drittel der Landesfläche ein und ist dreigeteilt: Ganz im Norden liegt der tropische Regenwald Amazoniens, im Osten grenzt es an das Sumpfgebiet des Pantanal und im Südosten geht es in die dornigen Buschsteppen und Trockenwälder des *Gran Chaco* über. Im Tiefland bestimmen tropische Temperaturen mit hoher Luftfeuchtigkeit das Klima.

Bevölkerung

Bolivien hat etwa 9,34 Millionen Einwohner Einwohner, gut zwei Drittel von ihnen sind Indígenas. Der überwiegende Teil lebt auf dem unwirtlichen Altiplano, nur etwa ein Fünftel im tropischen Tiefland. Die durchschnittliche Lebenserwartung liegt bei nur 62 Jahren, die Analphabetenrate wird mit rund 40% angegeben. Wie in Peru bekennt sich der überwiegende Teil der Bevölkerung zum römisch-katholischen Glauben, doch auch in Bolivien fanden Elemente der alten Religionen Eingang in das Christentum.

Geschichte und Politik

Kulturell prägend in der Frühzeit war im Hochland vor allem die Tiwanaku-Kultur. Nach der Eroberung durch die Spanier 1536 wurde Bolivien Teil des Vizekönigreichs Peru. Seit seiner Unabhängigkeit im Jahr

1825 hat die Präsidialrepublik rund 200 gewaltsame Machtwechsel erlebt, ein Weltrekord. Der aktuelle Konflikt dreht sich vor allem um die Frage, ob das Land seine Erdgasvorkommen verstaatlichen soll, während gleichzeitig das südöstliche Tiefland, das über einen Großteil dieser Ressource verfügt, die Autonomie anstrebt. Unter der Führung des sozialistischen *Evo Molares,* Anführer der Kokabauern und Führer der MAS-Partei, kam es sowohl 2003 als auch 2005 zu gewalttätigen Protesten mit Straßenblockaden und jeweils einem Präsidentenwechsel.

Nominelle Hauptstadt Boliviens ist Sucre, alle Verwaltungs- und Regierungseinrichtungen befinden sich jedoch in La Paz, der größten Stadt Boliviens.

Wirtschaft

Obgleich Bolivien außerordentlich reich an Bodenschätzen ist, ist es mit einem jährlichen Pro-Kopf-Einkommen von nur rund 500 Euro eines der ärmsten Länder Lateinamerikas. Die Silberminen von Potosí lieferten zur Zeit der Spanier unermessliche Reichtümer, heute wird dort vor allem Zinn gewonnen – an den harten und menschenfeindlichen Abbaumethoden hat sich jedoch kaum etwas geändert. Eine immer größere werdende Bedeutung gewinnt die Förderung von Erdöl und Erdgas im Tiefland.

Wechselstube an der Grenze von Bolivien

Nur ein Zwanzigstel der Landesfläche kann als Ackerland genutzt werden. Angebaut werden im Hochland Kartoffeln, Mais, Quinoa und Getreide, im Tiefland Zuckerrohr, Baumwolle, Reis, Kaffee, Tabak und Früchte. Bedeutend ist auch der Anbau von Coca. Nach Schätzungen sind mehr als die Hälfte aller Erwerbsfähigen in Bolivien arbeitslos, unterbeschäftigt oder verdienen ihr Geld in der Schattenwirtschaft. Die allgemeine Ernährungs- und Trinkwassersituation wird, besonders auf dem Altiplano, von den Vereinten Nationen als kritisch bezeichnet.

Copacabana

Der Wallfahrtsort Copacabana liegt auf einer Höhe von 3818 Meter Höhe und ist mit seinen 20.00 Einwohnern ein recht beschaulicher Ort. Am schönsten ist es abends an dem kleinen Hafen am Titicacasee, wenn die Sonne blutrot im dunkelblauen Wasser versinkt. Gleichzeitig kriecht dann unerbittlich eine schneidende Kälte heran.

Copacabana blickt auf eine über 3000 Jahre alte Geschichte zurück, es war einst ein bedeutendes Zeremonial- und Kultzentrum. Die Inka gründeten hier auf den Resten alter Kultstätten der Colla den Ort *Kota Kahuaña,* was soviel wie „Seeblick" bedeutet. Damals pilgerten die Menschen von Copacabana zum Heiligtum *Huaca Titicaca* auf der Nordseite der Sonneninsel im See. Nach dem Einfall der Spanier machten auch die Augustiner Copacabana zu einem Pilgerort (ihm zu Ehren wurde eine kleine Kapelle am heute gleichnamigen Strand von Rio de Janeiro errichtet).

Mit dem Bau der **Basílica Virgen de la Candelaria** wurde bereits 1605 begonnen, doch erst 1820 wurde sie endgültig fertiggestellt. Archäologen vermuten, dass sie auf den Resten eines uralten Kultplatzes errichtet wurde. Im Innern findet sich eine wundertätige, aus dunklem Holz geschnitzte Madonna, die von dem Indígena-Künstler Francisco Yupanqui im 16. Jahrhundert geschaffen wurde. Vielleicht weil der Urheber ein direkter Nachfahre des Inca Titu Kusi Yupanqui war, werden der dunklen Jungfrau zahllose Wunder zugeschrieben. Sie soll Kranke geheilt und lang ersehnten Regen auf die Felder gebracht haben. 1925 wurde das Bildnis der *Virgen Morena* vom Vatikan heilig gesprochen.

Am Wochenende fahren hunderte blankgeputzte und mit Blumen geschmückte Autos, die aus ganz Bolivien, manchmal auch Peru oder gar Argentinien kommen, vor die Basilika, um von dem Padre der Kirche mit Weihwasser und Weihrauch getauft zu werden. Bei der Zeremonie fehlt es auch nicht an Bier, mit dem zum einen das Auto besprengt wird, dem aber auch die festlich gekleideten Besitzer und Paten

Blick auf Copacabana mit dem „Horca del Inca"

6

Autotaufe

reichlich zusprechen. Angetrunken macht man sich dann auf den Heimweg. Passieren kann ja nichts, schließlich ist das Auto frisch getauft ...

Eine kleine Wanderung zur *Horca del Inca* auf dem *Niño Calvario* (Kleiner Kalvarienberg) bietet einen wunderschönen Blick auf den Titicacasee und die umliegenden Berghänge. Die Horca del Inca ist ein modellierter Felsen mit einem Loch, ein bedeutendes astronomischen Observatorium aus prähispanischen Zeiten. Hier wurden die Tag- und Nachtgleiche im Frühjahr und im Herbst bestimmt, denn nur zu diesen Zeitpunkten scheint die Sonne genau durch das Loch im Stein. So konnte der richtige Zeitpunkt für die Aussaat bestimmt werden. Bis heute gilt der Berg den Einheimischen als heilig, oben finden sich kleine Opfergaben für die alten Götter und Bitt-Zettel.

Copacabana ist für Touristen vor allem Ausgangspunkt zu Ausflügen zu den Inseln *Isla del Sol* und *Isla de la Luna*.

Service Copacabana

Information

Información Turística, Plaza 2 de Febrero, Mi–Mo 9–12, 14–18 Uhr. Telefon-Vorwahl (02).

Unterkünfte

Hostal La Cúpula, Michel Pérez 1–3, Tel. 862-2029, www.hotelcupula.com. Geschmackvolle Zimmer mit Seeblick, Terrassenrestaurant, deutschsprachige Besitzern, Reservierung empfehlenswert, DZ ab 20 US$.

Hotel Rosario del Lago, Av. Costañero/Rigoberto Paredes, Tel. 862-2140, Fax 862-2140, www.hotel-rosario.com. Bildschönes Hotel mit großen, komfortablen Zimmern mit Seeblick, DZ 43 US$.

Restaurants Viele preiswerte Restaurants liegen in der 6 de Agosto, die Spezialität sind frisch im See gefangene Forellen. Diese und andere Gerichte sowie ein gutes Frühstück werden im hübschen Innenhof des Restaurants *Killa Wasi,* Av. Jaúregui, serviert. Aber auch das Gartenrestaurant des Hostals *Colonial del Lago,* Av. 16 de Julio 100, Plaza Sucre, serviert zum Abendessen Forelle und andere leckere Gerichte.

Unterhaltung In der Café Bar *Sol y Luna,* Av. 16 de Julio 3, kann man bei Cocktails und Snacks Spiele ausleihen oder Bücher tauschen. Allabendlich Livemusik im Gartenrestaurant des Hostals *Colonial del Lago,* Av. 16 de Julio 100, Plaza Sucre. In der urigen Bar *Waykys,* Av. 16 de Julio/Av. Buchs, gibt es Cocktails.

Touranbieter *Grace Tours,* Av. 6 de Agosto 200/16 de Julio, bietet Ausflüge zur Sonnen- und Mondinsel an.

Die heiligen Inseln des Titicacasees

Die ***Isla del Sol,* die Sonneninsel,** ist mit elf Kilometer Länge und viereinhalb Kilometer Breite die größte des Titicacasees und gleichzeitig die heiligste. Vermutlich war für die Inka-Priester die Sonneninsel ihr spirituelles Zentrum. Die kleine Insel hieß ursprünglich Titicachi, davon leitet der Titicacasee seinen Namen ab. Der Felsen *Titicala* (oder „Piedra Sagrada") an der Nordwestspitze der Insel war wohl der heiligste Punkt des Inkareiches. Nach einer Inka-Legende setzte an diesem Felsblock aus rotem Sandstein der hellhäutige Schöpfergott *Con Ticci Wiracocha* seine Kinder *Manco Capac* und *Mama Ocllo* aus, die von dort auszogen, um das Inkareich zu gründen. Deshalb gilt die Isla del Sol als Keimzelle des Inka-Imperiums. In der Nähe des heiligen Felsens befinden sich Reste des **Incanotapa** (Palacio del Inca).

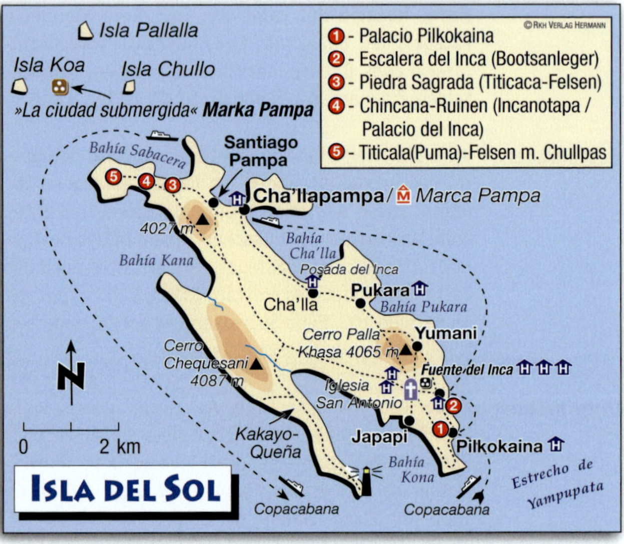

Vor der Nordwestspitze der Insel liegt in acht Meter Tiefe der versunkene Ruinenkomplex von *Marka Pampa*. In dem Ort Cha'llapampa gibt es ein kleines Museum, in dem die Fundstücke aus dem versunkenen Tempel ausgestellt sind. Am interessantesten sind die Steinschatullen und deren Inhalt: ein Puma, eine Frau, eine Tasse und ein Medaillon aus purem Gold. Die Steinschatullen waren so dicht verschlossen, dass der gesamte Inhalt darin trocken geblieben war.

Eine Wanderung über das stille Eiland, das wie vergessen im blauen Wasser des Titicacasees liegt, vorbei an den aus Adobeziegeln erbauten Häuser der Bewohner, ist ein wunderschönes Erlebnis. Auf den terrassierten Hängen wachsen Zypressen und Eukalyptus. Doch zuvor muss vom Bootsanleger eine steile Treppe, die alte *Escalera del Inca,* überwunden werden. Oben angekommen kann das Wasser aus dem Quellbrunnen *Fuente del Inca* probiert werden, dem heilende Wirkung zugeschrieben wird. Von der Escalera del Inca bis nach Cha'llapampa beträgt die Gehzeit etwa fünf Stunden.

Die nicht weit von der Sonneninsel entfernt liegende **Mondinsel, die *Isla de la Luna,*** war der Legende nach der Ort, an dem Wiracocha dem Mond befahl, in den Himmel aufzusteigen. Der ungewöhnliche „Tempel der Sonnenjungfrauen“ mit seiner dreidimensionalen geometrischen Fassadengliederung weist eine erstaunliche Ähnlichkeit zum arabischen Architekturstil auf.

Copacabana – La Paz

Über eine schöne Strecke entlang am Titicacasee geht es von Copacabana in Richtung La Paz. Aus der Ferne grüßen die über 6000 Meter hohen, schneebedeckten Gipfel der Cordillera Real. An der See-Enge von Tiquina wird übergesetzt. In San Pedro de Tiquina, an der mit nur 800 m schmalsten Stelle des Sees, wird übergesetzt. Hier liegt im Hafen die Schiffe der bolivianischen Marine. Obwohl Bolivien nach dem Salpeterkrieg 1884 seinen letzten Zugang zum Meer verlor, leistet sich das arme Land weiterhin eine „Marine“ und begeht einmal im Jahr den „Tag des Meeres“, immer in der Hoffnung, eines Tages doch wieder eine Hafenstadt – oder zumindest einen eigenen Exporthafen – am Pazifik in Chile zu besitzen.

Die Straße ist gut, und schließlich wird **El Alto,** die noch auf der Hochebene liegende riesige Oberstadt von La Paz erreicht. Nach Osten geht es zum Airport von La Paz, der mit 4020 Metern höchstgelegene zivile Flughafen der Welt. Weil die Luft hier oben sehr dünn ist, sind die Start- und Landebahnen wesentlich länger als üblich. Über die Stadtautobahn rollt man hinab in den Talkessel von La Paz.

7

Die Andenmetropole La Paz

Der Weg führte über steinige Ebenen zum Hochplateau von La Paz. Das Wetter entsprach einem kalten, klaren Wintertage; zu Seiten den mächtigen Illimani im prachtvollsten Sonnenschein ... Bewundernswert ist die Fahrt vom Plateau hinunter in das trichterförmige Tal von La Paz ... Der Weg ist nur schmal, und mit Grauen schaut man in die Tiefe; oft saust der Wagen am harten Rand entlang, und unwillkürlich hält man sich fest in dem Gedanken, dass der Wagen abstürzen könnte.

Albert Perl: Durch die Wälder Südamerikas, 1904

Stadt in der Höhe

Wer in der Dämmerung La Paz erreicht, vor dem breitet sich ein eindrucksvolles Lichtermeer im tief eingeschnittenen Tal des Río Choqueyapu aus, während in der Ferne die drei schneebedeckten Gipfel des mächtigen, 6439 Meter hohen Illimani im letzten Licht rosa aufleuchten. Traditionen und Modernes verschmelzen in dieser Stadt: Indigene Märkte, koloniale Altstadt, moderne Boutiquen und repräsentative Geschäftshäuser wechseln sich ab, es herrscht eine lockere, ungezwungene Stimmung. Indígenas, Mestizen, Criollos und auch Europäer leben hier friedlich nebeneinander, wenn nicht gerade mal wieder ein Staatsstreich oder Generalstreik für Aufregung sorgt.

Blick über La Paz in der Dämmerung

Hoteles y Hostales
1 Hotel Residencial Rosario
2 Hotel Europa
3 Htl. Oberland (s. r.u., außerhalb)
4 Columbus Palace Htl. (s. r.ob.)
LA PAZ
0
200 m
Fußgängerzone
© RKH VERLAG HERMANN
Plaza Arqueológico Tiwanaku (Museum) u. Columbus Palace Hotel
Av. Illimani
Av. Simón Bolívar
Parque Roosevelt
Mercado Yungas
Yungas
Mercado Camacho
Museo Tiwanaku
Hotel Oberland/ Valle de la Luna
Universidad (UMSA)
Villazón
Av. 16 de Julio (Prado)
Plaza Tamayo od. Plaza del Estudiante
Aerosur
SAN PEDRO
Plaza Sucre
Migración
LAB
Bolívar-Denkmal
Congreso Nacional
Plaza Murillo
Palacio de Gobierno
Igl. Merced
Catedral
Alcaldía Municipal
ENTEL
Camacho
Av. Mariscal Sta. Cruz
Museo Nacional de Arte
Casa de la Cultura
Museo de Etnografía y Folklore
Cinemateca Boliviano
Teatro Municipal
Casa Murillo
Plaza Riosinio
Museo de Metales Preciosos / Litoral / Costumbrista
Jaén
Comercio
Plaza P. Velasco
Plaza de los Héroes
Plaza San Francisco
Iglesia San Francisco
Merc. Artesanía
Av. Montes
Merc. Lanza
Mus. Tambo Quirquincha
TAM
Plaza de Mendoza
Igl. Recoleta
Av. América
Calle de las Brujas
Mercado de Hechicería (Zaubermarkt)
Museo de la Coca
Plaza Gastón Velasco
Illampu
Max Paredes
Mercado Negro
Parque Uruguay
Buenos Aires
Plaza Garita de Lima
Terminal de Buses
Oberstadt El Alto / Aeropuerto / Puno / Titicaca-See / Oruro
Av. Perú
Estación Central de Ferrocarriles
Av. Manco Capac
Av. Kennedy
Plaza V. Eguino
Av. Baptista / auf ihr ca. 500 m zu d. (Mini-)Bussen nach Tiwanaku, Desaguadero, Copacabana, Tiquina

La Paz ist die am höchsten gelegene Großstadt der Welt. Der höchste Punkt liegt bei 4100 Metern, der niedrigste rund 1000 Meter tiefer, was gleichzeitig einen Temperaturunterschied von bis zu 10 °C ausmacht. In dieser extremen Höhe ist die Luft nicht nur dünn, sondern auch kalt. Die Sonne wärmt sie selbst im Sommer tagsüber auf kaum mehr als 20 °C auf, und sowie es dunkel wird, kriecht einem die eisige Kälte durch Mark und Bein. Während in fast allen anderen Städten der Welt die Reichen ihre Häuser auf den Höhen bauen, ist es in La Paz umgekehrt. Wer es sich leisten kann, wohnt in der Unterstadt, wo die Luft weniger dünn und es wärmer ist. Von den Hängen des Talkessels ziehen sich armselige Bretterbuden hinab, doch mit jedem Meter nach unten werden die Bauten ansehnlicher, bis schließlich schöne Stadtvillen das Bild beherrschen.

Diego de Almagro eroberte 1536 den bolivianischen Teil des Inkareiches, 1548 gründeten die Spanier auf dem Boden der alten Inkasiedlung Choqueyapu *La Ciudad de Nuestra Señora de la Paz,* die „Stadt unserer Frau des Friedens“. Der windgeschützte tiefe Talkessel bot, abgesehen von der ungünstigen Höhe, eine gute Lage für die in den folgenden Jahrzehnten schnell wachsende Stadt. La Paz wurde zum Knotenpunkt der Region, denn hier kreuzten sich der Silberweg von Potosí nach Peru und der Coca-Handelsweg aus den tiefer liegenden Yungas. Es ist die wichtigste und nach Santa Cruz die zweitgrößte Stadt Boliviens und zugleich Regierungssitz. Auch die Ernennung von Sucre zur offiziellen Hauptstadt Boliviens änderte nichts daran, dass La Paz das politische und geistige Zentrum des Landes blieb, in dem heute rund 1,5 Millionen Menschen leben.

Die lebendige Altstadt ...

Eine Besichtigungstour zu Fuß durch die Stadt kann zu einem anstrengenden „Vergnügen“ werden, denn durch die große Höhe und die steilen Straßen kommt man leicht aus der Puste. Wer erschöpft ist, dem sei ein Mate de Coca, ein Tee aus Cocablättern empfohlen, der gut dabei hilft, sich an die Höhe zu gewöhnen.

Auf dem Prado von La Paz

Der **Paseo El Prado** ist die Hauptstraße und die Lebensader der Stadt. Die breite Avenida, die verschiedene Namen trägt, führt hinunter bis in die vornehmen Stadtviertel, vorbei an Straßenhändlern und Märkten in der Höhe und kolonialen Prachtbauten und modernen Hochhäusern im tiefer gelegenen Teil.

Die **Plaza San Francisco** ist so etwas wie das Zentrum der Altstadt. Hier finden Musikdarbietungen und Kundgebungen statt, hier steigen verlockende Düfte von Garküchen empor, werden Wundermittel gegen alle Krankheiten dieser Welt angepriesen, warten Schuhputzer auf Kundschaft. Benannt ist die Plaza nach der **Basílica San Francisco,** eines der imposantesten Bauwerke des Andenbarocks. Die Fassade des 1784 geweihten Gotteshauses wurde von indigenen Steinmetzen reich mit exotischen Vögeln, Blumenranken, maskenhaften Gesichtern und tropischen Früchten verziert. Auch ihr Inneres weist die ganze Fülle barocker Sakralkunst auf, sehenswert sind besonders die aus Zedernholz geschnitzten Altäre und die Kanzel.

Marktfrau in der Zaubergasse

Hinter der Kirche beginnt die berühmte, steil ansteigende Einkaufsstraße **Calle Sagárnaga**. Angeboten werden Pullover und Ponchos aus weicher Alpakawolle, alte Stoffe und Westen, bunte Umhängetaschen und Bänder, Schmuck und Felle – fast alles, was das Herz begehrt. Von ihr zweigt die **Calle Linares** ab, die Zaubergasse. Alte Frauen hocken mit ihren von Wind und Wetter zerfurchten Gesichtern inmitten ihrer Schätze und beraten ihre Kunden über die Wirkungen ihrer Elixiere, Steine und Heilpflanzen. Geheimnisvolle Pülverchen und Kräuter gegen böse Geister, Krankheiten, für persönliches Glück und ein langes Leben gibt es hier, aber auch Schlangenhäute, Katzenkrallen und Vogelschwingen, deren Verkauf wohl nicht immer mit dem Artenschutzabkommen im Einklang steht. Auch die für den Hausbau wichtigen Lama-Embryos, die in die vier Hausecken eingemauert werden, sind hier zu haben. Sie sollen Glück bringen und Leid von den künftigen Bewohnern abhalten.

Oberhalb der Calle Linares gibt es zahllose Straßenmärkte, die einen wesentlichen Teil von La Paz ausmachen. Stundenlang kann man sich zwischen den Ständen verlieren, hinter denen kugelrunde Indígena mit langen schwarzen Zöpfen und Melonenhüten ihre Waren anpreisen. Textil-, Obst- und

Gemüsemärkte, Schlosser, Panflötenbauer, Schuhmacher, Knoblauchhändler, Plattenläden, Kupferschmiede – alles ist vertreten, ein Geschiebe und Geschubse, plärrende Kinder, streunende Hunde, dazwischen vollgestopfte Busse, die sich hupend durch das Durcheinander quälen.

... mit kolonialen Gebäuden

Der wichtigste Platz nördlich vom Paseo El Prado ist die **Plaza Murillo.** An ihm liegen das Anfang des 20. Jahrhunderts im klassizistischen Stil erbaute Parlamentsgebäude und der Präsidentenpalast mit der Palastgarde. Daneben steht eine große, nicht sehr schöne **Kathedrale**, deren Türme erst 1988 endgültig fertiggestellt wurden. Darin ruht der Feldmarschall Andrés de Santa Cruz begraben, der 1829 bis 1839 Präsident von Bolivien war. Inmitten des Platzes grüßt der alte Kämpfer Pedro Murillo mit den Worten „La tea que dejo encendida nadie la apagará", was soviel bedeutet wie „Die Fackel, die ich entzündete, wird niemand löschen". Murillo wurde an dieser Stelle am 28. Januar 1810 als Freiheitskämpfer und Rebellenführer von den Royalisten gehängt. Auch der Präsident Gualberto Villarroel fand hier 1946 den Tod durch den Strang, gehängt von der wütenden Volksmenge. Eine Statue erinnert an ihn.

Das Portal der 1760 erbauten **Iglesia Santo Domingo** ist mit seinen Säulen ein sehenswertes Zeugnis indigener Steinmetzkunst. Reiche Verzierungen mit Pflanzen fallen am Fenster im ersten Stock auf.

Die schönste Gasse von La Paz ist die **Calle Jaén.** Sie ist für Autos gesperrt, und beim Gang über das Kopfsteinpflaster, vorbei an nahezu einheitlichen, altehrwürdigen Hausfassaden des 18. Jahrhunderts, glaubt man sich in eine andere Zeit versetzt. Hier liegt auch das ehemalige Haus des Freiheitskämpfers Murillo, die *Casa de Murillo.* Heute ist es ein Museum und zeigt Erinnerungsstücke und Gemälde aus seinem Leben. Zu besichtigen ist auch das Verschwörungszimmer, in dem die Rebellion von 1809 gegen die Spanier ausgearbeitet wurde. Der hübsche Innenhof lädt zu einer Verschnaufpause ein.

Museen

Die meisten Museen von La Paz liegen in der Nähe der Plaza Murillo und lassen sich gut bei einem Spaziergang durch diesen Teil der Stadt besuchen.

Das *Museo Nacional de Arqueología,* das Archäologische Nationalmuseum in der Tiwanaku 93/Zuazo, zeigt Stoffe und Keramiken, Schmuck und Gebrauchsartikel aus der Tiwanaku-Zeit sowie einige Exponate aus der Chiripa-, Mollo- und Inka-Kultur.

Das *Museo Nacional del Arte,* das Nationale Kunstmuseum, ist in der *Casa de los Condes de Araña* an einer Ecke der Plaza Murillo untergebracht. Das 1775 im Mestizo-Barock erbaute Gebäude mit dem wunderschönen Innenhof beherbergt eine koloniale Gemäldesammlung mit Bildern von Melchor Pérez de Holguín und Leonardo Flores und Beispiele des künstlerischen Schaffens von Guzmán de Rojas und Borda aus dem 20. Jahrhundert.

Trachten aus ganz Bolivien, Masken und Musikinstrumente, aber auch zahlreiche alltägliche Gebrauchsgegenstände der Volksgruppen aus dem Hoch- und Tiefland werden im *Museo Nacional de Etnografía y Folklore,* dem Volkskunst-Museum, ausgestellt (Ingavi 916/Jenaro Sanjines).

Service La Paz

Information

Senatur, Alcaldia Municipal, Av. 1 de Julio/México, Tel. 237-1044. Zweigstellen auf dem Terminal Terrestre (Busterminal), Correo Central (Hauptpost) und am Mirador El Valle de la Luna, Cruce Mallasa.

Unterkunft

Hotel Rosario, Av. Illampu 704, Tel. 245-1658, Fax 245-1991, www.hotelrosario.com. Charmantes Hotel im Kolonialstil im Indígena-Viertel mit netten Zimmern und gutem Restaurant, DZ ab 37 US$.

Columbus Palace Hotel, Plaza Estadio/Ecke Av. Illimani 1990, Tel. 224-2444, Fax 224-5367, Tel. 224-2444, Fax 224-5367, www.hotel-columbus.com. Das freundliche und auch deutschsprachige Hotel liegt etwas tiefer und ist damit für Reisende geeignet, die Schwierigkeiten mit der Höhe haben. DZ ab 39 US$.

Hotel Oberland, Calle 2 y 3 Mallasa, Tel. 274-5040, Fax 274-5818, wschmid@caoba.entelnet.bo, www.h-oberland.com. Luxuriöse Zimmer und Apartments mit Küche, Hallenbad, DZ 50 US$.

Hotel Europa, Tiwanacu 64, Tel. 231-5656, Fax 211-3930, www.hoteleuropa.com.bo. Geschmackvolles 5-Sterne-Hotel, 100 Zimmer, Hallenbad, Sauna, zwei Restaurants mit Pianobar.

Hacienda Villa del Sol, Puente de Aranjuez 10, Tel. 274-0008, Fax 274-0032. Kleine, noble Verwöhn-Hotelanlage mit allem erdenklichen Luxus, DZ ab 175 US$.

Restaurants

Gute Familienrestaurants finden sich in der Calle Manco Capac und in der Calle Murillo, wie z.B. das *Un Camino*. Die meisten Restaurants und Kneipen liegen am Prado (Av. 16 de Julio und Av. Sta. Cruz). Die *Kuchen Stube,* Gutiérrez 461, ist bekannt für ihre guten Kuchen und Brotspezialitäten. Das *Diablo,* Av. Saavedra/Uyuni, und *Supersalteñas,* Av. Sánchez Lima, offeriert beste *salteñas,* gefüllte Teigtaschen mit einer Fleisch-, Gemüse- und Eiermischung. Im *Naira,* Sagárnaga 1661, gibt es einen preiswerten Mittagstisch, während das *Vienna,* Federico Zuazo 1905, regionale und internationale Küche zu gehobenen Preise anbietet. Der *Club de la Prensa,* Campero, ist eine hübsche Gartenkneipe in einem Hinterhof mit typischer Landesküche. Originell und nett mit reichhaltiger Karte zu vernünftigen Preisen ist *Angelo Colonial,* Linares/Sagánarga im Ambiente eines Antiquitätenladens.

Unterhaltung

Viele Kneipen, Bars, Pubs und Clubs befinden sich im Stadtteil Sopocachi.

Der Besuch einer Peña gehört in La Paz unbedingt dazu, viele liegen in der Sagárnaga und Linares, wie z.B. *El Parnaso,* Sagárnaga 189/Murillo, in dem auch moderne Andenmusik gespielt wird. Auch das *Ojo de Agua,* Illampu 965, ist am Wochenende brechend voll. Disco gibt es dann auch im *Mongo's,* Hermanos Manchego 2444, bei offenem Kamin, und im *Forum,* Victor Sanjines 2908.

7

Touranbieter

Magri Turismo, Calle Capitán Ravelo 2101/Montevideo, Ed. Capitán Ravelo, Tel. 244-2727, Fax 243-4660, www.magriamexpress.com.bo. Zuverlässiger deutschsprachiger Allrounder mit Komplettangeboten von Touren in ganz Bolivien, auch Bergsteigerinfos.

Akapana Tours, Av. Sanchez Lima 2512, Tel. 242-0013; Fax 241-5846, www.akapanatours.com. Die von zwei Deutschen geführte Agentur hat sich auf Trekking- und Bergsteigertouren spezialisiert und bietet für ganz Bolivien außergewöhnliche Expeditionen an. Ein ausgesprochen kompetentes Unternehmen, das auf deutsche Sicherheitsstandards Wert legt.

Federico Alvarado, Av. Arce/Gonsalvez, Ed. Apolo, Tel. 243-2367, Handy 719-83610, malvarad@ceibo.entelnet.bo; spezialisiert auf Tiwanaku, aber auch Touren und Expeditionen, wie etwa zum Salar de Uyuni, deutschsprachig.

Carmoar Tours, Bueno 159, Tel. 239-1700, Fax 231-2787, www.carmoartours.de. Anden- und Urwaldtouren, auch in den Madidi-Nationalpark, Jeep- und Bootsvermietung, deutschsprachig.

Einkaufen

Reizvoll sind die zahlreichen Straßenmärkte und Marktgassen, allen voran der Mercado Negro, Ecke Graneros/Max Paredes. Faschingskostüme und Diablada-Maskewerden in der Calle Los Andes angeboten. Ein preiswerter Souvenirmarkt ist der Mercado Artesanías an der Plaza San Francisco. Im Hotel Rosario verkauft das Fairhandelsgeschäft *Ayni* hochwertiges Kunsthandwerk, dessen Produzenten einen besseren als den üblichen Preis für ihre Arbeit erhalten.

> Bitte schreiben oder mailen Sie (rkhhermann@aol.com), wenn sich in Peru Dinge verändert haben oder Sie Neues wissen. Wir beantworten jede Zuschrift. Danke!

Ausflüge in die Umgebung

Mysterium Tiwanaku

Rund 70 Kilometer von La Paz entfernt liegen die Ruinen von Tiwanaku auf dem windigen, kalten Altiplano. Tiwanaku ist die wichtigste prähispanische Kulturstätte Boliviens, vielleicht sogar ganz Südamerikas, denn die auf den Zeitraum von etwa 100 v.Chr. bis 1000 n.Chr. datierte Tiwanaku-Kultur gilt als eine der Urkulturen des Kontinents. Sie breitete sich über weite Teile des Hochlandes aus, und auch an der Pazifikküste lässt sie sich nachweisen. Tiwanaku zählt zum UNESCO-Weltkulturerbe.

Welche Funktion die über fünf Quadratkilometer große Anlage einst hatte, das ist bis heute nicht geklärt. Hauptstadt eines Reiches? Zeremonielles Kultzentrum? Wallfahrtsort? Nach dem Grundriss könnte es sich aber auch um eine Tempelstadt gehandelt haben, oder um eine Handelsmetropole am Titicacasee. Auch bei der Größe der Bevölkerung Tiwanakus tappt man im Dunkeln. Vorsichtige Schätzungen beginnen mit 20.000 Einwohnern, mutige enden bei 120.000.

Heute ist von Tiwanaku nicht mehr viel übriggeblieben. Nach seinem Untergang dienten die steinernen Bauten als Steinbruch. Sie wurden für Kirchen, Häuser und sogar für die Eisenbahnlinie Guaqui – La Paz als Baumaterial weggeschleppt. Dass überhaupt noch etwas zurück blieb, ist der Größe einiger Quader und dem österreichischen Ingenieur Arthur Posnansky zu verdanken, dessen Lebenswerk die Erforschung Tiwanakus war.

Zur Einführung empfiehlt sich der Besuch des **Museo Lítico Monumental** (9–17 Uhr), in dem Steinskulpturen ausgestellt werden, und für einen Überblick über die Gesamtanlage der Aufstieg auf den 15 Meter hohen, tempelartigen Hügel *Akapana*. Ob hier eine Befestigungsanlage, eine Opferstätte oder ein Tempel stand, ist nicht geklärt. Im Süden sind die Überreste eines Kanals zu erkennen, der wahrscheinlich mit dem Titicacasee verbunden war.

Unterhalb vom plattformartigen Hügel Akapana liegt ein halb unterirdische Tempel, der 1960 freigelegte *Templete Semisubterráneo*. Er gilt als eines der ältesten Bauwerke Tiwanakus. Das zwei Meter tiefe und rechteckige Mauerwerk mit den mit 175 eingelassenen steinernen Köpfen zeigt den für Tiwanaku typischen Stil. In der Mitte des Hofes stehen drei Stelen. Die wichtigste dürfte *„El Barbado"* sein, sie zeigt einen scheinbar bärtigen Mann oder wohl eher einen mit Nasenschmuck.

Kalasasaya

Der Ursprung der tempelartigen Sonnenwarte *Kalasasaya* wird auf das 5. Jahrhundert geschätzt. Ihre doppelte Umfassungsmauer wurde anhand der verbliebenen Steinblockpfeiler rekonstruiert. In ihrem Innern finden sich männliche Skulpturenmonolithe bzw. Statuen, die verzierte Kultgegenstände in den Händen halten. Einer der schönsten wird nach seinem Entdecker, dem bolivianischen Archäologen Carlos Ponce Sanginés, **Ponce-Monolith** genannt. Die Skulptur ist 3,50 m hoch und weist kunstvolle Reliefbearbeitungen auf. Ob die Figur eine Gottheit darstellen soll, ist unklar. Südwestlich davon befindet sich der leicht verwitterte Monolith *El Fraile*, „der Mönch". Seine Dekorierung mit Seekrebsen weist darauf hin, dass sich das Tiwanaku-Reich bis zum Pazifik ausbreitete.

Ponce-Monolith

Das unvollendete Glanzstück der Tiwanaku-Steinmetzkunst ist das berühmte **Intipunku,** das **Sonnentor.** Es wurde aus einem einzigen, 2,80 x 3,80 m großen Andesitblock herausgehauen und ist mit seinen reichen Verzierungen ein herausragendes Beispiel altamerikanischer Steinmetzkunst. Sein Flachrelief stellt entweder den Sonnengott oder den Schöpfergott Wiracocha dar. Seinem Kopf entspringen mehrere Strahlen mit kleinen Pumaköpfen, Tränen laufen als Symbol der Fruchtbarkeit – oder des Regens – über das Gesicht. Die Zepter in beiden Händen enden mit Kondorköpfen. Die gesamte Gestalt wird von 48 kleinen Figuren mit Flügeln im Profil eingerahmt, die zum Teil menschliche Köpfe, zum Teil die Köpfe von Kondoren haben.

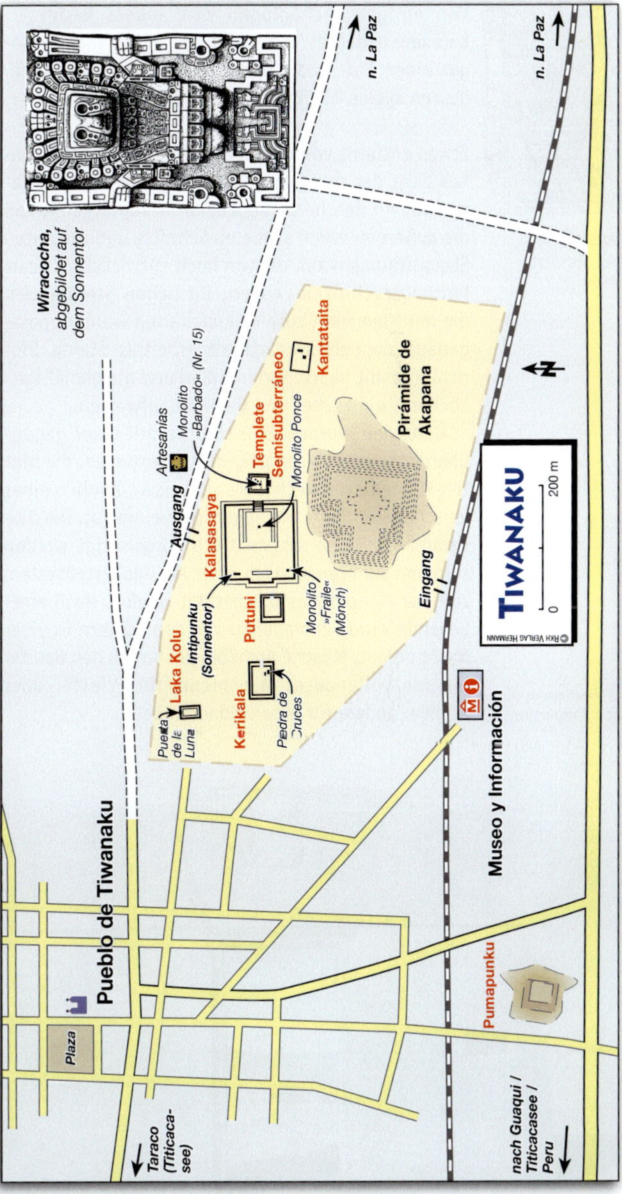
Wiracocha,
abgebildet auf
dem Sonnentor
n. La Paz
n. La Paz
Artesanías
Monolito
»Barbado« (Nr. 15)
Ausgang
Templete
Semisubterráneo
Monolito Ponce
Kantataita
Pirámide de
Akapana
Kalasasaya
Intipunku
(Sonnentor)
Laka Kolu
Putuni
Monolito
»Fraile«
(Mönch)
Eingang
Kerikala
Piedra de
Cruces
Puerta
de la
Luna
TIWANAKU
0
200 m
© RKH Verlag Hermann
Museo y Información
Pueblo de Tiwanaku
Plaza
Pumapunku
Taraco
(Titicaca-
see)
nach Guaqui /
Titicacasee /
Peru

Darstellung der Gottheit Wiracocha

Von einigen Archäologen wird dieses Relief als Kalender gedeutet, in den Figuren wollen manche sogar einen Erd- und Mondkalender entziffert haben, dessen Zyklus 21.000 Jahre beträgt ...

Etwas entfernt von den anderen Bauwerken Tiwanakus liegt der sehr stark beschädigte Tempel **Pumapunku.** An den herumliegenden Steinblöcken fallen die außerordentlich sauberen Schnitte und akkuraten Steinöffnungen auf, die von hoch entwickelten Bearbeitungstechniken zeugen. Da liegen Steinblöcke, die mit Klammern zusammengehalten wurden, passgenaue, doppelröhrenartige bearbeitete Steine, Dioritblöcke mit haarscharfen Rillen und gleichmäßigen Löchern, die Fächer und Gesimse aufweisen.

Gefunden wurden Dioritblöcke mit zwei gegenüberliegenden, bolzenartigen Aussparungen, die hinten kleine flache Rechtecke aufweisen, ähnlich eines Verschlusses, der in ein Gegenstück einrastet. Die Dioritblöcke müssen systematisch vorgefertigt worden sein und konnten so nach einer Art Baukastensystem zu einer Mauer zusammengesetzt werden. Nach einer Legende wurde Pumapunku von den Göttern in einer Nacht erbaut. Manche Archäologen halten den Bau für ein nie vollendetes Mausoleum für Priester oder Könige, andere für einen Mondtempel.

Intipunku, das Sonnentor

Vor dem Tempel Pumapunku liegen riesige, beckenförmige Steinmauern mit Fischornamenten, weshalb hier auch der Hafen von Tiwanaku vermutet wurde. Heute ist dieser Platz allerdings über 20 Kilometer vom Titicacasee entfernt, so dass der See vormals viel größer und sein Wassespiegel erheblich höher gewesen sein muss.

Die Steine für all diese Bauten kamen wahrscheinlich aus einem Steinbruch bei Copacabana. Wie sie über 70 Kilometer hierher transportiert wurden, zu einer Zeit, da das Rad im ganzen Kontinent unbekannt war, bleibt rätselhaft.

Weitere Ausflüge

Bizarres Valle de Luna

Eine halbe Stunde östlich von La Paz überrascht das **Valle de Luna** die Besucher mit Formationen bizarrer Erd- und Steintürme, Säulenpyramiden und Felspilzen, die wie eine Mondlandschaft unter dem Andenhimmel liegen. Die seltsamen Gebilde entstanden über Jahrtausende hinweg durch Erosion und Klimagegensätze.

Der **Gletscher Chacaltaya** liegt auf über 5000 Meter Höhe und ist das höchste Skigebiet der Erde. Von dort oben ergibt sich eine einzigartige Aussicht auf die Umgebung. Für diejenigen, die nicht zu Extremsportarten neigen, ist der Besuch dieses Gletschers eine der seltenen Möglichkeiten, einmal die 5000-Meter-Grenze zu überschreiten.

Abfahrt in die Yungas

Wer genug hat vom ewig kalten La Paz, dem sei ein Ausflug in die **Yungas** empfohlen. Auf einer atemberaubenden Schotterpiste werden auf einer Strecke von nur 92 Kilometern 3000 Höhenmeter bewältigt. Innerhalb eines halben Tages durchfährt man fast alle Klima- und Vegetationszonen Südamerikas, bis schließlich das bezaubernde Städtchen Coroico erreicht wird, in dem fast schon tropische Temperaturen herrschen. Die in felsige Steilabhänge getriebene Piste gilt als die gefährlichste Straße des Kontinents und ist nur etwas für Reisende mit starken Nerven.

Pass La Cumbre

Von Puno nach Cusco

Die Strecke von Puno nach Cusco führt entlang der alten Inkastraße *Nan Cuna,* was soviel wie „Weg der Zeit" bedeutet. Sie führte auf etwa 5200 Kilometern von Ancasmayo in Kolumbien über Quito, Machupicchu, Cusco, Titicacasee, La Paz, Tucumán bis nach Purumauca am Río Maule im heutigen Chile.

Heute liegt die alte Inkastraße unter Asphalt. Doch die Reise von Puno nach Cusco folgt auf einer Strecke von rund 390 Kilometern dem alten Weg und passiert dabei Ruinen und fantastische Landschaften.

Vom tiefblauen Titicacasee, auf den sich immer wieder schöne Ausblicke ergeben, geht es über den berühmten Altiplano in die Provinzstadt **Juliaca,** einem günstigen Einkaufsplatz für Alpaka-, Lama- und Schafwoll-Textilien. Bei **Pucara** können die Ausgrabungen zweier Tempel der Pucara-Kultur und eine Kirchenruine der Spanier besichtigt werden. Im Ort gibt es neben einfachen Kneipen und einer Tankstelle ein Museum über die Ausgrabungsstätte. Gezeigt werden überwiegend behauene Steine aus der Pucara-Zeit. Etwas außerhalb von Pucara liegt das Dorf **Santiago de Pupuja,** wo bunte Keramiktiere, die für diese Gegend typischen Tonwaren, hergestellt werden. In der Ferne ragt ein Eisriese, der 5443 Meter hohe *Cunurana* in den Himmel. Auf der kargen Hochebene weiden viele hundert Lamas und Alpakas.

Mit der Überquerung des 4338 Meter hohen Passes *La Raya,* auch *Puncto Culminante* genannt, der die Wasserscheide zwischen Atlantik und Pazifik bildet, wird der eigentliche Altiplano verlassen. Im Nordosten sind die Eisflanken des 5489 Meter hohen *Chimboya* zu sehen. **Sicuani,** der größte Ort in der Gegend, ist ein wichtiges landwirtschaftliches Zentrum, doch viele Sehenswürdigkeiten gibt es hier nicht. Zum Entspannen laden die *Thermalbäder von Uyumiri* ein, und in der Nähe liegen zu Füßen des Quimsachata-Vulkans die **Ruinen von Raqchi.** Diese weniger besuchte Ruinenstätte überrascht den Besucher mit einem 100 x 25 m großen, ungewöhnlichen Tempel im Zentrum einer einst rechtwinklig angelegten Siedlung aus Häusern und runden Lagersilos.

Bahndamm am Titicacasee

Die Bauweise der von einer Mauer umgebenen Anlage – vor allem die eher schlampige Verarbeitung –, ist für die Inkazeit völlig untypisch, was Forschern einige Rätsel aufgibt.

Das kleine Dorf **Tinta** war der Heimatort von Túpac Amarú II., dem inkaischen Freiheitskämpfer des späten 18. Jahrhunderts. Sehenswert ist die Dorfkirche, und wer das Glück hat, am 24. August hier vorbeizukommen, kann die farbenfrohe *Fiesta de San Bartolomé* erleben. In der Nähe von Queswachoca führt die letzte traditionelle Hängebrücke (s.S. 203) aus Pflanzenfasern über den Río Apurímac. Alle zwei Jahre wird sie innerhalb von zwei Wochen am Beginn der Regenzeit von der Bevölkerung von Huinchiri und Quehue erneuert.

Falls die Kirche im Dorf **Checacupe** geöffnet ist, empfiehlt sich ein Blick in das prunkvolle Innere mit einer künstlerischen Kanzel. Der Ort **Urcos** ist bekannt für seinen bunten Sonntagsmarkt, auf den sich nur selten Reisende verirren. In der Lagune von Urcos soll angeblich die tonnenschwere Goldkette des Inca Huáscar versenkt worden sein. Über den Ruinen eines Inka-Tempels erhebt sich eine einschiffige Renaissancekirche mit zwei übereinander liegenden Säulengängen.

Auch das Dorf **Andahuaylillas** wartet mit einem sehenswerten Gotteshaus auf, das jedoch nur mühsam vor dem Verfall bewahrt werden kann. Die äußerlich eher bescheidene Lehmziegelkirche der Jesuiten ist in ihrem Innern eine der schönsten barocken Kirchen Perus, die vor allem mit ihren Fresken beeindruckt, derentwegen sie auch als die „Sixtinische Kapelle Südamerikas" bezeichnet wird. Die Gemälde der

Cusqueñer Schule zeigen schöne Beispiele der Verquickung indigenen Kunststils mit christlichen Darstellungen. Auch der vergoldete Altar ist einen Blick wert. Die Orgel aus dem 17. Jahrhundert ist noch bespielbar und imponiert durch die Klarheit der Töne.

An einem kleinen Pass kommt das Tor *Rumicolca* in Sicht. Hier wurde der Zugang nach Cusco von

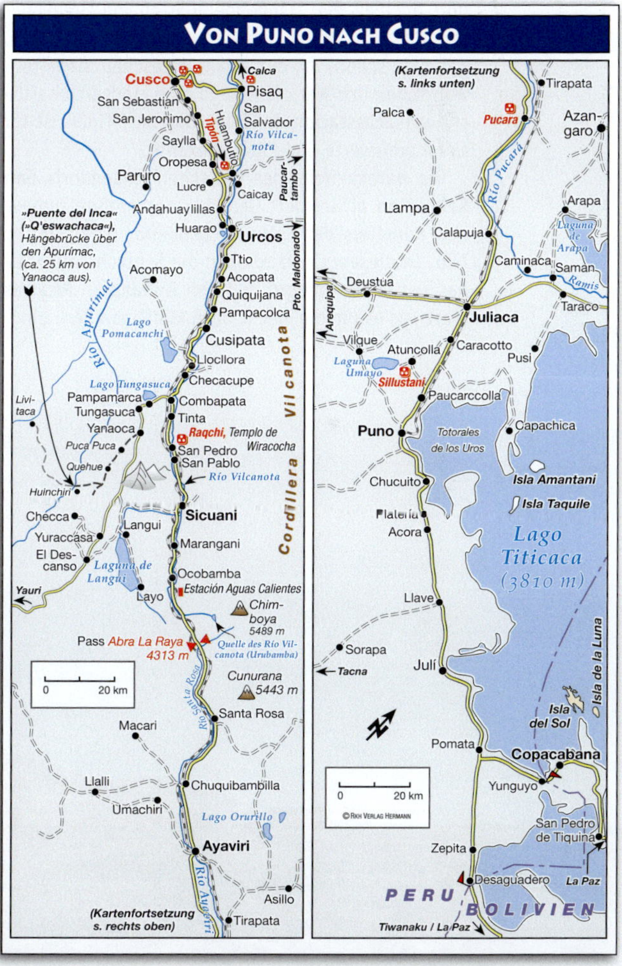

Süden her geschützt und kontrolliert. Der heutige Ort Pikillaqta war in der Präinkazeit eine sehr große Aymara-Stadt. Außer den Resten hoher Mauern ist aber nicht mehr viel erhalten.

In **San Jerónimo** findet immer noch ein unverfälschter indigener Sonntagsmarkt statt. In der Nähe von Oropesa liegen sehenswerten Terrassen und die voll funktionsfähigen Bewässerungsanlagen von **Tipón,** auch als die „Hängenden Gärten von Tipón" bekannt. Mannigfaltige Keramikfunde weisen darauf hin, das hier schon vor den Inkas Menschen siedelten. Wahrscheinlich war die Anlage eine landwirtschaftliche Versuchsstation der Inka. Das Dorf Tipón ist für seine preiswerte Cuy-Küche bekannt.

Die Barockkirche des typischen Andendorfs **San Sebastian** präsentiert Gemälde des großen indigenen Künstlers der Escuela Cusqueño, *Diego Quispe Tito*. In diesem Ort fand auch die Schlacht von Salinas zwischen Almagro und den Anhängern Pizarros statt, als es um die Macht im zukünftigen Peru ging.

Eisenbahnfahrt Puno–Cusco

8

Cusco – Der Nabel der Welt

„Nun war die Hauptstadt Ophirs erreicht. Es war eine Stadt, die jeden zur Bewunderung hinriss. Die Gebäude waren nahezu alle aus Stein, die Straßen regelmäßig angelegt. Wohin man blickte, zeigte sich Wohlstand, ja Luxus. Die Zahl der Bewohner betrug, wie ich später erfahren konnte, 200.000, und in den Vorstädten wohnten ebenso viele Menschen. Dies war verwunderlich und auch nicht verwunderlich, wenn man bedachte, dass Cusco die Hauptstadt eines riesigen Reichs und der Sitz des Hofes und des Adels war."

Aus dem Tagebuch des Augustinermönchs Fray Celso García, der sich der Truppe Francisco Pizarros als „Heidenbekehrer" anschloss, 15.11.1533

Einst war Cusco die Hauptstadt und das Herz des Inka-Imperiums, der „Nabel der Welt", wie die Inka ihre Stadt nannten. Heute ist sie nicht nur wohl die schönste und abwechslungsreichste Stadt Perus, sondern wegen ihrer historischen Bedeutung sicherlich auch eine der interessantesten in Südamerika. Auf Schritt und Tritt stößt man in den Straßen und Gassen auf Zeugnisse und Relikte der wechselhaften Stadtgeschichte: Alte Inkamauern, prächtige Kolonialbauten und reich ausgeschmückte Kirchen erinnern an die bis heute mit Leben erfüllte Vergangenheit. Gleichzeitig ist Cusco Ausgangspunkt für Besuche farbenfroher Märkte und zahlloser Inkastätten in der Umgebung, und natürlich des sagenumwobenen **Machupicchu.**

Stadt der Inka

Im Tal von Cusco siedelten Menschen der Chanapata-Kultur schon lange, bevor die Inka Cusco als Zentrum ihrer Herrschaft auswählten. Es waren einfache Bauern und Lamazüchter, die das Tal bereits vor über 2000 Jahren bewohnten.

Der Legende nach wurde die Stadt Cusco um das Jahr 1200 n.Chr. von den vom Sonnengott Wiracocha erschaffenen ersten Incas *Manco Capac* und *Mama*

Der Inca Pachacútec Yupanki

Ocllo gegründet. Dem Geschwisterpaar war ein goldener Stab übergeben worden, verbunden mit dem Auftrag, an der Stelle eine Stadt zu gründen, an der sich der Stab mit einem Schlag in der fruchtbaren Erde versenken ließ. Die Wahl fiel auf das Tal um Cusco, und bald entwickelte sich die bäuerliche Siedlung in einer Höhe von 3430 Metern zur blühenden Stadt mit schätzungsweise rund 300.000 Einwohnern.

Seine Blütezeit erlebte Cusco zwischen 1438 und 1527 unter dem 9. Inca *Pachacútec Yupanki* und seinem Sohn *Inca Túpac Yupanki,* dem 10. Regenten. Sie waren es, die *Cuscu,* wie der alte Name der Stadt lautete, zum „Nabel" ihres auf Expansion ausgerichteten Reiches machten. Die Herrscher ließen prächtige Tempel und Paläste und die oberhalb der Stadt gelegene mächtige Festung **Saqsaywamán,** die als Schutzschild diente, bauen. Cusco war das Zentrum eines Reiches, das sich von der Südgrenze des heutigen Kolumbien bis nach Zentralchile erstreckte.

Doch Cuscos Glanzzeit währte nur kurz: Als Pizarro am 15. November 1533 kampflos in die Stadt einritt, muss sie unermesslich reich und schön gewesen sein. Pizarro ließ fast alles Gold und Silber zusammentragen und einschmelzen und viele Paläste zerstören.

Über den Dächern von Cusco, Plaza de Armas

Die Inka überließen den Spaniern ihre Stadt jedoch nicht kampflos. Während sich die Fremden in Intrigen und Kämpfen zerstritten, führte Manco Inca ein Heer mit 200.000 Kriegern gegen Cusco. Es gelang ihm, die Festung Saqsaywamán zurückzuerobern, und von hier aus belagerte er die Stadt über mehrere Monate (s.S. 47, „Die Belagerung Cuscos"). Von den Spaniern geplündert und durch die Belagerung der Inka entvölkert verlor Cusco an Bedeutung, die neu gegründete Hauptstadt Lima nahm seine Stelle ein.

Doch für die Nachfahren der Inka, den Quechua zwischen Ecuador und Nordchile, ist Cusco bis heute die Hauptstadt des alten Inkareiches geblieben. Nirgendwo sonst in Peru sind die alten Sitten und Bräuche lebendiger als hier, viele Straßen wurden wieder mit ihren ursprünglichen Quechua-Namen benannt. Heute ist Cusco Sitz eines Erzbistums. Seine 1692 gegründete Universität ist eine der wichtigsten Perus. Und mag Cusco auch nicht mehr der Nabel des Landes sein, so ist sie heute Folklorehauptstadt Perus.

Koloniale Kirchen auf den Grundmauern der Inka-Tempel

In seiner blinden Zerstörungswut wollte Pizarro alle Inka-Bauten dem Erdboden gleichmachen. Doch deren mächtige Mauern ließen sich nicht immer einebnen, und so dienen bis heute viele als Grundmauern von Kirchen und Kolonialgebäuden. Immer wieder mussten in den nachfolgenden Jahrhunderten die kolonialspanischen Bauwerke nach Erdbeben wieder neu aufgebaut werden, dagegen überstanden die Mauern der Inka bis heute alle Erdstöße unbeschadet.

Die **Plaza de Armas** war bereits zu Zeiten der Inka das Herz der Stadt. Hier auf dem *Huacaypata*, dem „Platz der Tränen" (weil Túpac Amarú hier 1572 hingerichtet wurde), liefen die Straßen des Reiches aus allen vier Himmelsrichtungen zusammen. Gesäumt war er von zumeist goldverzierten Tempeln, Heiligtümern und Palästen, eine 250 Meter lange Goldkette umspannte den mit weißem Meeressand bedeckten Platz. Diese Kette soll so schwer gewesen sein, dass 200 Mann notwendig waren um sie zu tragen. Sie wurde nie gefunden.

Heute ist der Platz von Arkadengängen umgeben, in denen sich Geschäfte, Restaurants und Wechselstuben finden. Nachmittags und abends herrscht eine ungezwungene Stimmung mit bunt gemischtem Publikum, Schuhputz-Kindern, Souvenirhändlern und Straßenkünstlern. Jeden Sonntagvormittag wird auf der Plaza mit einer Zeremonie die Nationalfahne Perus und die Regenbogenfahne der Inka gehisst.

Über hundert Jahre dauerte es, bis 1654 der Bau der **Kathedrale** an der nördlichen Platzseite vollendet war. Die auf den Grundmauern des Palastes des Inca Viracocha errichtete Kirche wirkt wie ein Bollwerk gegen den Sonnenkult der Inka und ist eine der größten Perus. Im Nordturm hängt die berühmteste und größte Glocke Südamerikas, die *María Angola,* die angeblich 40 Kilometer weit zu hören ist. Beim Gießen der Glocke wurden mehrere Kilogramm Gold verarbeitet – vielleicht ist dies der Grund ihres besonders schönen Klanges. Seit einigen Jahren ist die Glocke verstummt, weil die Aufhängung defekt ist und das Geld zum Reparieren fehlt.

Im Innern der Kathedrale befinden sich gut 400 wertvolle Gemälde der *Escuela Cusqueña* (s.S. 167). Auch das wohl berühmteste Bild dieses Kunststils, der indigene und europäische Elemente vereint, ist hier zu sehen: Jesus, der beim Heiligen Abendmahl ein Meerschweinchen verzehrt. Judas ist an der rötlichen Haut zu erkennen. Der Hauptaltar ist aus massivem

Plaza de Armas

Silber in spätklassizistischem Stil gearbeitet und verdeckt den ursprünglichen, aus Zedernholz geschnitzten und mit Gold verkleideten Altar. Der barocke Chor aus Zedernholz, dessen Gestühl 40 Heilige zeigt, wird vom Hauptschiff durch ein schön gearbeitetes Holzgitter getrennt.

Eine der Seitenkapellen zeigt auf dem Altar Jesus als den *Señor de los Temblores,* als „Herrn der Erdbeben". Nachdem man diese Statue nach dem großen Erdbeben von 1650 durch die Stadt getragen hatte, und das Beben aufhörte, wird er besonders verehrt. Auf dem Altar in der Seitenkapelle gegenüber sieht man die *Virgen de la Inmaculata Concepción* (Jungfrau der unbefleckten Empfängnis), auch *La Linda,* die Schöne, genannt, die Frauen zum Kindersegen verhelfen soll.

Der Zugang zur Kathedrale ist nur durch die rechts danebenliegende **Iglesia El Triunfo** möglich, die im 18. Jahrhundert zur Erinnerung an den Inka-Aufstand von 1536 errichtet wurde. Bezeichnenderweise war hier ursprünglich der Platz der inkaischen Waffenschmiede, doch dies brachte den Aufständischen kein Glück: Ausgerechnet das Gebäude, in das sich die Spanier vor den Angriffen der Inka zurückgezogen hatten, blieb von ihren Feuergeschossen verschont. Angeblich erstickte die Muttergottes selber die das Dach in Brand setzenden Flammen. Dem Sieg über die Inka-Rebellen verdankt die Kirche ihren Namen.

Auch die Grundmauern der Kirche **La Compañía** stammen aus der Zeit der Inka. Der wuchtige Bau wurde von den Jesuiten auf den Überresten ihres Schlangentempels errichtet. Sie übertrifft die Kathedrale an Schönheit und Prunk, was einst zu einem Kirchenstreit führte, der sich bis zu ihrer Fertigstellung im Jahre 1668 hinzog. Das Portal, eine Reproduktion des Hauptaltars in Stein, ist eine harmonische Kombination verschiedener Stilrichtungen. Die kahlen Steinwände im Innern sind Zeugen der Vertreibung der Jesuiten 1767, nach der ihre Kirchenschätze versteigert wurden. Geblieben sind herrlich gearbeitete, goldene Altaaufsätze und der reich vergoldete Hauptaltar. Der Altar der „Trostreichen Mutter

Gottes" zeigt portugiesischen Einfluss. Bemerkenswert sind die holzgeschnitzten Figuren des Heiligen Franziskus von Assisi und des Heiligen Jerónimo.

Neben der Compañía-Kirche liegt im ehemaligen Kloster die **Universität Antonio Abad,** die von den Jesuiten 1622 gegründet worden war, auch sie erbaut auf Inkamauern. Der Haupteingang wirkt eher wie der einer Kirche, die barocke Fassade zeigt deutlich indianische Einflüsse, und im ersten Moment vermutet hier niemand eine Uni hinter den Gemäuern.

Viele der Gassen Cuscos scheinen sich bis heute seit der Zeit der Inka nicht sehr verändert zu haben. In der **Callejón de Siete Culebras,** der „Gasse der sieben Schlangen", finden sich einige Steine, die mit Schlangen verziert sind. Sie waren für die Inka Symbole der Weisheit und so markierten sie den Weg zu einer Schule für die Adligen, in der die Kunst des Regierens und der Kriegführung gelehrt wurde.

In der längsten und sehr gut erhaltenen Mauer des ehemaligen Palastes des *Inca Roca* in der **Calle Hatunrumiyoc** findet sich der berühmte zwölfeckige Stein. Er wurde äußerst passgenau in das Mauerwerk eingefügt. Die kleine Gasse ist eines der schönsten Beispiele der Kunst der fugenlosen Verblockung riesiger Steine. Die nach außen gewölbten Steinblöcke sind bis zu einem Meter groß und so perfekt behauen und passgenau zusammengefügt, dass sie keinen Mörtel benötigen. Es lohnt sich, die alten Inkamauern

La Compañía

Calle Hatunrumiyoc

genauer zu betrachten. Immer wieder entdeckt man Sonnen, Lamas, Pumas und andere in die Steine gemeißelte Bilder.

Dahinter beginnt das Künstlerviertel Cuscos, **San Blas,** dominiert von der äußerlich schlichten, aus Lehmziegeln erbauten *Iglesia San Blas*. Sie stammt aus dem Jahr 1563. Im Innern ist neben einem Altar im hochbarocken Stil die schönste Holzschnitzarbeit Cuscos zu sehen, eine barocke Kanzel. Der Legende nach soll ein durch ein Wunder von der Lepra geheilter Indígena sie zum Dank aus einem einzigen Stück Zedernholz geschnitzt haben. In der Mitte ist die Muttergottes dargestellt, daneben die vier Evangelisten und ein Teil der Leidensgeschichte Christi.

Die Kirche des Ordens von **La Merced** südlich der Plaza de Armas wurde 1536 erbaut und gilt als das älteste Gotteshaus Cuscos. Gleich zweimal wurde es 1650 und 1950 von einem Erdbeben fast völlig zerstört. Sehenswert sind der sehr reich verzierte Hauptaltar und das Chorgestühl aus Zedernholz. Die Gemälde sind wieder typische Beispiele der Escuela Cusqueño. Der schmucken Kirche angeschlossen ist das Kloster mit einem schönen Kreuzgang, einst Ordenszentrum der südamerikanischen Mercedarier. Sein Prunkstück ist der Hostienschrein, eine über einen Meter hohe Kostbarkeit, verziert mit 22 Kilo reinem Gold, mit über 1500 Diamanten, 600 Perlen und unzähligen Rubinen, Smaragden und anderen Edelsteinen.

Quechua-Sprache

Quechua wurde von den Inka als allgemeine Verkehrssprache bestimmt, eine kluge Maßnahme, um ihr riesiges Reich zu einen, und es konnte auch nicht verdrängt werden, als später Spanisch offizielle Landessprache Perus wurde. Quechua ist ein Spiegel der inkaischen Kultur: So gab es ursprünglich kein Wort für „Danke", da die Inka-Gesellschaft auf Gegenseitigkeit beruhte: Wer half, dem wurde wieder geholfen, so entstand kein Ungleichgewicht, ein „Danke" war deshalb nicht notwendig. *Runa Simi,* die „Sprache des Volkes", wird noch heute im Andenraum zwischen Kolumbien und Chile in drei verschiedenen Dialekten gesprochen. 1975 wurde es neben Spanisch für vier Jahre als zweite Amtssprache wieder anerkannt. Heute gibt es an der Universität von Cusco einen eigenen Studiengang für Quechua, und in den Schulen bemüht man sich um eine zweisprachige Ausbildung.

Quechua ist eine faszinierende Sprache, voller Magie und Zauber einer vergangenen alten Zeit. Das Problem ist, dass es nur mündlich überliefert wurde, da die Inka keine Schriftzeichen im herkömmlichen Sinne hatten. Das älteste Quechua-Wörterbuch wurde von dem spanischen Mönch Domingo de Santa Tomás aufgezeichnet, der Bolivianer Jesús Lara schrieb die ersten Romane in dieser Sprache.

Da jedoch die dazu verwendete spanische Orthografie das Lesen erschwerte, wurde 1975 das *Alfabeto Oficial* in Quechua eingeführt. Die meisten geografischen Begriffe in Peru und den angrenzenden Andenländern sind Quechua-Wörter oder Ableitungen, z.B. *-bamba* (Platz), *-huanca* (Fels), *-huallya* Wiese), *-llacta* (Ort), *-marca* (Hochebene), *-pata* (Gipfel, Abhang), *-picchu* (Berg).

Die **Iglesia San Francisco** macht einen eher schlichten Eindruck, doch ihr prachtvoll geschnitztes Chorgestühl, das Gemälde des Heiligen Franz von Assisi und der wunderschöne Kreuzgang vor dem alten Garten sind vor dem Besuch des Mercado Central einen Abstecher wert.

Auf dem **Mercado Central San Pedro** hat sich Cusco noch etwas von seiner Ursprünglichkeit bewahrt. Allerdings muss man sich in dieser Gegend vor trickreichen Taschendieben in acht nehmen. Es wird alles angeboten, was die Indígenas zum Leben brauchen, auch – und ganz legal – die traditionellen Coca-Blätter. In ihren bunten Trachten drängen sich die Einheimischen um die Stände, und exotische Früchte wie Papayas, Mangos, Chirimoyas oder Granadillas reizen zum Probieren.

Museen

Eine Stadt voll unermesslicher Kunstschätze aus unterschiedlichen Epochen, die selber in weiten Teilen wie ein Freilichtmuseum wirkt, lässt vermuten, dass sie über zahllose Museen verfügt. Doch tatsächlich gibt es in Cusco nicht sehr viele. Das eindrucksvollste dürfte das **Museo de Sitio del Qoricancha** sein. Als das Beben von 1950 das Kloster Santo Domingo beinahe dem Erdboden gleichmachte, legte es die Überreste des ehemaligen Sonnenheiligtums *Qoricancha* frei.

Escuela Cusqueña

In ganz Peru und besonders in Cusco trifft man immer wieder auf Gemälde, die dem Stil der **Escuela Cusqueña** zugeordnet werden. Nachdem die Spanier sich in Peru festgesetzt hatten und damit begannen, Kirchen, Klöster und Paläste zu bauen, bestand zur Ausschmückung ein großer Bedarf an Gemälden, der sich durch europäische Künstler allein nicht decken ließ. *Mateo de Alessio* und der Jesuite *Bernardo Bitti* begannen um 1575, talentierten Indígenas und Mestizen europäische Maltechniken beizubringen. Dabei wurden ihre Schüler nicht nur rasch zu Meistern des Kopierens, sondern sie entwickelten mit der Zeit einen eigenständigen Stil, der althergebrachte Elemente kreativ mit indigenen Sichtweisen verband – die *Escuela Cusqueña*.

Ihre meist religiösen Darstellungen werden von einem wichtigen Motiv beherrscht, während sich Nebensächliches unproportional kleiner drumherum gruppiert. Die Gesichter zeigen deutlich indigene Züge, und die Gewänder sind reich mit Ornamenten aus gehämmerten Goldplättchen geschmückt, die an das Dekor der Inka-Kleidung erinnern. Berühmt sind die Werke von *Diego Quispe Tito*, doch viele der Künstler sind namenlos geblieben, denn als Mestizen und Indígenas war es ihnen verboten, ihre Werke mit Namen zu kennzeichnen.

Die Außenmauern der Coricancha im Santo-Domingo-Komplex

Die Qoricancha war ein großes Tempelviertel, dessen Mittelpunkt der prächtige und prunkvolle Sonnentempel war. Seine Mauern waren mit Goldplatten bedeckt und mit Smaragden und Türkisen übersät. Alles, was das Reich bot, war im Garten des Tempels in Gold oder Silber nachgebildet – vergoldete und silberne Maisstauden standen neben goldbeschlagenen Bäumen und Sträuchern, und Hirten aus Edelmetallen bewachten silberne Lamaherden, die zwischen funkelnden Vögeln, Schlangen und Schmetterlingen weideten.

Im Haupttempel waren die Mumien der verstorbenen Inka-Regenten auf einem goldenen Thron aufgestellt. Jedes Gesicht war mit einer Goldmaske verhüllt, eine Hand hielt ein goldenes Zepter. Die Kleidung bestand aus feinster Vicuñawolle und war mit Goldschmuck besetzt.

Von der einstigen Pracht des Tempels ist heute kaum noch etwas zu sehen. Alles Gold wurde von den Spaniern in ihrer Gier geraubt und eingeschmolzen, geblieben sind nur die Mauern – sofern sie nicht als Steinbruch für das Kloster verwendet wurden. Die Quadersteine der Inka sind so kompakt-passgenau zusammengesetzt, dass sie, im Gegensatz zu den Klostermauern, auch die bislang verheerendsten Erdbeben überstanden.

Sonne und Gold waren bei den Inka männliche Symbole, das neben dem Sonnentempel liegende Heiligtum der Mondgöttin *Quilla* war dazu das weibliche Gegenstück. Hier waren die Leichname der Königinnen aufgereiht, der Tempel war mit Silber ausgeschmückt.

Auch das Kloster **Santa Catalina** ist heute ein Museum, in dem alte Inkamauern zu bestaunen sind. Das Beben von 1950 legte ausgerechnet unter einem Frauenkloster die Reste des Hauses der Sonnenjungfrauen frei, das zum Sonnentempel Qoricancha gehörte. Im *Acllahuasi* lebten einst auserwählte Frauen, deren Leben dem Sonnengott geweiht war. Ihre Aufgabe war es, das für religiöse Zeremonien verwendete Maisbier *chicha* herzustellen.

Dort wo einst die *Cusicancha,* der Palast des Inca Pachacuti stand, befindet sich heute das **Anthropologische Museum,** in dem die restlichen Mauern des Palastes zu sehen sind und Alltagsgegenstände aus der Inkazeit ausgestellt werden.

Die sehr schöne **Casa del Almirante** nördlich der Plaza de Armas wurde im 17. Jahrhundert auf den Grundmauern des Palastes des Inka-Herrschers *Huáscar* errichtet. Nachdem das Gebäude beim Beben von 1950 schwer beschädigt worden war, wurde es mit Geldern der UNESCO restauriert und beherbergt heute das sehr sehenswerte **Museo Inka.** Es präsentiert bedeutende Gemälde der Escuela Cusqueña und Keramik, Schmuck- und Gebrauchsgegenstände aus der Inkazeit, außerdem Mumien und trepanierte Schädel. Die sehr lohnende Führung dauert zwei Stunden.

Die im **Museo de Arte Religioso** ausgestellten Skulpturen und Möbel stammen aus einer privaten Stiftung und vom Erzbistum Cusco. Außerdem beherbergt es bedeutende Gemälde der Escuela Cusqueño. Ein Blick in den schönen Innenhof lohnt auf alle Fälle. Über 400 Musikinstrumente, nicht nur aus den Anden und dem Amazonasgebiet, finden sich in dem kleinen, aber interessanten **Museo Taki**, das als das beste Musikmuseum Perus gilt.

8

Quipus und Tocapus

Zur Übermittlung von Informationen und Daten hatten die *Amautas* (Inka-Gelehrten) die **Quipus** entwickelt. Die Quipus waren kein Schriftersatz, sondern ein mathematisches Knotenschnur-System, mit dem Zahlen, Einheiten und Statistiken festgehalten werden konnten. Nur Fachleute, genannt *Quipucamayocs,* konnten mit Quipus umgehen. Sie erfassten damit die Bestände an Haustieren, Pack-Lamas, Ernteerträgen

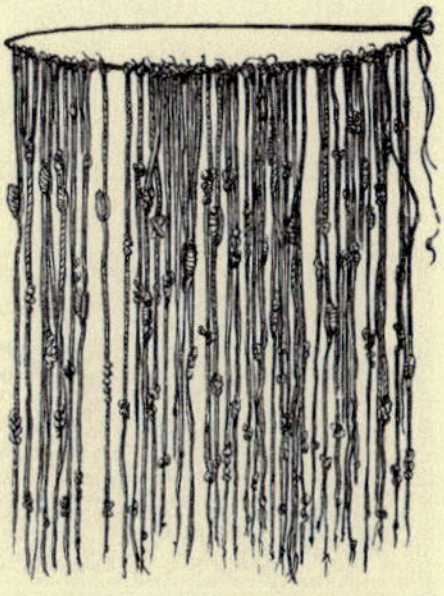

Ein originaler Quipu

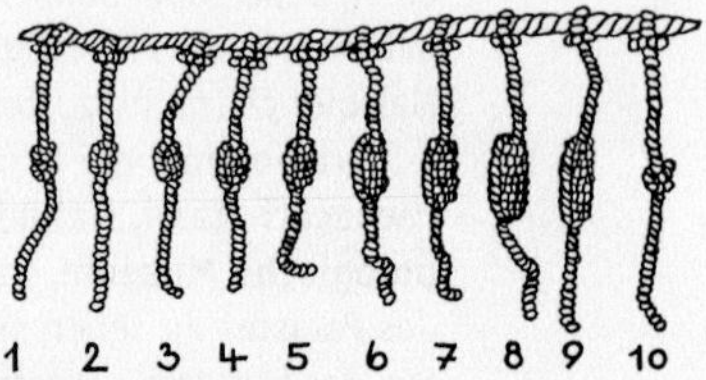

Oben: *Die Form der Knoten bestimmt die Zahl*

Links: *Ein* ***quipucamayoc****, ein Inka-Schatzmeister mit einem Quipu, links unten seine Merktafel, eine Art Abakus, für schnelleres Registrieren (Abb. nach Huamán Poma de Ayala).*

(Quinoa, Kartoffeln), gewebten Stoffe, Edelmetallen, geleisteten Steuern und sie führten mit Hilfe der Quipus ein Register über die Bevölkerungszahl im Inkareich. Die Spanier verboten 1781 den Gebrauch von Quipus und vernichteten so viel wie möglich. Von heute weltweit noch rund 800 erhaltenen Quipus besitzt das Ethnologische Museum in Berlin etwa die Hälfte.

Der Aufbau eines Quipu ist heute bekannt: Er bestand aus einer dickeren Hauptschnur, an der verschiedenfarbige, dünnere Nebenschnüre als Zahlenträger angebunden wurden. Die Einer, Zehner, Hunderter und die Tausender wurden durch die unterschiedliche Lage auf der Nebenschnur und deren Wertigkeit mit der Anzahl der übereinander liegenden Knoten fixiert. Die Farbe der Nebenschnüre zeigte den Bezug der Erfassung an, z.B. stand eine gelbe Schnur für Gold.

Neben Zahlen-Quipus wurden auch Ideogramme in Form von Bildzeichen, **Tocapus,** verwandt (Bildersprache). In Cusco lag das *Puqincancha,* ein „Bildarchiv“, das nur vom Inca und den Amautas betreten werden durfte. Dieses Archiv wurde jedoch bei der Eroberung Cuscos zerstört.

Tocapus*, Inka-Ideogramme, die jeweils einen ganzen Begriff repräsentieren.*

Da die Inka über keine Schriftzeichen verfügten, existieren keinerlei Aufzeichnungen aus der Zeit vor den Spaniern. Erst die Eroberer schrieben die ersten Chroniken nieder, die jedoch unvollständig und, weil aus der Sicht der Spanier geschrieben, einseitig sind. Es gibt aber auch eine Reihe von inkaischen Chronisten, die bald nach Ankunft der Spanier Lesen und Schreiben lernten und in schriftlichen Berichten Religion und Geografie, Kultur und Tradition und Mythen festhielten.

Jeden Tag ein Fest

Cusco feiert zahllose Feste. „Die Spanier haben uns so viele Feste gebracht, damit wir keine Zeit hatten, uns gegen sie aufzulehnen", sagen manche Cuscueños. An Festtagen wird man auf der Plaza de Armas fast unweigerlich den bunten Tanzgruppen begegnen, die sich im Takt ihrer Musik durch die Straßen bewegen. Vorangetragen wird oft eine Heiligenstatue, doch die Masken und Symbole der Tänzer machen deutlich, dass sich hier alte Religionen mit dem katholischen Glauben vermischt haben.

Zu den wichtigsten Festen gehört die *Semana Santa*, die Karwoche. Der Karfreitag wird mit einer nächtlichen Prozession begangen. Höhepunkt der Osterfeierlichkeiten ist der Ostermontag, an dem die Statue des *Nuestro Señor de los Temblores*, der „Herr der Erbeben", durch die Straßen getragen wird, vorbei an tausenden Menschen. Sie alle beten darum, künftig von Erdbeben verschont zu bleiben. Ebenfalls mit einer großen Prozession wird Anfang bis Mitte Juni Fronleichnam begangen. Das wichtigste und größte Fest ist jedoch das **Inti Raymi**, das Sonnwendfest im Juni (Exkurs s.S. 177).

Service Cusco

Information

Mantas 177-A, Tel. 22-2032, www.tourcusco.com, sowie auf dem Busterminal und auf dem Flughafen.
i-Peru, Plaza de Armas, Portal de Carrizos 250, Tel. 25-2974, www.peru-org.pe, und auf dem Flughafen.
Vorwahl: 084

8

Straßenszene in Cusco

Klima

Wer noch nicht an die Höhe gewöhnt ist, dem kann die dünne Luft zu schaffen machen. In den ersten Tagen sollte man es daher langsam angehen lassen. In über 3430 Metern Höhe vermag die Sonne tagsüber die Luft nur wenig zu erwärmen, auch an schönen Tagen erreicht das Thermometer selten mehr als 22 °C, und nachts wird es empfindlich kühl.

Unterkunft

Bereits auf dem Flughafen gibt es Infostände der verschiedenen Hotels. Zahlreiche Schlepper bieten weitere Unterkünfte wie Marktschreier an. Während der Hochsaison ist eine Reservierung angeraten. Nicht alle Hotels sind in der Lage, warmes Wasser rund um die Uhr vorzuhalten.

Hostal Marani, Carmen Alto 194, San Blas, Tel. 24-9462, www.hostalmarani.com; familiäres Hostal, große geräumige Zimmer, deutschsprachig, DZ ab 18 US$.

Pension Alemana, Tandapata 260, San Blas, Tel./Fax 22-6861, www.cusco-stay.de; Die stilvolle, deutschsprachige Familienpension bietet ein erstklassiges Frühstück und verfügt über einen Minigarten, DZ 35 US$.

Hotel El Rosal, Cascaparo 116, Tel. 25-7538, Fax 22-7849, hspedroc@hotmail.com. Hotel in einem Kloster mit ansprechender Atmosphäre und gutem Service. Es wird von den Schwestern betrieben und dient vorrangig der Finanzierung eines angrenzenden Mädchen-Waisenhauses. DZ 35 US$.

Hotel Garcilaso, Garcilaso de la Vega 285, Tel. 23-3501, Fax 22-2401, hotelgarcilaso@hotmail.com. Kolonialhaus mit schönem Patio, ansprechenden Zimmern, nettem Ambiente, Kaminsaloon, Restaurant, Bar; DZ ab 35 US$.

Pension El Arqueólogo, Ladrillos 425/Pumacurco 408, Tel. 23-2569, Fax 23-516, www.hotelarqueologo.com; ruhige, familiäre Pension, gemütlich mit Garten, DZ 40 US$.

Hotel Ruinas del Cusco, Ruinas 472, Tel. 26-0644, Fax 23-6391, www.hotelruinas.com. Rustikales, familiäres und kinderfreundliches Hotel, komfortable Zimmer, Dachterrasse, Restaurant, Patio, DZ ab 80 US$.

Hotel San Agustin International, Calle Maruri 390, Tel. 423-7341, Fax 330-9638, www.hotelessanagustin.com.pe. Sehr schönes Touristenhotel im Gaudí-Stil mit reichhaltigem Frühstücksbuffet. DZ 80 Euro

Hotel Libertador, Casa de los Bustos, Calle San Agustín 400, Plaza Sto. Domingo 259, Tel. 23-1961, Fax 23-3152, www.libertador.com.pe. Kolonialbau mit schönem Ambiente und erstklassigem Restaurant, Zentralheizung, DZ ab 110 US$.

Hotel-Museo Monestario del Cusco, Calle Palacio 136, Plaza de las Nazarenas, Tel. 24-1777, Fax 23-7111, www.monestario.orient-express.com. Spitzenhotel in ehemaligem Nonnenkloster von 1592 mit luxuriösem Ambiente, DZ ab 250 US$.

Restaurants

Zahlreiche Restaurants finden sich um die Plaza de Armas, in der Calle Plateros und in der Procuradores, sie sind jedoch meist teuer und sehr touristisch.

Ein angenehmes Restaurant ist *La Taverna de la Casona,* St. Andres 260, mit kleinem Innenhof und einheimischen Gerichten. Im *Granja Heidi,* Cuesta San Blas 525, gibt es Frühstück, Mittag- und Abendessen in erstklassiger Qualität, auch vegetarische Gerichte, angenehme Atmosphäre.

Das *Quinta Eulalia,* Choquechaca 384, serviert ebenfalls regionale Küche in gewaltigen Portionen.

Im Biergarten des *Quinta Zárate,* Tothora Pakcha, San Blas, werden bei einem schönen Blick über Cusco und zu gehobenen Preisen Meerschweinchen serviert. Und im *La Tertulia,* Procuradores, gibt es zum Frühstücksbuffet Piano-Musik.

Unterhaltung

Im *Centro Qosqo de Arte Nativo,* Av. El Sol 604, gibt es am frühen Abend eine Folkloreshow, ebenso im *Paititi,* Portal Carizos 270. Discotheken: *Uptown,* Portal de Carnes, Plaza de Armas, und *EKO,* Plateros 334, 2. Stock. Beliebt ist auch das *Ukukus,* ebenfalls in der Plateros, No. 316. Eher touristisch und mit Live-Musik ist die Disco *Mama Africa,* Portal Belén/Sta. Catalina, Plaza de Armas, 2. Stock. Das *Planeta Sur Jazz Café,* Plaza de San Blas 630, veranstaltet Jam-Sessions und ist das ältestes Jazz-Café in Cusco. Das *Café Bar Wiphala,* Heladeros 135, ist der Insidertreff der Intellektuellen Cuscos, hier werden Poesie- und Musikabende veranstaltet, der Besitzer und Künstler Manuel Gibaja zeigt wechselnde Ausstellungen.

Touranbieter

Amazon Trails Peru, Tandapata 660, Tel./Fax 84-437499, www.amazontrailsperu.com. Deutsch-peruanischer Veranstalter (Ulrike & Abraham), sehr hilfsbereit, Abraham hat langjährige Erfahrung als Manu-Guide, spezialisiert auf Manu-Regenwaldtouren, inkl. Ara-Salzlecke und Tapirplattform, 4–9 Tage, auch Flußtouren, Übernachtung in Casa Machiguenga möglich, gPLV. Organisieren auch Trekkings und Alternativrouten zum Inka-Trail; Hotel- und Inland-Flugbuchungen.

Cusco Tours, Cuesta del Almirante 232, Tel. 24-7412, Fax 22-2049, cuscotours@usa.net, www.cuscotours.com.pe. Zuverlässiger Universalanbieter sämtlicher Touren um Cusco, Pferdetrekking, Rafting, Ausflüge zu den letzten Naturbrücken am Apurímac, alternative Inkatrails wie Auzangate oder Salkantay.

Personal Travel, Portal de Panes 123, Tel. 24-4036, Fax 23-3912, ititoss@terra.com.pe. Ausflüge und Touren rund um Cusco, Mietwagen, spezialisiert auf den Besuch von Willoc, einer intakten indigenen Comunidad nahe Ollanta.

Einkaufen

Die *Feria Artesanal El Inka*, San Andrés/Quera 218. Feria San Blás, Plaza San Blás. Alpaca 111, Plaza Regocijo 202 (Alpaca 111 ist der einzige Laden in Cusco, an dem der Verkauf von Vicuña-Wolle offiziell genehmigt ist). Bazar Paracas, Sta. Catalina Angosta 120, Alpaka, Silberarbeiten. Arte Perú, Plateros 305/ Espaderos, Tumis, Schmuckarbeiten.

Ein sehr originelles und äußerst wohlschmeckendes Mitbringsel gibt es bei *K'uychiwasi*, Carmen Alto 115, www.kuychiwasi.org. Der Inhaber bietet Karamell, Kekse und hausgemachte Schokolade mit gemahlenen Cocablättern an und hat für seine Kreationen 2002 den Slow Food Award erhalten.

Inkastätten um Cusco

In der näheren Umgebung Cuscos finden sich mehrere Inkastätten, die sich gut an einem Tag besuchen lassen. **Saqsaywamán** ist die imposanteste. Wie eine Schöpfung von Titanen erscheinen die mächtigen Mauern der Festung, die Cusco vor Angreifern schützen sollte. Es ist kaum vorstellbar, wie die meterhohen, teils mehr als 100 Tonnen schweren Steinquader zu riesigen, passgenauen Mauernwällen zusammengefügt werden konnten.

20.000 bis 40.000 Menschen sollen rund 70 Jahre lang daran gearbeitet haben. Mit dem Bau Saqsaywamáns wurde unter dem 10. Inca *Túpac Yupanki* Mitte des 15. Jahrhunderts begonnen. Wahrscheinlich war dabei zunächst mehr an eine religiöse Kultstätte als

Festung Saqsaywamán

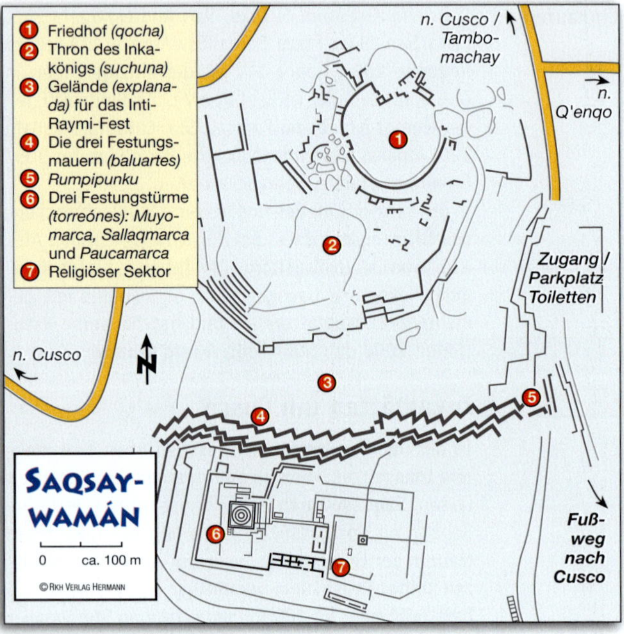

an eine Festung zur Verteidigung gedacht worden. Den Spaniern diente Saqsaywamán nach dem Sieg über Manco Inca als Steinbruch, doch nur die kleineren Steine waren für sie transportabel.

Erhalten geblieben sind terrassenförmig übereinander gebauten Zick-Zack-Mauern. Sie sind 600 Meter lang und haben gewaltige Eckmonolithen. Der Zugang zu den oberen Mauernwällen erfolgt über das *Rumipunku,* dem wuchtigen Hauptportal, das in einer Gefahrensituation mit einem Steinblock geschlossen werden konnte. Im oberen Bereich sind noch die Reste von zwei viereckigen Türmen zu sehen, in denen entweder die Besatzung untergebracht war oder Lebensmittel gelagert wurden. Ab 17 Uhr Eintritt frei, nach Einbruch der Dämmerung schöne Stimmung durch Beleuchtungseffekte.

Der gegenüberliegende Suchuna-Felsen *(Rodadero)* wurde wahrscheinlich von einem Gletscher so glatt geschliffen, dass er Kindern und manchem Touristen

Inti Raymi

Alljährlich sind die Festungsmauern Saqsaywamáns Schauplatz des am 24. Juni zur Sonnwende stattfinden Festes **Inti Raymi,** was soviel bedeutet wie „der Tag, an dem die Sonne angebunden wird". Der Tag der Sonnwende ist eigentlich am 21. Juni und war einer der höchsten Feiertage der Inka. Die Spanier kamen gegen diese Tradition nicht an und versuchten, den 24. Juni, den Tag des Johannes des Täufers, quasi als Ersatzfeiertag durchzusetzen. Doch gefeiert wird an diesem Tag nicht der christliche Heilige, sondern der Sonnengott Inti.

Zehntausende von Zuschauern, Einheimische wie auch Touristen, bevölkern die Felsen und Mauern. Das Inti Raymi ist ein farbenprächtiges Riesenspektakel, bei dem noch einmal die Welt der alten Inka aufersteht, in Szene gesetzt von kostümierten Soldaten, Priestern, Sonnenjungfrauen und Adligen. Der Inka-Herrscher, gleichfalls in Tracht, wird von Sklaven auf einer Sänfte über den Platz getragen.

Das Inti Raymi dauert mehrere Tage. Am 22. Juni wird das Fest mit einem großen Feuerwerk eröffnet. Den ganzen nächsten Tag zieht bis tief in die Nacht hinein ein langer Folkloreumzug durch Cusco. Das eigentliche Spektakel der Sonnenwendfeier beginnt am Morgen des 24. Juni mit der Sonnenzeremonie an der Coricancha. Schauplatz des Festgeschehens nachmittags ist Saqsaywamán.

Fest Inti Raymi in den Mauern von Saqsaywamán

8

als Rutsche dient. In den Trachytfelsen sind Sitze gemeißelt, auf denen der Inca den Bau der Anlage beobachtet haben soll. Obwohl man nicht genau weiß, zu was diese Ausmeißelungen dienten, wird der gesamte Felsen auch „Thron des Inca“ genannt.

Qocha

In der Nähe von Saqsaywamán liegt der **Qocha**, das „große Labyrinth“. Der vielgestaltig modulierte und ausgehöhlte monolithische, sechs Meter hohe Steinblock weist als größte Ausmeißelung einen Altar oder Thron auf. In seinem Inneren ist ein Netz verwinkelter Gänge, in dem sich angeblich Leute verirrt haben, so dass der Eingang heute verschlossen ist. Wahrscheinlich diente der Qocha den Inka als unterirdischer Friedhof.

Q'enqo

Wenige Kilometer westlich von Saqsaywamán an der Straße nach Pisac liegt mitten in stark zerklüfteten Felsen mit Spalten und Höhlen das Pachamama geweihte Naturheiligtum *Q'enqo*. Auf dem kleinen Platz der Kultstätte steht auf einem Sockel eine Felsskulptur, die einem Puma ähnelt und wahrscheinlich auf einen Steinkult aus der Präinkazeit zurückgeht. Die Reste der von den Spaniern zerstörten Skulpturen und Gravuren auf dem Q'enqo-Felsen konnten bislang nicht entschlüsselt werden. „Q'enqo“ bedeutet auf Quechua „das Gewundene“ und leitet sich von einer in den Fels gehauenen schlangenförmigen Opferrinne ab. Aus Schalen wurden Trank- oder Blutopfer hineingegossen, die in die Höhlen unterhalb des Felsens flossen. Der Zugang der Höhle wurde mit einem Eingang zur Unterwelt verglichen. Der Weg hinein führt durch einen Engpass von glattgeschliffenen, überhängenden Felswänden. In der Höhle sind Sitze und Altäre aus dem Fels geschlagen. Bei Ahnenfeiern und rituellen Zeremonien saßen hier vermutlich die Mumien.

Pukapukara

Die kleine Bergfestung **Pukapukara** war ein Kontroll- oder Lagerposten, wie es viele im Reich der Inka gab. Der halbkreisförmige Tambo bestand aus Terrassen mit Türmen, Behausungen und Treppen, die von einer Mauer mit kleinen unpolierten Steinen umgeben war. Von Pukapukara aus wurde die heute noch erkennbare Inkastraße nach **Tambomachay** überwacht.

Ununterbrochen plätschern in dem Wasserheiligtum die Quellen mit beinah melodiösem Klang durch den sonst stillen, fast mystischen Ort, der einen unwillkürlich innehalten lässt. Über vier terrassenförmig ansteigende Mauern mit den für die Inka typischen, trapezförmigen Nischen ergießt sich sprudelnd das Wasser durch steinerne Kanäle in Becken. Das Wasser stammt wahrscheinlich von einem unterirdischen Bach oder einer alten Inka-Wasserleitung. Da Wasser in Becken nach unserer Auffassung meist gleichbedeutend mit „baden" ist, wird die Anlage auch „Bad des Inca" genannt. Doch ob hier, wie manche vermuten,

Höhleneingang in Q'enqo mit aus dem Fels geschlagenen Sitzen und Altären

8

Tambomachay

tatsächlich müde Stafettenläufer badeten oder ob der Inkaherrscher kultischen Wasserzeremonien beiwohnte, wird ein Geheimnis bleiben.

Auf dem Rückweg nach Cusco bietet sich ein Abstecher zu dem Ruinenkomplex von **Cusilluyoc** an. Sehenswert sind in den Stein eingeschlagene Sitze, Treppenstufen und ein durch den Fels führender Höhlengang. Auf der anderen Seite des Felsen sind ebenfalls gehauene Öffnungen mit Zeremonialsteinen zu sehen, außerdem Reliefs, die Pumas, Affen und Schlangen darstellen.

9

Das Heilige Tal der Inka

Als wir weiter das Tal hinab auf dem kürzlich von der Regierung gebauten Pfad gingen, fanden wir uns in einer wunderschönen Schlucht wieder. Die Gipfel auf beiden Seiten sind so hoch, dass, auch wenn der Pfad häufig im Schatten dichten tropischen Dschungels liegt, viele der Berge mit Schnee bedeckt sind und einige Gletscher haben. Es gibt kein anderes Tal in Südamerika, das so verschiedene Schönheiten und so viel Charme hat.

Hiram Bingham in National Geographic, 1913

Mit seinen fruchtbaren Böden und dem angenehm milden Klima war das tief in die Berge eingeschnittene Tal des Urubambaflusses zwischen Ollanta und Pisaq für die Inka von großer Bedeutung. Feldbauterrassen ziehen sich die Berghänge bis in schwindelnde Höhen hinauf, um jeden Fleck der ertragreichen Erde zu nutzen.

Der **Terrassenbau** ist eine der herausragenden und augenfälligen Kulturleistungen der Inka. Erst durch die Terrassierungen, die bis auf 4500 Meter Höhe reichen, konnte ausreichend landwirtschaftliche Nutzfläche geschaffen werden, um die Bevölkerung des Hochlandes zu versorgen. Auch wurde so das schnelle Abfließen des Regenwassers ermöglicht und die steilen Hänge vor der Bodenerosion geschützt.

Landschaftsszene Valle Sagrado

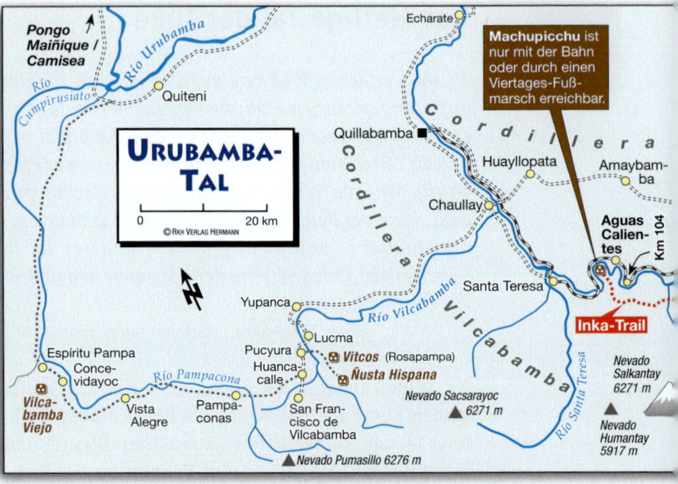

Terrassenanlagen müssen ständig gewartet werden, da sie sonst in kürzester Zeit weggeschwemmt oder verfallen würden. Das Regenwasser wird in einem ausgeklügelten System über die Terrassen geleitet. Dabei wird das Oberflächenwasser von der oberen Terrasse noch vor der Stützmauer in den Boden geleitet, wo es danach die nächste Terrasse bewässert.

Bis heute ist das **Valle Sagrado de los Incas** eine wichtige landwirtschaftliche Anbaugegend Perus. Farbenfrohe Märkte, faszinierende Ruinen, Sagen und Legenden ziehen fast jeden Perubesucher an.

Markt und Ruinen von Pisaq

Berühmt ist Pisaq vor allem für seinen traditionellen **Sonntagsmarkt.** Schon vor Sonnenaufgang laden die Marktfrauen ihre Produkte und Waren von den Transportern ab und breiten ihr Angebot auf dem Kopfsteinpflaster aus. Alles, was in der Region wächst, ist hier zu finden: Zwiebeln, Kirschen, Mangos, Mais, Avocados, Kohlköpfe, Kräuter, Melonen, Bananen, Zitrusfrüchte – um nur eine kleine Auswahl zu nennen. Langsam schiebt sich die Sonne über den Berg. Ihre Strahlen tauchen die friedliche Szene in ein warmes Licht, die gelegentlich von ei-

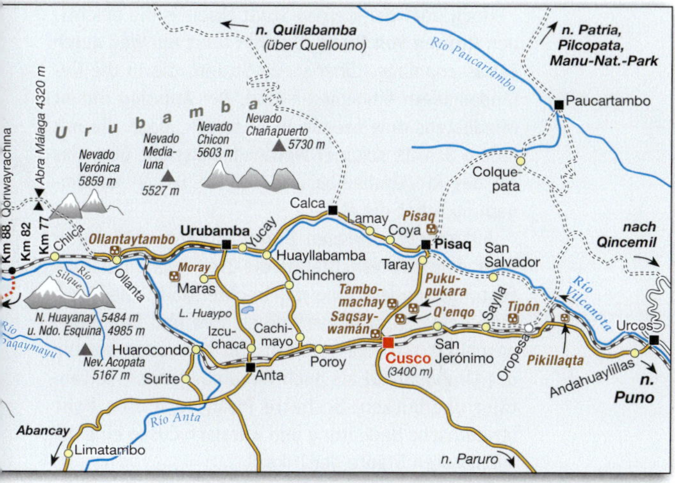

ner nicht immer melodiös spielenden Blaskapelle begleitet wird. Von den Garküchen ziehen verlockende Gerüche über den Platz. Fleisch, frittierte Fische, Mais, gekochte Kartoffeln, Reis und Suppen werden frisch zubereitet.

Besucht wird der Markt von unzähligen Touristen, und so ist auch das Angebot an Textilien und Souvenirs groß. Gegen Nachmittag, wenn der Mark zu Ende geht, bieten sich gute Möglichkeiten zum Feilschen.

Markt in Pisaq

Hoch über der kleinen Stadt thronen die mächtigen **Ruinen von Pisaq.** Dorthin führt ein Weg durch Terrassenanlagen über steile Stufen, die in die Geländemauern eingelassen sind. Der Aufstieg nimmt mindestens eine Stunde in Anspruch, doch die mit jedem Schritt schöner werdende Aussicht über das Tal des Río Urubamba und auf die Berge der Umgebung lohnt die Mühe.

Auf einem schmalen Bergvorsprung, 300 Meter über dem Tal, errichteten die Inka nicht nur eine Festung, sondern eine regelrechte Stadt, die durch eine Befestigungsmauer, durch Tore und Bastionen geschützt war. Sie konnten von hier oben sowohl das Urubambatal als auch die umliegenden Seitentäler überblicken. So hatte Pisaq auch eine hohe strategische Bedeutung und war nach Cusco eine der wichtigsten Städte der Inka.

Die ganze Anlage erstreckte sich über mehrere Quadratkilometer und umfasste Häuser, Paläste und Tempel. Sogar ein riesiger Friedhof mit unzähligen Felsgräbern und ein 16 Meter langer, unterirdischen Gang ist vorhanden. Herausragend im doppelten Wortsinn ist der *Intiwatana,* ein senkrecht nach oben ragender, reichverzierter Felszacken, in seiner Form einem Zuckerhut ähnlich. Anhand seines Schattens wurde der tägliche Sonnenverlauf beobachtet. Das Heiligtum ist von einer besonders sorgfältig gearbeiteten Mauer umgeben. Interessant ist auch die Bewässerungsanlage, die noch immer funktioniert.

Ruinen von Pisaq

Die Festung Ollantaytambo

Seit der Inkazeit hat das kleine, verschlafene **Ollanta** seinen Grundriss so gut wie nicht verändert. Er gilt als einer der ältesten ständig bewohnten Orte Südamerikas. Mit dem Ortsnamen ist auch das einzige, mündlich überlieferte Drama der Inkazeit, *Ollanta,* verbunden: Der Feldherr *Ollantay,* von einfacher Herkunft, verliebt sich in die schöne Inkaprinzessin *Cusi-Coyllur* (Morgenstern), Tochter des Inca Pachacuti. Ihr Vater ist gegen die Verbindung, da Ollantay nicht aus demselben Stand kommt. Pachacuti schikaniert die beiden so lange, bis sich Ollantay nach einem siegreichen Feldzug gegen ihn erhebt, die Inkaprinzessin heiratet. Der Inca läßt daraufhin die Prinzessin heimlich in einem Gefängnis „verschwinden".

Der Nachfolger Pachacutis, sein nichtsahnender Sohn Inca Túpac Yupanki, befreit seine Schwester

Cusi-Coyllur aus dem Gefängnis. Er hat Verständnis für die Liebenden und rehabilitiert Ollantay. Ollanta wird heute gelegentlich als Nationaldrama in Saqsaywamán aufgeführt.

Wie ein Adlerhorst thront über Ollanta die **Festung Ollantaytambo.** Hier, an einer strategisch wichtigen Stelle im Heiligen Tal, ließ sich von dem mächtigen Bergsporn aus die gesamte Gegend kontrollieren. Auch nach dem Eindringen der Spanier in das Reich der Inka wurde die Festung weiter ausgebaut und diente den letzten Inka als Bastion, gegen die die Eroberer vergeblich anstürmten. Ollantaytambo hatte aber auch eine große religiöse Bedeutung, denn hier wurden die Herzen der toten Inkaherrscher bestattet, die Mumien dagegen im Sonnentempel in Cusco aufbewahrt.

Über schier endlos scheinende Stufen führt der steile und beschwerliche Weg über Terrassen hinauf auf den Bergsporn. Über einen Felspfad gelangt man zu einem unvollendeten Sonnentempel. Seine Mauer besteht aus sechs tonnenschweren, kunstvoll glattgeschliffenen Megalithen aus rötlichem Granit, die jedoch nicht in der typischen Bauweise der Inka fugenlos aneinandergefügt wurden, sondern kleine, mit passgenauen Steinen aufgefüllte Zwischenräume aufweisen. Die riesigen Steinblöcke wiegen bis zu 50 Tonnen. Es ist kaum vorstellbar, wie die Baumeister der Inka diese monumentalen Steinblöcke, ohne Benutzung von Rad oder Flaschenzug, vom Steinbruch auf der anderen Talseite über den steilen Berg hinauftransportiert haben.

Inkastatue in Ollanta

Unterhalb der Festung liegt das *Baño de la Ñusta,* das „Bad der Prinzessin", das aber kein Bad, sondern eine heilige Quelle aus der Vorinkazeit ist. Sie war dem Wassergott zur Erhaltung der Fruchtbarkeit der Felder geweiht. Über eine mit einem geometrischen Ornament verzierte Steinplatte läuft das Wasser in ein Becken und weiter in die umliegenden Gärten.

Bemerkenswert ist auch ein Operationstisch für Trepanationen (operative Schädelöffnungen, s.S. 90). In seine Vertiefungen passt ein Kopf genau hinein.

Weben in den Anden

Textilhandwerk und Weben gehen in Peru tausende von Jahren zurück. Älteste textile Funde werden auf rund 2500 v.Chr. datiert. Neben Baumwolle wurde nach der Domestizierung von Lamas und Alpakas auch deren Wolle mit ihrer natürlichen Färbung verwendet. Seit etwa 1000 v.Chr. kommen Webgeräte zur Anwendung, die Herstellung des Garns erfolgt mit Hilfe von Handspindeln.

Bekannt sind drei Arten von Webgeräten: Der vertikale Webstuhl, der horizontale sowie der **Rückenbandwebstuhl,** noch heute ein gebräuchliches Webgerät in Peru. Er besteht aus zwei parallelen Holzstäben. Der so genannte „Kettbaum" wird an einem Baum oder Pfahl im Boden befestigt, der „Brustbaum" mit einem Gurt um den Rücken der Weberin geschlungen. Durch Vor- oder Zurücklehnen werden die Fäden gespannt oder gelockert. Diesen Rückenwebstuhl benutzten sowohl die Völker der Küste *(s. Abb. auf einer Mochica-Keramik)* als auch die Inka-Frauen *(Abb. unten, nach Huamán Poma de Ayala)*.

Marktplatz Chinchero

Jeden Sonntag findet auf dem idyllisch gelegenen Hauptplatz vor der Kirche Chincheros ein malerischer Mark statt, der sowohl für Reisende als auch für die Bewohner des Valle Sagrado ein Anziehungspunkt ist. Hier werden neben Textilien und Souvenirs für die Touristen vor allem Obst und Gemüse, Mais, Kartoffeln und Chicha angeboten. Ursprünglich war dies ein traditioneller Tauschmarkt, die Kundschaft besteht heute fast ausschließlich aus Touristen.

Der Hauptplatz wird von alten Inkamauern mit Trapeznischen eingerahmt, unterhalb der Kirche sind einige Ruinen zu sehen, wahrscheinlich Reste eines Palastes des Inca Túpac Yupanki.

Service Valle Sagrado

Unterkunft in Urubamba

Hotel Monasterio de la Recoleta San Agustín, La Recoleta (Ortsausgang Richtung Pisaq), Tel. 423-7341, Fax 330-9638, www.hotelessanagustin.com.pe. Ein schönes ehemaliges Franziskanerkloster aus dem 16. Jahrhundert, heute ein sehr geschmackvolles Touristenhotel, doch spartanische Zimmer. DZ 80 US$.

Hotel San Agustín Urubamba, am Ortsausgang Richtung Calca (Km 69), Tel. 423-7341, Fax 330-9638, www.hotelessanagustin.com.pe. Ehemalige Hacienda mit schönem Garten. DZ 80 US$.

10

Machupicchu

... Der Bauer sagte, dass auf der Höhe eines prächtigen Abgrundes in der Nähe einige Ruinen in einem Ort, der Machupicchu genannt werde, gäbe (...). Er bot an, mir die Ruinen zu zeigen, (...) wenn ich ihn für diesen Dienst gut bezahlen würde. Seine Vorstellung einer angemessenen Bezahlung waren 50 Cent pro Tag. (...) Abgesehen von einer Hütte und ein paar steingefassten Terrassen schien es hier keine Ruinen zu geben, und ich begann zu denken, dass ich meine Zeit verschwendet hatte. (...) Alsdann fanden wir uns in der Mitte eines tropischen Waldes wieder, unter dem Schatten der Bäume konnten wir eine große Menge alter Mauern ausmachen, die Ruinen von Gebäuden aus Granitblöcken, einige von ihnen waren wunderschön im höchst verfeinerten Stil der Inka-Architektur ineinander gepasst. (...) Dies brachte mich zu der Überzeugung, dass sich Machupicchu als die größte und wichtigste Ruine erweisen könnte, die in Südamerika seit der Eroberung durch Spanier entdeckt wurde.

Hiram Bingham in National Geographic, 1913

Wer frühmorgens die noch still vor einem liegende Felsenstadt Machupicchu im weichen Licht der aufgehenden Sonne sieht, wird diesen majestätischen Anblick niemals vergessen.

Machupicchu im Morgennebel

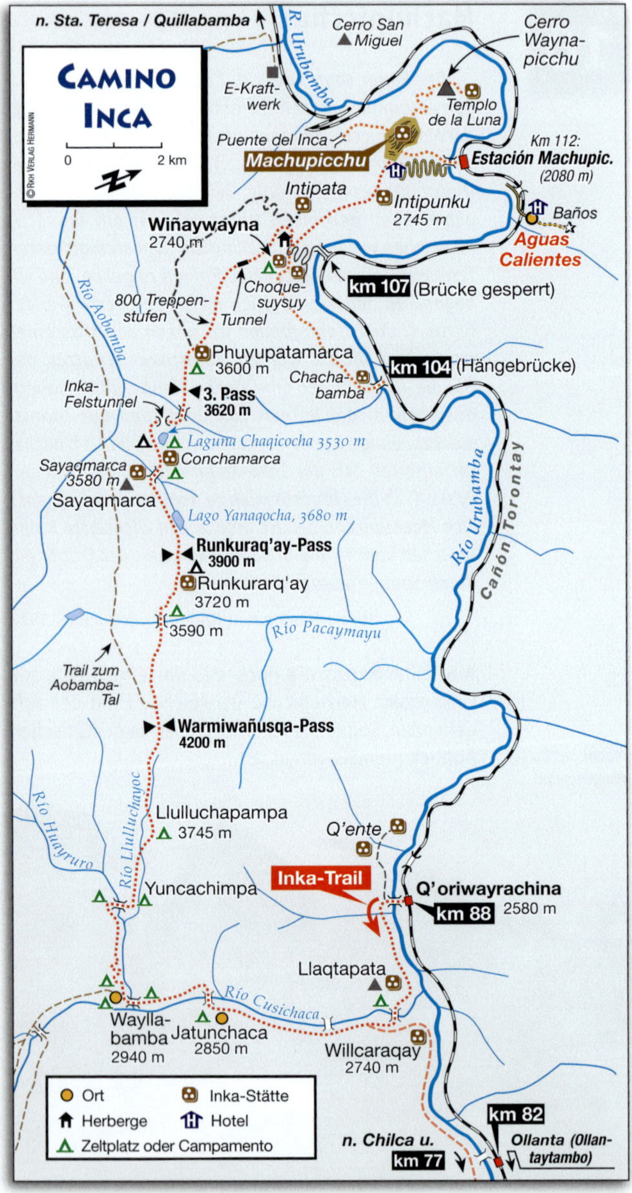
Camino Inca
0
2 km
© Rkh Verlag Hermann
n. Sta. Teresa / Quillabamba
R. Urubamba
Cerro San Miguel
Cerro Wayna-picchu
E-Kraft-werk
Templo de la Luna
Puente del Inca
Machupicchu
Km 112:
Estación Machupic.
(2080 m)
Intipata
Intipunku
2745 m
Baños
Aguas Calientes
Wiñaywayna
2740 m
Choque-suysuy
km 107 (Brücke gesperrt)
800 Treppen-stufen
Tunnel
Río Aobamba
Phuyupatamarca
3600 m
Chacha-bamba
km 104 (Hängebrücke)
Inka-Felstunnel
3. Pass
3620 m
Laguna Chaqicocha 3530 m
Conchamarca
Sayaqmarca
3580 m
Sayaqmarca
Lago Yanaqocha, 3680 m
Runkuraq'ay-Pass
3900 m
Runkurarq'ay
3720 m
Río Urubamba
Cañón Torontay
3590 m
Río Pacaymayu
Trail zum Aobamba-Tal
Warmiwañusqa-Pass
4200 m
Río Huayruro
Río Llulluchayoc
Llulluchapampa
3745 m
Q'ente
Inka-Trail
Yuncachimpa
Q'oriwayrachina
km 88
2580 m
Llaqtapata
Río Cusichaca
Waylla-bamba
2940 m
Jatunchaca
2850 m
Willcaraqay
2740 m
Ort
Inka-Stätte
Herberge
Hotel
Zeltplatz oder Campamento
n. Chilca u.
km 77
km 82
Ollanta (Ollan-taytambo)

Wie verwunschen liegt die Stadt zwischen den mächtigen, dicht bewucherten Bergen, langsam steigt der Morgennebel empor und gibt einen Blick über die Ruinenstadt frei, der tatsächlich genau so aussieht, wie man ihn von unzähligen Fotos kennt. Das sagenumwobene Machupicchu gilt als Höhepunkt jeder Perureise. Doch nicht nur die Felsenstadt selbst, auch der Weg dorthin gerät zum unvergesslichen Erlebnis: faszinierend die Anreise mit dem Inkazug durch das Urubambatal, legendär die mehrtägige Wanderung auf dem Inkatrail.

Die Zugfahrt

Begonnen wurde mit dem Bau der Schmalspurbahn nach Aguas Calientes, der Talstation am Fuß von Machupicchu, im Jahr 1913. Die Trasse erforderte viele Sprengungen, Tunnel mussten durch den Fels gebohrt werden. Aus dem Tal von Cusco schnaubt der Zug im Zickzack über einen 3678 Meter hohen Pass, und danach geht es im tief eingeschnittenen Heiligen Tal am Río Urubamba entlang, immer weiter hinab in das tropisch-üppige Grün des Bergregenwaldes, vorbei an kleinen Dörfern und mächtig aufragenden, schneegekrönten Bergriesen. Für die Fahrt nach Machupicchu stehen Touristen verschiedene Züge zur Verfügung: Der luxuriöse **Vistadome** wartet mit Panoramafenster, Bar und Video auf, der komfortable **Tren Inka** bietet ein Restaurant, während im preiswerten **Tren Backpacker** auf Extras verzichtet werden muss. Der **Tren Local** ist Einheimischen vorbehalten, ihn zu benutzen ist Touristen bei Strafe untersagt.

Camino Inca

Der ehemalige Versorgungs- und Nachschubweg der Inka für Machupicchu ist der am häufigsten begangene Trail Südamerikas. Zigtausende Wanderer stellen sich jedes Jahr den Herausforderungen der knapp 45 Kilometer langen Strecke. Zeltplätze wurden knapp und Müll zu einem immer größeren Problem. Die Zahl der Wanderer wurde daher beschränkt und der Pfad darf nur noch in Gruppen und mit lizenzierten Führern begangen werden.

Unterwegs auf dem Inkatrail

Der 1942 wiederentdeckte Pfad führt über karge Hochplateaus, vorbei an schneebedeckten Gipfeln und Inkaruinen durch unberührte Natur. Vier Tage dauert die Wanderung auf dem mit grobem Pflaster belegten Pfad. Steile Stufen schlängeln sich die Pässe hinauf, Stege führen über kleine Wasserläufe. Gleich am ersten Tag ist der wohl schwierigste Punkt des Trails zu meistern: Der 4200 Meter hohe *Abra Warmiwañusqa,* der Pass der „Toten Frau", ist der höchste der Strecke, auf den nicht selten erschöpfte Wanderer hinaufgetragen werden müssen. Doch der grandiose Ausblick von ihm entschädigt für die Strapazen. Dies ist bei weitem nicht der einzige, der bewältigt werden muss. Doch immer wieder warten auf den Wanderer „Belohnungen" in Form von Inkaruinen. Etwa das aus hellem Granit erbaute *Runkuraq'ay,* ein Stützpunkt, der den Inka als Rast- und Versorgungslager diente.

Bedeutend sind auch die Ruinen der auf einem Bergvorsprung liegenden Festung *Sayaqmarca.* Beeindruckend sind die massiven Schutzmauern, die engen, verwinkelten Gassen und die Kanäle.

„Stadt über den Wolken" ist die Übersetzung für *Phuyupatamarca,* einen Namen, den die auf 3630 Meter Höhe liegende Ruinenstadt nicht zu unrecht trägt. Am Eingang spendet eine gefasste Quelle frisches Trinkwasser, bis heute sind raffiniert angelegte Wasserkanäle und Steinbäder erhalten. Wie ein Adlerhorst klebt die kleine Siedlung *Wiñaywayna* am terrassierten Berghang. Die unzähligen Wohnhäuser sind zum Teil vom Urwald überwuchert, wie verwunschen liegen Steinbäder mit ihren kunstvollen Steinmetzarbeiten im satten Grün. Ein beliebter Platz um zu Campen und am nächsten Morgen in aller Frühe die letzten sieben Kilometer anzugehen. In der aufgehenden Sonne heben sich langsam die letzten Nebelschwaden und geben den Blick frei auf das sagenumwobene Machupicchu und den dahinter aufragenden Sporn des Waynapicchu.

Service Inkatrail

Die besten Monate um den Inkatrail zu begehen sind Mai bis September. Im Februar wird er für Aufräum- und Instandsetzungsarbeiten geschlossen. In den Höhen fällt die Temperatur nachts bis unter den Gefrierpunkt, in den tiefer liegenden Abschnitten ist es tropisch warm. Wegen den hohen Pässen ist eine gute Kondition erforderlich, wer an Kreislauf- oder anderen Gesundheitsproblemen leidet sollte auf die Wanderung verzichten.

Zugangsbeschränkungen

Der Zugang zum Inkatrail ist limitiert. Nur noch 500 Wanderer dürfen sich pro Tag auf den Weg machen. Das reicht bei weitem nicht aus, um die starke Nachfrage zu decken, so dass die Plätze, besonders in den Spitzenzeiten Juni bis September, oft schon lange im voraus ausgebucht sind. Wer nach Peru reist und den Inkatrail begehen will, sollte bereits Monate im voraus von Deutschland aus bei einem Veranstalter buchen.

Zuletzt wurde gemeldet, dass der Inkatrail zukünftig von Januar bis März gesperrt werden soll, um so der Natur die Möglichkeit zu geben, sich zu erholen. Mit weiteren restriktiven Bestimmungen ist zu rechnen.

10

Touranbieter Pauschal-Arrangements beinhalten in der Regel den Transfer vom Hotel in Cusco bis zum Trail, den Eintritt von 50 US$ in den Nationalpark Machupicchu, die Kosten für Führer, Träger, Koch, Zelt, Ausrüstung und Lebensmittel. Die Preise für eine Tour liegen je nach Anbieter zwischen 180 und 600 Euro oder mehr. Da täglich nur noch 500 Personen – und das inklusive Führer, Träger und Köche – auf den Pfad dürfen, sollte die Tour mindestens drei Monate vorher gebucht werden.

Amazon Trails Peru, Tandapata 660, Tel./Fax 43-7499, www.amazontrailsperu. Sehr hilfsbereiter deutsch-peruanischer Anbieter, gute Organisation, zuverlässige Träger.

Cusco Tours, Cuesta del Almirante 232, Telefon 24-7412, Fax 22-2049, informes@cuscotorus.com.pe, www.cuscotours.com.pe. Zuverlässiger Spezialist für den Inkatrail, Kleingruppen, Idividualabsprachen möglich.

Personal Travel, Portal de Panes 123, Tel. 24-4036, Fax 23-3912, ititoss@terra.com.pe. Ausflüge und Touren rund um Cusco und nach Machupicchu, Mietwagen. Spezialisiert auch auf den Besuch von Willoc, einer intakten indigenen Comunidad nahe Ollanta.

South American Site Travel (SAS), Portal de Panaes, Plaza de Armas, Tel./Fax 23-7292, www.sastravel.com. Qualitäts-Anbieter für Machupicchu, hochpreisig. Auch Trekkingtouren nach Vilcabamba und Manu.

Die Inkastadt Machupicchu

Chronisten hatten die sagenumwobene Stadt erwähnt und bis in die Neuzeit blieben die Erzählungen von ihr und verborgenen Schätzen lebendig. Immer wieder machten sich Abenteurer und Entdecker auf, um nach der Inkastadt zu suchen. Wissenschaftlich entdeckt wurde sie schließlich von dem Amerikaner *Hiram Bingham,* der im Juli 1911 mit seiner von der Universität Yale ausgerüsteten Expedition mit Hilfe einheimischer Führer nach Machupicchu vordrang. Gesucht hatte der US-Senator dabei eigentlich nach einer anderen Inka-Stadt, nach *Vilcabamba,* die er übrigens auch gefunden, jedoch die Bedeutung der Ruinen nicht erkannt hatte. Bingham verbrachte in den folgenden Jahren sehr viel Zeit in Machupicchu und betrieb umfassende Forschungen. Alle archäologischen Funde ließ er in die USA zu schaffen, Peru selbst besitzt kein einziges Objekt, das in Machupicchu gefunden wurde. Doch weder Bingham noch nachfolgende Archäologen konnten endgültig klären, welche Funktion die mächtige Festung hatte.

1983 erhob die UNESCO das Machupicchu-Schutzgebiet zum Weltkulturerbe der Menschheit. Doch Machupicchu ist heute gefährdet. Täglich wurden in der Hochsaison etwa 2500 Touristen zu der Ruinenstadt hinaufgefahren. Die permanenten Erschütterungen der Busse könnten einen größeren Erdrutsch auslösen, warnen Geologen. Die UNESCO erwägt, Machupicchu auf die Liste der *gefährdeten* Kulturstätten zu setzten und empfiehlt, nicht mehr als 800 Besucher täglich einzulassen. Aber davon will man in Peru nichts hören – zu groß ist der finanzielle Nutzen Perus bedeutendster Touristenattraktion.

Rätselhafte Geschichte

Bis heute ist wenig über die auf 2400 Meter Höhe liegende Inkastadt bekannt, um so zahlreicher und abenteuerlicher sind die Theorien, die verbreitet werden. Die plausibelste Erklärung ist jedoch überraschend einfach: Wahrscheinlich diente die in gemäßigter Höhenlage errichtete Festung mit ihrem milden Klima dem Inkaherrscher in den kalten Andenwintern als Rückzugsort.

Machupicchu wurde in der Anfangszeit der Inka gegründet und um 1450 ausgebaut, zumindest sprechen Keramikfunde und der typische Baustil mit trapezförmigen Türen und Nischen und die kissenartig vorgewölbten Granitsteine der fugenlosen Mauern für den Cusco-Stil zu Zeiten des 9. Inka-Herrschers Pachacuti Yupanki. Der an drei Seiten von schroffen und steilen Felsen umgebene Ort war genial gewählt für eine Schutzburg und Festung, unklar ist jedoch, gegen wen

Blick auf die Unterstadt

10

sich die Inka hier verteidigen wollten. Mächtige Mauern schützten Machupicchu, mittels „hängender Gärten" war es autark und konnte rund 1000 Menschen ernähren.

Die Stadt ist voller architektonischer und natürlicher Besonderheiten, die Bezug zu den Tag- und Nachtgleichen und dem Lauf der Gestirne haben. Zahlreiche Symbolen der Inka-Religion und die Vielzahl der um Machupicchu liegenden *huacas,* heiligen Stätten, weisen auf die religiöse Bedeutung hin. Alle Bezeichnungen wie „Palast der Prinzessin" oder „Handwerkerviertel" sind Versuche, die Vergangenheit zu deuten – wozu die verschiedenen Bauten tatsächlich dienten und wie sie hießen ist in den meisten Fällen unbekannt.

Rundgang durch die Ruinenstadt

Den schönsten Blick über Machupicchu hat man vom **Mirador,** einem rekonstruierten spitzgiebeligen Häuschen etwas oberhalb der Stadt, an dem der Inkatrail endet. Deutlich sichtbar sind die unterschiedlichen Stadtsektoren: vorne, unterhalb des Aussichtspunktes, liegt die Oberstadt mit dem Palastviertel und dem halbrunden Sonnentempel-Turm, dahinter erstreckt sich das Tempelviertel mit dem Intiwatana-Felsen. Getrennt durch eine große Grasfläche liegt gegenüber der Oberstadt die Unterstadt mit ihren einfacheren Bürgerhäusern.

Die gesamte Stadtanlage ist von terrassierten Hängen umgeben, von „hängenden Gärten", die im Norden, Westen und Osten in unbezwingbare, fast senkrecht abfallende Felsformationen übergehen. Im Süden schützte ein unüberwindbares und leicht zu verteidigendes Tor, **Huaca Punku,** die Stadt. Zugbrücken, Zugtore und Schutzwälle außer- und innerhalb der Anlage verstärkten die Verteidigungsmöglichkeiten.

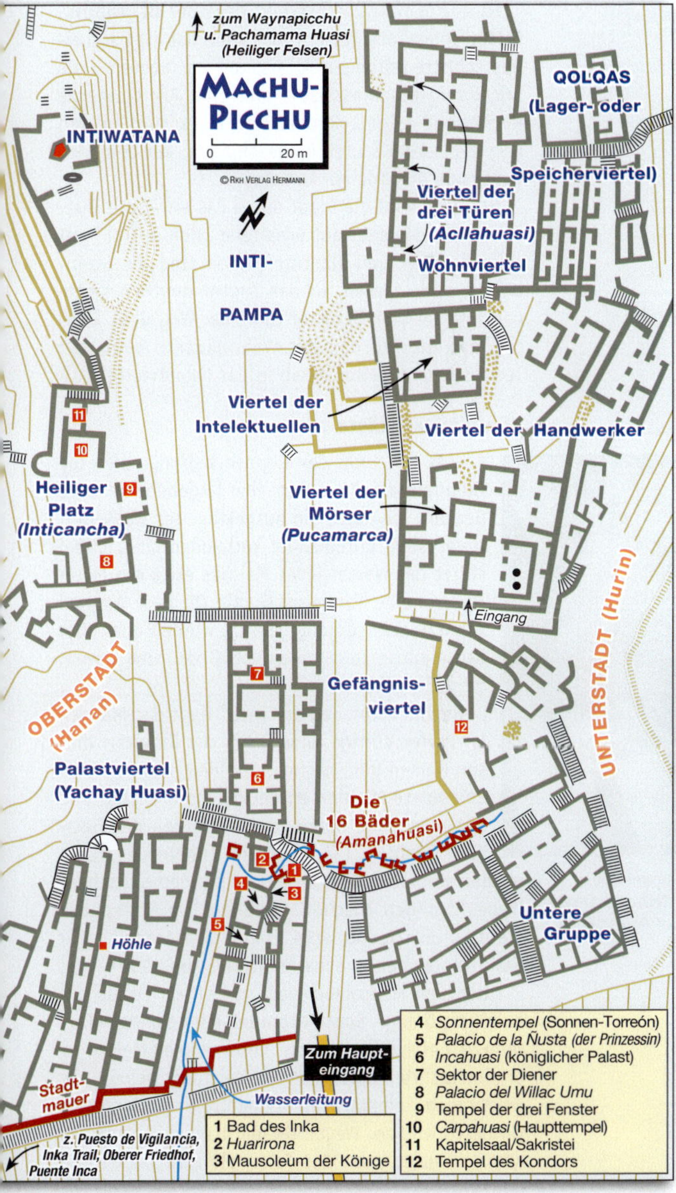
zum Waynapicchu
u. Pachamama Huasi
(Heiliger Felsen)
MACHU-
PICCHU
0
20 m
© RKH VERLAG HERMANN
INTIWATANA
INTI-
PAMPA
QOLQAS
(Lager- oder
Speicherviertel)
Viertel der
drei Türen
(Acllahuasi)
Wohnviertel
Viertel der
Intelektuellen
Viertel der Handwerker
Viertel der
Mörser
(Pucamarca)
Eingang
Heiliger
Platz
(Inticancha)
OBERSTADT
(Hanan)
UNTERSTADT (Hurin)
Gefängnis-
viertel
Palastviertel
(Yachay Huasi)
Die
16 Bäder
(Amanahuasi)
Höhle
Untere
Gruppe
Stadt-
mauer
Wasserleitung
Zum Haupt-
eingang
z. Puesto de Vigilancia,
Inka Trail, Oberer Friedhof,
Puente Inca
1 Bad des Inka
2 Huarirona
3 Mausoleum der Könige
4 Sonnentempel (Sonnen-Torreón)
5 Palacio de la Ñusta (der Prinzessin)
6 Incahuasi (königlicher Palast)
7 Sektor der Diener
8 Palacio del Willac Umu
9 Tempel der drei Fenster
10 Carpahuasi (Haupttempel)
11 Kapitelsaal/Sakristei
12 Tempel des Kondors

Hinter dem Aussichtspunkt liegt der **Begräbnisfelsen** (oder Totenfelsen). Der Stein hat die Form eines schlittenförmigen Altars, der am oberen Ende bugförmig zusammenläuft und eine Art steinerne Kopfhaube bildet. Rechts und links sind in den Begräbnisstein Stufen eingeschlagen, auf dem sich Trauernde niederknien konnten.

Betreten wird die Stadt durch das erwähnte Huaca Punku, das sehr gut erhaltene „Heilige Tor" mit seinem mächtigen Türsturz (innen sind die Steinbolzen und -zapfen für das Zugtor deutlich sichtbar). Hinter dem Stadttor führt der Weg über Treppen hinunter zu den mit Wohnhäusern bebauten Terrassen und weiter hinab in das Palastviertel.

Königliche Paläste ...

Amanahuasi, steinerne Becken im Palastviertel

Rechts und links der Treppen befinden sich die **Amanahuasi,** 16 aufeinander folgende steinerne Becken, die durch ein ausgeklügeltes Wasserleitungsystem miteinander verbunden sind. Dabei stürzt das Wasser jedes Mal aus etwa ein Meter Höhe in eine Wanne aus Granit. Ob diese Wannen zur Wasserversorgung genutzt wurden oder aber für religiöse Zeremonien von Bedeutung waren, ist nicht geklärt.

Rechts vom „Bad der Inca" liegt das **Mausoleum der Könige,** eine Gruft, der Bingham diesen Namen gab, nachdem er hier zwei vornehm gekleidete Mumien entdeckte die mit Gold und Silber verziert waren, den Insignien der Herrscherfamilien. Die Wände im Innern der Höhle wurden sorgfältig bearbeitet und mit den typischen, trapezförmigen Nischen versehen. Im Blickpunkt steht, gleich rechts vom Eingang, ein gewaltiger Granitblock, der 30 scharfkantige Stufen aufweist.

Über dem Mausoleum liegt auf einem Felsen der halbkreisförmige **Sonnentempel** oder **Sonnen-Torreón.** Mit einem Durchmesser von knapp elf Metern ist er eine architektonische Meisterleistung, gebaut aus gradlinigen, feinpolierten Steinen, die sich kissenartig hervorwölben. Wegen diesem baulichen Aufwand wird vermutet, dass der Turm religiöse Bedeutung hatte. In seinem Innern befinden sich drei trapezförmige Nischen. Das Mauerwerk durchbrechen zwei Trapezfenster und eine ungewöhnliche, türartige Öffnung nach Norden. Das Trapezfenster in der Mitte der Rundmauer ist genau auf die Sonnwende ausgerichtet. Am 21. Juni fällt der Strahl der Sonne in einer Linie durch das Trapezfenster direkt in eine wannenartige Vertiefung eines gewölbten Felsentisches, der die Mitte des Sonnentempels einnimmt.

Südlich neben dem Sonnentempel liegt ein prachtvolles, zweistöckiges Haus, das als der **Palast der Prinzessin** bezeichnet wird *(Palacio de la Ñusta)*. Im Inneren sind noch gut die Vorsprünge zu sehen, auf dem die Deckenträger auflagen, auch sind einige Nischen zu erkennen. Rechts vom Eingang des Hauses führt eine steinerne Außentreppe zu einer Art Dachterrasse, die gleichzeitig ein Patio ist. Der Eingang in das Obergeschoss ist wieder in typisch trapezförmiger Form ausgeführt.

Nördlich vom Sonnentempel liegt die **Herrschaftsresidenz** mit dem **Königlichen Palast,** der durch ein Trapeztor betreten wird. Zwar fehlen in Machupicchu bisher zweifelsfreie archäologische Beweise dafür, wer wo gewohnt hat, doch die sorgfältige Bauausführung weist auf die hohe Stellung der ursprünglichen Bewohner dieser Gebäude hin. Die Mauern des Königlichen Palasts sind akkurat bearbeitet, die Granit-

Sumturhuasi oder Sonnen-Torreón

10

Türstürze wiegen bis zu drei Tonnen. In den kleinen Räumen ist auf dem Boden noch eine steinerne Kanalisation zu erkennen, und auch hier finden sich oben an den Mauern steinerne Zapfen oder Zylinder, die zur Befestigung der Dachkonstruktion gedient haben könnten.

... heilige Tempel

Oberhalb des Palastviertels liegt der „Heilige Platz" **Inticancha,** der von tempelartigen Gebäuden umgeben ist. Das Gebäude mit den zwei Eingängen und neun Trapeznischen war wahrscheinlich der **Palast des Hohen Priesters.** Er war als Magier, Wissender und oberster Sonnendiener genauso mächtig wie der Inka-Herrscher und stammte meist aus dem gleichen Geschlecht.

Tempel der drei Fenster

Nördlich daneben liegt der **Tempel der drei Fenster,** der seinen Namen den drei großen, trapezförmigen und nach Osten ausgerichteten Fenstern verdankt, die von riesigen Steinquadern gebildet werden. Auffällig ist, dass kein Mauerwerk in Richtung des Heiligen Platzes vorhanden ist und der Tempel eher einer Halle ähnelt. Die aufgehende Sonne fällt durch die Fensteröffnungen direkt auf den Heiligen Platz. Im rechten Winkel dazu liegt der **Carpahuasi,** der Haupttempel. Seine nördliche Mauer ist aus tonnenschweren Blöcken geschlagen. Beeindruckend ist der über vier Meter lange Opferstein oder Altar, der aus einem einzigen geschliffenen Monolithblock besteht und von kleineren Steinblöcken flankiert wird. In einem nördlichen Anbau befindet sich eine Art Sakristei mit einer Steinbank und einem Monolithen, der auf seinen verschiedenen Flächen nicht weniger als 32 Ecken aufweist.

Über eine Treppe gelangt man zum Allerheiligsten von Machupicchu, zum **Intiwatana,** dem „Ort, an dem die Sonne angebunden ist". Der aus einem Felssockel herausragende Granitblock diente astronomischen Zwecken. Sonnenlauf, Tageszeit, Sternbilder und Planetenbahnen konnten damit verfolgt werden. Die Neigung des Granitblocks steht im direkten Bezug zum Äquator, die vier Scheitelpunkte markieren die vier Himmelsrichtungen.

Vom Intiwatana führen über Terrassen Treppen hinunter zum **Intipampa,** dem „Sonnenfeld", das die Palast- und Tempelbezirke von den Wohn- und Arbeitervierteln trennt. Nördlich davon liegt der **Pachamama Huasi,** der „Heilige Felsen". Der gewaltige Felsblock hat nach links die Form eines Fisches und nach rechts die Form eines Meerschweinchens. Auffallend ist, dass die Kontur des Felsblockes mit den Umrissen des dahinter liegenden Bergzuges identisch ist.

... und Bürgerhäuser

Gefängnisviertel mit Tempel des Kondors

Der Rückweg führt entlang und durch die Unterstadt. Sie ist in verschiedene Ebenen unterteilt, die untereinander mit Treppen verbunden sind. Die einzelnen Sektoren sind in sich abgeschottet und lassen sich meist nur durch einen einzigen Zugang betreten. Hier finden sich Wohn- und Speicherbezirk, das Handwerker- und das sogenannte „Gefängnisviertel". Überragt wird letzteres von einem in Form eines Kondors behauenen Felsen, der als **Tempel des Kondors** bezeichnet und von einem Turm gekrönt wird. Der Kondor war für die Inka eine Gottheit der Kraft oder Energie.

Service Machupicchu

Eintritt

Während der Hochsaison besichtigen bis zu 2500 Besucher pro Tag Machupicchu, frühmorgens und nachmittags ab 15 Uhr ist die Ruinenstadt jedoch angenehm ruhig. Eintritt 50 US$, Studenten 25 US$.

Wanderungen in die Umgebung

Ein kleines Stück vom Inkatrail

Eine dreiviertelstündige Wanderung führt über den Inkatrail zum Intipunku, dem Sonnentor. Der leicht begehbare Weg beginnt unterhalb des Miradors (Aussichtspunkt, s.o.) und führt sanft aufwärts bis zur *Apacheta,* der wichtigsten Kontrollstelle des Inkapfades. Danach steigt der Weg bis zum Sonnentor rampenartig an. Zu bestimmten Zeiten kann man die Sonne in diesem Tor aufgehen sehen. Vom Sonnentor führt der Inkatrail nach einer neunzigminütigen Wanderung nach *Wiñaywayna* (s.S. 194).

Ein anderer Weg führt vom Begräbnisfelsen (s.S. 198) zum **Puente Inca.** Die Wanderung über den am Fels klebenden Pfad ist nicht ungefährlich und nur etwas für diejenigen, die absolut schwindelfrei sind. An manchen Stellen bricht die Wand unter einem mehrere hundert Meter tief ab, herabhängende, wildwuchernde Äste versperren den Weg. Nach einem Felsspalt ist der Pfad gesperrt, etwas unterhalb ist die Inka-Brücke sichtbar. Wo heute drei Meter lange Holzbalken die Inka-Brücke markieren, war früher der zweite Zugang zu Machupicchu.

Blick vom Waynapicchu auf Machupicchu, links der Auffahrtsweg vom Tal des Río Urubamba

Inka-Brücken

Die höchste Stufe der inkaischen Brückenarchitektur waren die Hängebrücken, die noch heute reißende Schluchten überspannen. Dabei werden mindestens drei tragende Hauptseile aus Agavenfasern über die Schlucht gespannt, die mit steinernen Brückenköpfen im Boden verankert werden. Auf die drei unteren Hauptseile werden Querhölzer gelegt und mit Planzenfaserschnüren aus Ichú-Gras verbunden. Die Zwischenräume werden mit Ästen, Zweigen und Tierhäuten soweit abgedeckt, dass sogar Lamas über die Brücken laufen können. Geländerseile rechts und links in einem Meter Höhe bilden den seitlichen Abschluss. Zweige werden zwischen den Trag- und Geländerseilen eingeflochten, so dass die gesamte Hängebrücke in sich geschlossen ist.

Unter den Inka wurden alle Brückenübergänge, insbesondere die Hängebrücken, scharf bewacht, da sie die schwächsten Punkte ihres Straßensystems waren. Die Dorfgemeinschaften mussten unter der Anleitung eines Brückenmeisters dafür sorgen, dass die Brücken intakt blieben und laufend ausgebessert wurden. Heute gibt es nur noch wenige solcher Konstruktionen.

Inka-Brückenwächter vor einer Hängebrücke

Waynapicchu

Wer schwindelfrei ist und über eine gute Kondition verfügt, den mag die Besteigung des Waynapicchu locken, der wie ein Sporn 300 Meter hoch hinter Machupicchu aufragt. Täglich dürfen maximal 400 Besucher den Aufstieg wagen. Man sollte sich also frühzeitig auf den Weg machen. Bis 13 Uhr kann man sich an einem Kontrollpunkt eintragen. Der schmale, steile Pfad beginnt mit der „Titanenleiter", rund 600 beschwerliche, rohe Trittstufen, die fast senkrecht hinaufführen. Kurz vor dem Gipfel muss auf allen Vieren durch einen engen Felstunnel gekrochen werden. Rund eine Stunde dauert der Aufstieg, der mit einem weiten Panoramablick über Machupicchu, Urubambafluss und steile Bergflanken belohnt wird. Beim Abstieg bietet sich ein Abstecher zum Mondtempel an, der in einer großen Höhle liegt. Drei Stufen führen zu einer Grotte nach oben, in die durch einen Felsspalt Licht eindringen kann.

Aguas Calientes

Das einst verschlafene Dorf Aguas Calientes (oder Machupicchu Pueblo) am Urubamba ist heute ein lebhafter Touristenort, in dem viele der Besucher Machupicchus übernachten. Seinen Namen verdankt es heißen Quellen, die oberhalb des Ortes in Thermalbecken fließen. Hier lässt es sich nach durchwanderten Tagen wunderbar in dem 40 Grad heißen Wasser entspannen.

Eine Wanderung bietet sich ins **Valle de Mandor** an. Der schöne Pfad führt hinter Puente Ruinas zunächst entlang der Schienen und nach einer kleinen Hütte den Berg hoch durch Pflanzungen und zu einem Wasserfall, der nach eineinhalb Stunden erreicht wird.

Service Aguas Calientes

Information

i-Peru, Av. Pachacutec s/n, Centro Cultural del INC, Oficina 4, Tel. 21-1104, iperumachupicchu@promperu.gob.pe, 9–20 Uhr, sowie im neuen Bahnhof. Internet: www.machupicchuperu.net; Vorwahl: (084).

Hotels

Viele Hostales entlang des Bahngleises sind etwas laut, besonders dann, wenn im Erdgeschoss ein Restaurant betrieben wird. Ruhiger sind die Unterkünfte entlang der Av. Pachacútec in Richtung Thermalbad.

Hostal Pachakúteq, Av. Pachacutec s/n, Tel./Fax 21-1061. Familiäres Hostal, reichhaltiges Frühstück, DZ 20 US$.

Hotel Machupicchu Inn, Av. Pachacutec s/n, Tel. 21-1056, Fax 21-1011, www.peruhotel.com. Ehemalige Jugendherberge, die nun auf Gruppenreisende spezialisiert ist, dafür große Zimmer, Restaurant, nach Preisnachlass anfragen, DZ ab 50 US$.

Pueblo Hotel, km 110, am Bahngleis Richtung Cusco, Tel. 21-1122, Fax 22-1124, www.inkaterra.com. Klassische Touristenanlage mit Adobe-Häuschen im Bungalowstil, semitropischer Garten mit Orchideenpfad, Pool, Heizung, DZ ab 195 US$.

Machu Picchu Sanctuary Lodge, Ruinas de Machupicchu, Tel. 21-1038, Fax 21-1053, www.orient-expresshotels.com. Das einzige Hotel direkt an der Ruinenanlage, mit luxuriöser Ausstattung, DZ ab 350 US$ (in der Nebensaison bis zu 50 Prozent Rabatt).

Restaurants

Die zahlreichen Restaurants und Kneipen entlang des Bahngleises liegen preislich höher als im Ort; einfach entlangbummeln und dort wo es gefällt einkehren. Empfehlenswert ist immer *trucha al ajo* (Forelle in Knoblauch).

Unterhaltung

Das Thermalbad liegt in einer Seitenschlucht, gut zehn Fußminuten nordwestlich vom Hotel Machupicchu Inn. Zum Abendessen gibt es in *Totos House* am Bahngleis Folkloretänze.

Kleinkamele der Anden

In den Anden sind vier kamelartige Tiere beheimatet: *Guanakos, Vicuñas, Lamas* und *Alpakas*. Lamas (spanisch *Llama*) und Alpakas sind Haustiere, die bereits vor über 7000 Jahre von den damaligen Andenbewohnern domestiziert wurden, während Guanakos und Vicuñas in freier Natur leben. Ihr elastisches Sohlenpolster ermöglicht den Kleinkamelen das Gehen auf lockerem Untergrund. Deshalb ist das Lama auch das ideale Tragtier, das seine Lasten ausdauernd und trittsicher über Geröllflächen und steile Felspfade trägt. Genügsam trotzt es den eisigen Stürmen und Temperaturschwankungen in über 4000 Meter Höhe.

Der **Guanako** ist die wilde Stammform des Lamas. Er wird nur rund 1,10 Meter hoch und kommt nur noch selten in den Gebirgssteppen Südperus und Chiles sowie in den Bergen Patagoniens vor. Guanakos leben in kleinen Familienherden von 15 bis 25 Tieren, die von einem Leithengst angeführt werden. Pumas und Kondore sind die natürlichen Feinde der Guanakos. Ihr Fell ist grau bis rotbraun, das zur Bauchdecke hin wird es gelbweiß.

Lamas sind mit einer Schulterhöhe von 1,20 Meter etwas höher als der Guanako und haben ein dichteres Wollfell. Die Fellfarbe variiert zwischen weiß, schwarz, braunrot oder buntgescheckt, doch die Wolle eignet sich nur bedingt zur Textilienverarbeitung.

Ein Lama kann eine Last von maximal 25 kg auf einer Tagesetappe von ungefähr 20 Kilometer tragen. Sollte ihm auch nur ein Kilogramm zu viel aufgeladen werden, legt sich das Tier wegen seines äußerst ausgeprägten Gewichtsgefühls einfach zu Boden. Eine Lamakarawane besteht nur aus männlichen Tieren, die von einem Leittier angeführt wird, dem alle übrigen im Gänsemarsch folgen.

Lamas

Alpakas wurden gleichfalls aus dem Guanako gezüchtet und anschließend mit wilden Vicuñas gekreuzt. Sie leben in Höhen zwischen 4000 und 5000 Metern, in tieferen Regionen kann sich das Alpaka nicht so gut entwickeln und auch die Wollqualität leidet.

Hauptmerkmal des Alpakas ist sein langes, feines Fell in den Farben schwarz, weiß oder rotbraun, zottelige Gesichtsbehaarung, kürzere Beine, kürzere Ohren und einen kürzeren Hals als das Lama. Es ist das „Wollknäuel" unter den Kleinkamelen. Die Verarbeitung der Wolle ist unterschiedlich: Die Frauen auf dem Land verspinnen die Rohwolle traditionell mit Handspindeln zu groben Wollfäden und stricken daraus warme Kleidungsstücke. Daneben gibt es noch die industrielle Alpakawolle, die meist in den Spinnereien in Arequipa verarbeitet wird. Da es für die Wollverarbeitung praktischer ist, weiße Wolle zu haben, werden dunkle Tiere systematisch geschlachtet. Waren vor 50 Jahren noch 70 Prozent der Alpakas farbig, so sind es heute noch ein Prozent. So ist schwarze Alpakawolle heute selten und damit am teuersten. Alpakas sind aber nicht nur Woll-, sondern auch geschätzte Fleischlieferanten für delikate Braten.

Das **Vicuña** ist die Wildform des Alpakas. Es ist das zierlichste unter den vieren, und mit einer Schulterhöhe von ungefähr 80 Zentimetern auch das kleinste. Es hat sich am besten an den andinen Lebensraum angepasst. Sogar das Blut weist eine besondere, höhenspezifische Eigenschaft auf. Vicuñas können in Höhen bis zu 5000 Metern genauso überleben wie in nahezu wüstenartigen Steppen, wobei sie aber selten unter 3500 Metern zu sehen sind. Das Fell ist von gelbbrauner bis rotbrauner Farbe, das Bauchkleid jedoch weiß. Bei den Inka durfte nur der Herrscher Gewänder aus der seidenfeinen, kostbaren Vicuña-Wolle tragen.

Auf das Töten eines Vicunas stand die Todesstrafe. Vicuñawolle ist die teuerste Naturfaser der Welt, drei mal so fein und vier mal so teuer wie Kaschmirwolle. Deshalb wurde das Tier früher erbarmungslos gejagt und drohte auszusterben. Seit 1964 ist die Jagd verboten, die Tiere dürfen nur zu Schur vorübergehend eingefangen werden. Dabei verteilen sich, nach der alten Inkatradition *chaccu,* Männer mit einem kilometerlangen Seil über ihre Weidegebiete, um die Vicuñas in Pferche zu treiben. Pro Tier wird dabei nur etwa ein Pfund Wolle gewonnen, das Kilogramm kostet bis zu 500 Euro. Um die Vicuñas ranken sich Sagen:

Die Prinzessin der Anden

Die grazilen, scheuen Vicuñas sind Stoff zahlreicher Legenden und Sagen: Einst, so erzählt man es sich heute noch in den Anden, verliebte sich ein fünfzigjähriger König in ein hübsches, sechzehn-

jähriges Mädchen. Doch so sehr er sie auch umwarb, sie erhörte ihn nicht, im Gegenteil. Nach einigen Monaten war sie von den Annäherungsversuchen des Königs so verstört, dass sie ihm versprach ihn zu heiraten, wenn er ihr ein gänzlich aus Gold gewirktes Kleid bringe. Der König versammelte sogleich die besten Handwerker seines Reiches, doch keiner von ihnen vermochte Gold zu spinnen. So setzte er einen Preis aus: Wem es gelänge, aus dem harten Metall ein weiches Kleid zu machen, werde reich belohnt. Wer es aber versuche und nicht schaffe, müsse sterben.

Auf seiner Reise mit dem Mädchen zu den Webern des Landes wurden sie eines Tages an den Ufern eines Sees von der Dunkelheit überrascht und mussten dort übernachten. Das Mädchen beschloss ein Bad zu nehmen. Der König folgte ihr heimlich, denn wenn er sie schon nicht besitzen konnte, so wollte er sie wenigstens einmal nackt sehen. Dies erzürnte einen der Berggötter, Apu. Er verwandelte das Mädchen, gerade in dem Augenblick, da sie nackt aus dem Wasser stieg, in ein Vicuña. Sogleich sprang das Mädchen, nunmehr als graziles Tier, in dem ersehnten goldenen Kleid davon. Dem König sagte der Apu: „Du wirst das Kleid der Frau, die du begehrst, tragen können, doch sie selber wird dir niemals gehören." Vicuñas galten fortan als heilig. Sie zu töten galt als Frevel, und ihre Wolle durfte nur von Königen und ihren Familien getragen werden. Und niemals, so heißt es, sei ein Vicuña gezähmt worden.

Eine andere Sage berichtet, dass, als die Spanier nach Südamerika kamen, die Apus fürchteten, ihre Macht gegen die neue Religion zu verlieren. Da sie glaubten, dass sich die Eindringliche lediglich für das Gold interessierten, hofften sie, dass sie wieder in ihre Heimat zurückkehrten, wenn sie keines fänden. Deshalb verwandelten sie alle Goldminen beim Herannahen der Spanier in ein Vicuña.

11

Abstecher von Cusco in die südliche Selva

... Der Wald war wirklich entzückend und hochromantisch. Fortwährend zeigten sich hoch interessante Felspartien, Steine wie große Teller oder Tische standen umher. Lianen hingen über den Bach, Affen jagten davon und Papageien flogen kreischend auf.

Albert Perl: Durch die Urwälder Südamerikas, 1904

Laut erhebt mit Einbruch der Dämmerung ein ohrenbetäubendes Urwaldkonzert: Es zirpt und pfeift, quakt und quietscht, während der aufgehende Mond die gerade noch sattgrüne Urwaldpracht am still vorbeiziehenden Fluss in silbernes Licht taucht ...

Perus Provinz **Madre de Dios** beherbergt ein weltweit einzigartiges Spektrum tropischen Regenwaldes, der von den Hängen der Anden bis zur Amazonastiefebene reicht. Es ist eines der wenigen noch zusammenhängenden, großen und intakten Ökosysteme im amazonischen Regenwald und gilt als eines der artenreichsten Südamerikas.

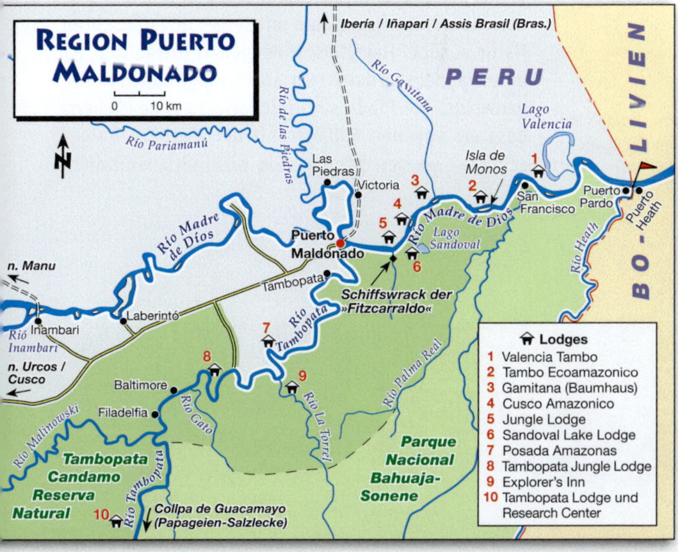

Im **Manu-Nationalpark,** dem größten Urwaldschutzpark der Erde, sind noch Jaguare heimisch, leben die berühmten Riesenottern, schwarze Mohrenkaimane, Tapire, zahllose Affenarten, Wasserschweine, Papageien und noch unzählige andere Tierarten.

Puerto Maldonado

Nur eine halbe Flugstunde von Cusco entfernt liegt Puerto Maldonado, das Sprungbrett in den Regenwald Südostperus. Auf dem Landweg über den Ort Quincemil dauert die Reise von Cusco in die Urwaldstadt mindestens drei Tage. Seit einiger Zeit hat sich die kleine Goldgräberstadt zum Anlaufspunkt für „urwaldhungrige" Touristen gemausert, die von hier aus Touren in den Regenwald unternehmen. Doch nach wie vor ist Puerto Maldonado ein richtiges Urwaldkaff mit einstöckigen Holz- und Wellblechhütten, einem kleinen Markt und staubigen Pisten, die sich in der Regenzeit in Morast und Schlamm verwandeln. Und noch immer liegt ein Hauch von Goldfieber in der Luft ...

Faszination Regenwald

Kaum jemand kann sich dem Bann entziehen, den der unberührte Regenwald mit seiner unverfälschten Natur ausübt. Herzstück einer jeden Urwaldtour ist eine Wanderung durch ein Stück jungfräulichen Regenwalds. Die Pfade sind teilweise so zugewuchert, dass sie von den Führern mit der Machete freigeschlagen werden müssen. Sie erklären ausführlich,

Pto. Maldonado am Río Madre de Dios

Bootstour auf dem Río Madre de Dios

wie die einzelnen Pflanzen von den Einheimischen genutzt werden, aus welchen Lianen Wasser getrunken werden kann und welche Baumrinden gegen Rheuma, Fieber oder Moskitos helfen. Zu bestaunen sind auch verschiedenste Urwaldriesen, wie etwa der „Telefonbaum“: Schlägt man gegen seine wuchtigen Brettwurzeln, erzeugt dies einen starken Ton, der noch in zwei Kilometer Entfernung zu hören ist. Nach der Demonstration antwortet oft jemand von einem anderen „Telefonbaum“.

Land der Orchideen und Schmetterlinge

Die Urwaldregion um Puerto Maldonado und hier insbesondere das Gebiet des Bahuaja-Sonene Nationalparks gilt als wahres Orchideen- und Schmetterlingsparadies. Von den farbenprächtigen Schmetterlingen, die wie elfenartige Wesen auf der Suche nach Nektar von Blüte zu Blüte tänzeln, wurden inzwischen über 3700 Arten gezählt (zum Vergleich: in Deutschland kommen nur 185 vor). Auch die Reichhaltigkeit an Orchideen in Peru ist überwältigend. In den verschiedenen Höhenlagen des Landes wurden insgesamt über 3000 Arten registriert, die in beeindruckenden Farben und in zierlicher Pracht nicht nur Botaniker, sondern jeden Pflanzenfreund begeistern.

Doch auch im tiefsten Regenwald haben Menschen ihre Spuren hinterlassen, die jedoch nach und nach von der „grünen Hölle“ verschluckt werden. Legendär ist die Geschichte, die sich um das Schiffswrack „Fitzcarraldo“ ranken und Werner Herzog zu seinem gleichnamigen Film inspirierten. Wahrscheinlich gehörte das Schiff Ende des 19. Jahrhunderts dem Kautschuckbaron Carlos F. Fitzcarrald, der es von Iquitos über den Río Urubamba bis zum Oberlauf eines Nebenflusses des Río Mishagua steuerte. Dort ließ der als skrupellos bekannte Kautschuckbaron von hunderten von Ureinwohnern eine Schneise durch den Urwald schlagen und danach das Schiff

Schiffswrack Fitzcarraldo

über den später nach ihm benannten *Istmo de Fitzcarrald* zum Oberlauf des Río Manu wuchten. Das Schiff diente als Kautschuktransporter, der peruanischen Flussmarine und ab 1940 einem Arzt als Hospitalschiff. Bei einem Jahrhunderthochwasser im Jahr 1960 wurde die Fitzcarraldo in den Urwald gedrückt. Das Wasser fiel so schnell, dass das Schiff in einer Urwaldsenke auf Grund lief. Jeder Versuch, es aus dem Urwald zu ziehen, schlug fehl. So rostet das Wrack mit den deutschen Armaturen heute still vor sich hin ...

Salzlecken – Collpas de los Guacamayos

Jeden Morgen und jeden Nachmittag wird an der roten Erdklippe *Collpa de los Guacamayos* im Nationalpark Tambopata-Candamo aufs Neue ein buntes und lautes Spektakel veranstaltet: Tausende von Papageien und Aras treffen sich an der Salzlecke, um die mineralreiche Erde zu fressen. Ein weltweit einzigartiges Naturschauspiel.

Rund 25 solcher *collpas* (Quechua für „salzige Erde“) hat man an den Flussufern im Südosten Perus gefunden, wobei die *Collpa de los Guacamayos* mit 200 Meter Länge die größte Südamerikas ist. Der Besuch einer solchen Salzlecke bietet eine Garantie dafür auch seltene Vögel, wie zum Beispiel Grünflügel- und Gelbbrustaras, Goldwangen- und Schwarzohrpapageien beobachten zu können. Die mineralsalzhaltige Tonerde zu fressen ist für die Vögel lebenswichtig, denn die oft von ihnen unreif verzehrten Früchte enthalten toxische Substanzen, auf die die salzhaltige Erde wie ein Gegengift wirkt. Gleichzeitig nehmen sie Mineralien auf, die in den Früchten nicht enthalten sind.

Nicht nur die Vögel wissen die Wirkung dieser speziellen Erde zu schätzen. Auch Affen, Tapiren und Wildschweine suchen die Salzlecken auf, und selbst die Menschen haben sie sich zunutze gemacht: Andenbewohner nutzen ihre Wirkung, um den toxischen Effekt von einigen wilden Kartoffelarten aufzuheben, Tieflandindianer mischen die Erde ihren Gerichten bei.

Service Pto. Maldonado

Information Av. Fitzcarrald 411, Tel./Fax 57-1413, und auf dem Flughafen. Vorwahl: 082.

Hotels **Residencial Cabaña Quinta,** Cusco 535, Tel. 57-1864. Fax 57-1045, cabanaquinta@webcusco.zzn.com, http.//webcusco.8m.com/c-quintahotel. Freundlich und familiär, mit schönem Garten, inkl. Transfer vom Flughafen, DZ bis 20 Euro.

Wasaí Lodge & Expeditions, Guillermo Billinghurst, Plaza Grau 1, Tel. 57-2290, Fax 57-1355, www.wasai.com. Kleines Hotel mit AC, Pool, Wasserski, eigenes Tourenprogramm, auch nach Manu, DZ ab 25 US$.

Don Carlos Puerto Maldonado Hotel, Av. Leon Velarde 1271, Tel. 57-1029, Fax 27-1323, www.tci.net.pe/doncarlos. Das beste Hotel im Städtchen mit Pool und Restaurant, DZ ab 30 US$.

Restaurants Typische Spezialitäten und traditionelle Gerichte der Region sind *Machagua con plátanos* (Schildkröteneier mit grünen Bananen), Schildkrötensuppe, *Patarashca* (in Bananenblätter eingewickelter Fisch) und *Parrillada al Selva* (Urwaldgrillfleisch). Empfehlenswerte Restaurants sind *La Cusqueñita,* Av. Ernesto Rivero 607, *El Mirador,* Billinghurst/Arequipa mit schöner Aussicht über den Río Madre de Dios und *El Tigre,* Tacna 456, mit seiner guten Cebichería.

Nachtleben Zum Tanzen bieten sich die Discos *Anaconda,* Loreto 230, und *Garotas Night Club,* San Martín 173, an.

Urwaldlodges **Tambopata Research Center,** Arequipa 401, Tel. 57-1056, Fax 57-2463, www.perunature.com oder über Rainforest Expeditions in Cusco, Portal de Carnes 236, Tel. 23-2772. Das Research Center wurde mit dem ECO Tourismo Award ausgezeichnet, die spartanisch eingerichtete Lodge ist nur 500 m von der weltweit größten Salzlecke *Collpa de los Guacamayos* entfernt; Basisprogramm 5 Tage/4 Nächte ab 550 Euro.

Explorer's Inn, Av. Fitzcarrald 136, Tel./Fax 57-2078, www.peruviansafari.com. Camp mit Hauptlodge, Küche, Buschhütten, bevorzugt Gruppentouristen, Basisprogramm 2 Tage/1 Nacht ab 125 Euro.

Wanamei Expeditions, in Cusco: Tandapata 100 A, Tel. 23-2341, wanamei@terra.com.pe. Acht indigene Gemeinden haben sich zu einer Kooperative zusammengeschlossen, um Touristen Expeditionen in ihr Stammesgebiet am Rio Madre de Dios anzubieten. Das Projekt wurde zwar 2001 mit dem Preis für sozialverantwortlichen Öko-Tourismus ausgezeichnet, doch die hochgesteckten Ziele konnten nicht erfüllt werden.

Manu – das verlorene Paradies

Der Manu-Nationalpark ist eines der wenigen noch intakten Urwaldgebiete der Welt. Das 1987 von der UNESCO zum Weltnaturerbe erhobene Gebiet ist mit seinen knapp zwei Millionen Hektar der größte Urwaldnationalpark der Erde. Hier darf weder gejagt noch gefischt noch dem Urwald etwas entnommen werden, schon gar keine Bäume. Auch in das Flusssystem darf nicht eingegriffen werden. Um einerseits dieses einzigartige Naturreservat zu schützen, andererseits aber auch Besuchern die Möglichkeit zu geben, es kennenzulernen, wurde der Manu-Nationalpark in drei Zonen unterteilt.

Nur die **Zona Cultural** ist frei zugänglich, hier befinden sich einige Lodges. Der Zutritt zur **Zona Experimental** ist Touristen nur nach der Erteilung einer Genehmigung erlaubt. Die Genehmigungen sind limitiert und nur über Agenturen zu bekommen, die ausgewiesenermaßen Öko-Tourismus anbieten. Die rund Dreiviertel des gesamten Nationalparks einnehmende **Zona Natural** darf bloß von Wissenschaftler und Anthropologen betreten werden. Daneben gibt es noch eine vierte Zone für die Volksstämme der *Nahua* und *Kugapakori,* in der die Indianer ihrem traditionellen Urwaldleben nachgehen können.

Unzählbare Artenvielfalt

Der Manu-Nationalpark erstreckt sich über drei unterschiedliche Öko- bzw. Höhenzonen: Von der *Puna* mit nur spärlicher Vegetation zieht er sich über den tierreichen *Bosque nuboso* (Nebelwald) bis in die fauna- und florareiche *Selva tropical* (Regenwald

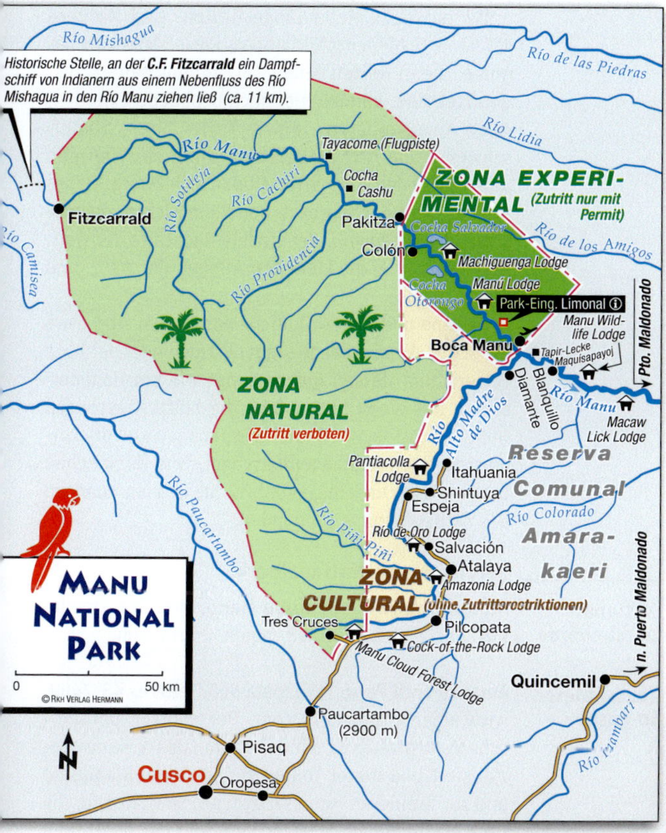

Amazoniens) am Ostabfall der Anden hinab. Er ist Habitat für eine unvergleichliche Artenvielfalt. Pro Hektar konnten über 200 verschiedene Säugetier-Spezies, 1000 Vogelarten, 15.000 Pflanzen- und mehr als 200 Baumarten gezählt werden. Weite Teile des Parks sind noch immer unerforscht. Die eigenartigen Glockengeräusche, die im Urwald manchmal zu hören sind, stammen nicht etwa von entfernten Kirchenglocken, sondern vom Flechtenglöckner-Vogel, und viele Bäume, in deren Geäst Bromelien, Epiphyten und Baumfarne wuchern, werden hier über 30 Meter hoch.

Bis zu sechs Meter lange Brillen- und Mohrenkaimane, Schienenschildkröten, Riesenotter und Jaguare, die in weiten Teilen Amazoniens bereits ausgerottet sind, können hier noch beobachtet werden. Auch Ameisenbären, Tapire, Brillenbären, Sumpfschweine und Affen leben hier. Unter den dreizehn vorkommenden Affenarten finden sich Zwergseidenäffchen, Kaiserschnurbart- und Baumrückentamarine sowie der *Musmuqui,* der einzige Nachtaffe der Welt. Auch *Tamarine,* die kleinsten Äffchen der Welt, sind hier zu Hause.

Seltene und ungewöhnliche Vogelarten sind etwa der schneckenfressende Kragenkranich oder der Rote Felsenhahn, dessen Ruf so klingt wie ein Hammerschlag auf einen Stein. Oder die blätterfressenden *Hoatzine* (Stinkvögel) mit Pansenmagen und die kormoranartigen Schlangenhalsvögel. Und dazwischen immer wieder unzählige Kolibris, die in allen Nuancen des Farbspektrums schimmern.

Service Manu-Nationalpark

National-parkbehörde

Administracón del Parque Manu, Urb. Sta. Ursula K 8, Cusco, Tel. 24-0898, pqnm@terra.com.

Touranbieter in Cusco

Amazon Trail Peru, Tandapata 660, Tel./Fax 43-7499, www.amazontrailsperu.com. Der deutsch-peruanische Veranstalter ist auf den Nationalpark Manu spezialisiert und bietet Touren zur Salzlecke Blanquillo und zur Tapirlecke Maquisapayoj an. Spezialist für die Casa Machiguenga in Manu, ein von der deutschen GTZ unterstütztes Entwicklungshilfeprojekt, von dem die Machiguenga direkt profitieren.

Pantiacolla Tours, Plateros 360, Tel. 23-8323, Fax 25-2696, www.pantiacolla.com. Spezialisiert auf die Yine-Lodge in Manu, kleine Gruppen, exzellenter Service, hochwertige Ausrüstung, auch Individualarrangements.

Manu Caiman Jungle Spezialist, Plateros 356, Tel. 25-4041, Fax 25-4042, www.manucaiman.com. Exklusivanbieter für das Caiman Camp in der Nähe der Cocha Salvador in Manu.

Ayacucho – Der Winkel der Toten

Sandsäcke versperrten das Kirchentor bis auf Brusthöhe. Eine Kreidetafel verkündete, das Gebäude werde derzeit einer Generalrenovierung unterzogen (...) Keine Holzbänke, keine Heiligen. Kein Abendmahltisch. (...) Eine drei Zentimeter dicke Pressholzplatte schwang unter meinen Füßen, wo die Granate explodiert war. Dunkle Flecken zogen sich über den Boden bis zum Eingang. Wessen Körper hatten sie da nach draußen gezerrt?

Nicholas Shakespeare: Der Obrist und die Tänzerin, 1995

„Winkel der Toten" bedeutet „Ayacucho" auf Quechua. Fast scheint es, als sei der Name der Stadt und des gleichnamigen Departamentos bedeutungsgleich für die peruanischen 1980er Jahre. Denn die Aktivitäten der Terrororganisation *Sendero Luminoso* (s.S. 222) und der Gegenterror des peruanischen Militärs forderten alleine hier in diesem bitterarmen Landstrich 20.000 Todesopfer.

Doch schon sehr viel früher stand diese Region im Mittelpunkt. Funde des Pikimachy-Volkes wurden auf 10.000 v. Chr. datiert, und die Wari gründeten hier die Hauptstadt ihres andinen Präinkareichs. Die heutige Hauptstadt des Departamentos Ayacucho liegt auf 2761 Meter Höhe und wurde 1539 von den Spaniern unter dem Namen *Huamanga* gegründet, um den wichtigen Handelsweg von Lima nach Cusco zu sichern. 1824 fand hier eine der Entscheidungsschlachten im Unabhängigkeitskampf Südamerikas statt: Die spanische Armee musste kapitulieren und der spanische Vizekönig sich General Sucre ergeben. Danach erhielt die Stadt ihren alten Namen zurück.

Kinder in Ayacucho

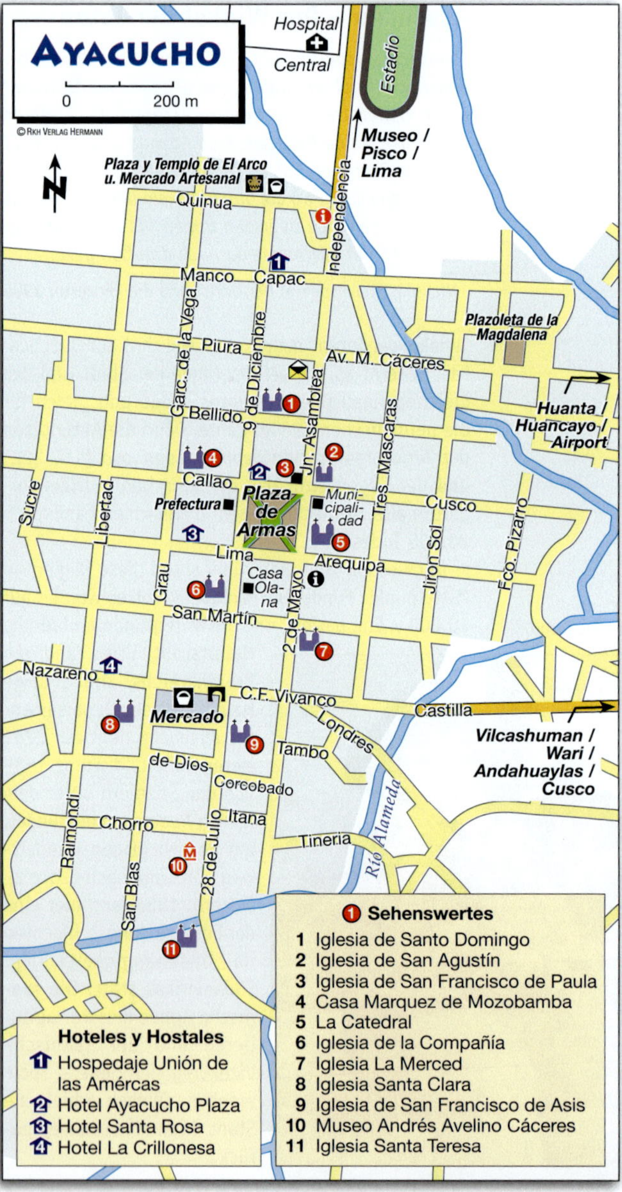

Ayacucho
0 200 m
© Rkh Verlag Hermann
Hospital
Central
Estadio
Museo / Pisco / Lima
Plaza y Templo de El Arco u. Mercado Artesanal
Quinua
Independencia
Manco Capac
Garc. de la Vega
9 de Diciembre
Piura
Av. M. Cáceres
Plazoleta de la Magdalena
Jn. Asamblea
Bellido
Huanta / Huancayo / Airport
Tres Mascaras
Callao
Plaza de Armas
Prefectura
Muni-cipali-dad
Cusco
Sucre
Libertad
Lima
Arequipa
Jiron Sol
Fco. Pizarro
Grau
Casa Ola-na
2 de Mayo
San Martín
Nazareno
Mercado
C.F. Vivanco
Castilla
Londres
Tambo
Vilcashuman / Wari / Andahuaylas / Cusco
de Dios
Corcobado
Itana
Chorro
Tineria
Río Alameda
Raimondi
San Blas
28 de Julio
Sehenswertes
1 Iglesia de Santo Domingo
2 Iglesia de San Agustín
3 Iglesia de San Francisco de Paula
4 Casa Marquez de Mozobamba
5 La Catedral
6 Iglesia de la Compañía
7 Iglesia La Merced
8 Iglesia Santa Clara
9 Iglesia de San Francisco de Asis
10 Museo Andrés Avelino Cáceres
11 Iglesia Santa Teresa
Hoteles y Hostales
1 Hospedaje Unión de las Amércas
2 Hotel Ayacucho Plaza
3 Hotel Santa Rosa
4 Hotel La Crillonesa

Heute ist Ayacucho mit ihren 120.000 Einwohnern ein geruhsamer Ort, mit einem angenehmen, trockenen Klima. Die typische Kolonialstadt wartet mit nicht weniger als 36 Kirchen auf und ist zugleich ein wichtiges Universitätszentrum. Jedes Jahr zur Karwoche zeigt sich Ayacucho von seiner schönsten Seite: Mit zahlreichen Prozessionen und Fiestas wird die *Semana Santa* begangen.

Kirchen, Kirchen, Kirchen ...

Ausgangspunkt des Stadtrundgangs ist die hübsche *Plaza de Armas,* wegen des Reiterstandbilds von *José de Sucre* in der Mitte auch *Plaza Sucre* genannt. Hier befinden sich die Municipalidad, der Regierungspalast und die Prefectura. Beherrscht wird die Plaza jedoch von der Kathedrale. In dem mächtigen Bau aus dem Jahr 1671 sind die für Ayacucho typischen Goldaltäre in stark überladenem barocken Baustil zu bewundern.

In der *Iglesia de San Agustín* finden sich sehenswerte Gemälde, meistens ist sie jedoch geschlossen. Mehr Glück hat man in der *Iglesia de Santo Domingo,* auffallend an dem von 1548 bis 1562 errichteten Bau ist der wie ein italienischer Campanile von der Kirche getrennt stehende Glockenturm, an dem von der Inquisition die zum Tode Verurteilten aufgehängt wurden. Besonders schön ist der mit Kunstwerken ausgeschmückte Kreuzgang.

Hinter der ungewöhnlichen klassizistischen Fassade der *Iglesia de San Francisco de Paula* aus dem 18. Jahrhundert verbergen sich neben der wohl schönsten Kanzel Ayacuchos sechs Taschentücher, die 1768 ein Geschenk des spanischen Königs waren. Die Jesuitenkirche *Iglesia de la Compañía* aus dem Jahr 1605 beeindruckt mit einem besonders schönem barocken Hochaltar und dem Gemälde des Todeskampfes Jesu, das am Karfreitag in einer großen Prozession durch die Straßen Ayacuchos getragen wird. Das karge Äußere der *Iglesia Santa Clara* steht im Gegensatz zur prächtigen maurischen Kassettendecke mit vergoldeten Medaillons und der Kanzel aus Zedernholz. Und die *Iglesia San Francisco de Asís* beeindruckt mit ihren prächtigen Goldaltären.

... und dazwischen Weltliches

Auch weltliche Pracht ist zu bestaunen, wie etwa die *Casa Olano,* ein sehenswertes und stilvoll restauriertes Kolonialhaus, oder die koloniale *Casa de los Jaúregui* aus dem 16. Jahrhundert mit ihrem reich verziertem Portal und Balkon. In einem anderen reizvollen Kolonialhaus, der *Casona Vivanco* aus dem 17. Jahrhundert, ist das **Museo Andrés Avelino Cáceres** (Mo–Sa 8–12.30 und 14–18 Uhr) untergebracht. Neben zahlreichen Möbeln, Einrichtungsgegenständen und Gemälden der Cusqueñer Malschule sind vor allem Waffen aus der Kolonialzeit und Artefakte des gleichnamigen Kriegshelden aus dem Salpeterkrieg ausgestellt. Der Aufarbeitung der Terrorzeit in den 80er Jahren ist das **Museo de la Memoria** gewidmet. Die Gedenkstätte wurde von Angehörigen der Verschwundenen gestaltet, ausgestellt werden Erinnerungsstücke an die Toten, wie Kleidung, Briefe und Fotos, mit denen die Opfer des Terrors erstmals ein Gesicht bekommen. Ein eindrucksvolles Haus, in dem an das dunkelste Kapitel aus Perus jüngerer Geschichte erinnert wird.

Ein weiteres interessantes Museum ist das **Museo de Antropología y Arqueología Hipólito Unánue** (Mo–Fr 9–17 Uhr, Sa 9–12 Uhr), in dem vor allem sehr feine, mehrfarbige Keramiken und Monolithen aus der noch kaum erforschten Wari-Kultur ausgestellt werden. Einen Besuch ist auch der reizvolle, täglich stattfindende **Mercado** wert, auf dem typisches Kunsthandwerk der Region zu finden ist: Silberwaren im Mudéjar-Stil, kunstvoll geschnitzte Alabasterfiguren *(Piedra de Huamanga)* und die bis zu einem halben Meter hohe Altarkästchen *(Retablos)* mit bunten Tonfiguren, die aus Mais- oder Kartoffelmehl geknetet werden.

Retablo aus Ayacucho

Service Ayacucho

Tourist-Info

I-Peru, die Infostelle von PromPerú, ist in der Municipalidad, Plaza de Armas, Tel. 81-8305, iperu@promperu.gob.pe, www.peru.org.pe, Mo–Fr 8.30–16 Uhr. Ayacucho im Internet: www.warinet.com.pe Vorwahl: 066.

Unterkunft

Hospedaje Unión de las Américas, Manco Cápac 319, Tel. 81- 2831. Sehr saubere Zimmer in hübschem und freundlichem Ambiente, DZ 15 US$.

Hotel Santa Rosa, Lima 166, Tel./Fax 81-2083. Altes Haus im Kolonialstil, sehr freundliches Personal und ein nettes Restaurant, DZ ab 25 US$.

Hotel Ayacucho Plaza, 9 de Diciembre 184, Tel. 81-2202, Fax 81- 2314, otorres@derramajae.org.pe, www.derramajae.org.pe. Koloniales Gebäude mit sehr netter Atmosphäre, gutem Restaurant und gemütlicher Bar, DZ ab 50 US$.

Restaurants

Zum Frühstück kann das *Lalo's Pan,* Asamblea 458, empfohlen werden. Regionale Fleischgerichte, Pisco und Weine bietet *El Monasterio,* Centro Turístico Cultural San Martín, 28 Julio 178. Regionale Küche mit typischen Gerichten Ayacuchos werden auch im *Urpicha,* Londres 272, und *Miski Mikuy,* Garcilaso de la Vega 461, serviert. Wer Lust auf einen Eisbecher verspürt ist in der *Confiteria La Miel* an der Plaza Portal Constitución richtig.

Unterhaltung

Centro Turístico Cultural San Martín, 28 de Julio 178, im ehemaligen Priesterseminar San Cristóbal de Huamanga mit Restaurants, Galerie und Kultureinrichtung, wochentags Freiluftkino (nur abends). Das Nachtleben von Ayacucho ist aus dem Dornröschenschlaf erwacht – im Bereich der Asamblea/Bellido/Cáceres gibt es zahlreiche Kneipen und Discos, wie z.B. *La Nuevo Ley* oder *Carpe Diem,* beide in der Av. Cáceres. Eine schöne Peña ist *Los Balcones,* Asamblea 187 (2. Stock).

Touranbieter

Morochucos Travel Service, 28 de Julio 147, Tel./Fax 81-1441. Empfehlenswerter Anbieter für Ausflüge in die Umgebung, langjähriger Erfahrung.

Sendero Luminoso

Der „Leuchtende Pfad“ entstand 1980 in den Andentälern um Ayacucho, eine der ärmsten Gegenden Perus, von wo bereits in den Jahren zuvor ständig soziale Unruhen ausgegangen waren. Unter der Führung von Abimael Guzmán kämpfte die Guerilla-Organisation bis in die 1990er Jahre mit Waffengewalt für die Selbstbestimmung der andinen Bevölkerung. In ganz Peru wurden Aufstände angezettelt, Brandanschläge auf Industriegebiete verübt, Hochspannungsmasten gesprengt und Generalstreiks organisiert.

Mit Hilfe der Antiterrorgesetze versuchte die peruanische Regierung der Gewalt Herr zu werden und ordnete Gewaltanwendung, Folter, Bombardierungen von Dörfern und willkürlichen Hausdurchsuchungen an. An die Campesinos erging die Aufforderung, Fremde zu ermorden, es entwickelte sich eine Gewaltspirale, die über 20.000 Opfer forderte. Ganze Dorfgemeinschaften wurden verhaftet, 300.000 Andenbewohner verließen das Hochland. Erst mit der Verhaftung Guzmáns gelang es Präsident Fujimori 1992 die Terrororganisation weitgehend niederzuschlagen.

Ausflüge in die Umgebung

Wari und Quinua

Wie die Stadt der **Wari** einst tatsächlich geheißen hat, ist unbekannt, deshalb wurde sie einfach nach der Wari-Kultur benannt. Hier war das Zentrum einer Zivilisation, die im 9. Jahrhundert n.Chr. ihre Blütezeit hatte. Sie weist deutliche Parallelen zu der klassischen Tiwanaku-Kultur auf, auch Elemente der Nasca-Kultur sind zu finden. Allzuviele Relikte sind nicht erhalten geblieben. Zu sehen sind sorgfältig gearbeitete Steinplatten als Reste oberirdischer Rundbauten, Opfersteine, unterirdischer Kammern und gut erhaltene Wassersysteme, daneben viele Scherben bunt bemalter Keramikgefäße und Tonfiguren.

Die Weitläufigkeit der Anlage lässt vermuten, dass hier einmal sehr viele Menschen lebten. Einzelne Viertel, wie etwa das der Handwerker, ließen sich durch die Funde zahlreicher Werkzeuge bestimmen. Außerdem wurde ein großer Fürstenfriedhof entdeckt.

Neben der Ausgrabungsstätte befindet sich das neue *Museo del Sitio* mit zahlreichen Keramiken und anderen Fundstücken.

Das Töpferdorf **Quinua** mit einer kleinen Kolonialkirche und einem Sonntagsmarkt ist ein beschaulicher, hübscher Ort. Auf allen Hausdächern sind kleine Tonkirchen und Figuren angebracht, um die Bewohner vor bösen Geistern zu schützen. In der Nähe erinnert ein riesiges Denkmal an die Unabhängigkeitsschlacht am 9. Dezember 1824. An dieser Stelle besiegten etwa 6000 Kämpfer unter General Sucre 10.000 Königstreue in der letzten Schlacht um die Unabhängigkeit Perus.

Die Inkaruinen von Vilcashuamán

Ein anderer Ausflug führt durch bizarre Berglandschaften zunächst über einen 4240 Meter hohen Pass ins Tal des Río Mayopampa und weiter in den Ort Vischongo. Die Ruinen von Vilcashuamán zeigen Reste eines Sonnentempels und die Mauern einer alten Festung in typischer Inkabauweise. Im Ort selber befindet sich ein Orakelstein mit zwei welligen Rinnen, in denen früher aus dem Blutstrom eines geschlachteten Lamas geweissagt wurde.

12

Die Nordküste

Das Reisen an der Küste von Peru ist beschwerlich, da die Wege durch Sandflächen führen, in denen man oft 20 bis 30 Meilen weit keine Spur von Vegetation sieht, keinen Tropfen Wasser findet. Man sucht daher so viel als möglich die Nacht zu benutzen, um von der brennenden Tropensonne nicht allzu sehr zu leiden. Wenn aber der Mond nicht scheint, oder der Nebel die sicher weisenden Sterne verschleiert, dann verfehlt man leicht die vorgesetzte Richtung und reitet viele Stunden auf falschem Wege. (...) In diesem Falle ist es gewöhnlich um das Leben des Reisenden gethan (...).

Johann Jacob von Tschudi:
Peru-Reiseskizzen aus den Jahren 1838–1842, 1846

So unwirtlich die Nordküste Perus auch ist – dieser Landstrich gilt als Wiege der Hochkulturen des Landes. Hier findet sich die älteste Stadt ganz Amerikas, *Caral,* und der Ruinenkomplex von *Chan Chan,* das einst die größte der Stadt der Welt war. Sagenhafte Schätze wurden in den Herrschergräbern bei Chiclayo gefunden, und ein ganz anderes Erbe ist hier bis heute lebendig geblieben: Hexer und Magier heilen mit uralten Riten die Kranken.

Das Gesicht des Küstenstreifens ändert sich in den letzten Jahren. Fuhr man bis vor einigen Jahren zwischen Chiclayo und Piura noch durch staubtrockene Wüste, so findet man hier heute mancherorts grünen Bewuchs, manchmal sogar Felder. Ursache ist das Klimaphänomen *El Niño,* das immer häufiger stattfindet und durch das verstärkt Niederschläge fallen.

Die Ruinen von Sechín

Am Rande einer gespenstischen Mondlandschaft, in der es nichts als Steine und ein paar riesige Kakteen gibt, liegen 370 Kilometer nördlich von Lima die Ruinen von **Sechín.** Die auf 1800 bis 1300 v.Chr. datierte Anlage beeindruckt mit einem quadratischen Hauptbau, der von einer Mauer aus mächtigen Steinpfeilern umgeben ist. Über

300, teils tonnenschwere Reliefplatten sind mit Kampfszenen verziert, die Krieger, Sterbende und Leichenteile zeigen. Die Gesichter weisen eine Übereinstimmung mit der Raubkatzengottheit von Chavín auf, weshalb Sechín dieser Kultur zugerechnet wird. Daneben werden in einem kleinen Museum Keramiken und Mumien ausgestellt.

In der Nähe von Sechín wurden im Jahr 2000 außerdem 35 Meter große Geoglyphen entdeckt, die von einem Hügel aus betrachtet werden können. Vermutlich wurden sie um 1200 v.Chr. erschaffen, doch von wem ist unbekannt.

Bunte Stadt Trujillo

Ein warmes, frühlingshaftes Klima und die farbenfrohe spanische Kolonialarchitektur machen Trujillo zu einem angenehmen Ort. Mit ihren 510.000 Einwohnern ist sie die drittgrößte Stadt Perus. Sie wurde wurde 1534 von Diego de Almagro zu Ehren der spanischen Geburtsstadt Francisco Pizarros gegründet und war Sitz zahlreicher Vizekönige. Dort, wo heute die Avenida España ringförmig um die Innenstadt führt, wurde Trujillo im 18. Jahrhundert zum Schutze vor Seeräubern mit einem Wall umgeben. Während die Stadt Ende des 19. Jahrhunderts ein Handelszentrum für Zuckerrohr war, spielen wirtschaftlich nun neben dem Zucker auch Kupfer und Steinkohle

Die bunten Hausfassaden von Trujillo

eine Rolle. Bis heute ist Trujillo stolz auf seine Pasofino-Pferde, die jedes Jahr im September beim Festival de Primavera durch die Straßen tänzeln.

Koloniale Pracht ...

Mittelpunkt der Stadt ist die große **Plaza de Armas,** in deren Mitte zur Erinnerung an die hier 1820 erfolgte Unabhängigkeitserklärung Perus ein gewaltiges Freiheitsdenkmal steht. An der Plaza findet sich eine der ältesten Kathedralen des Landes. Bunte Kolonialbauten mit schön geschnitzten Holzbalkonen aus der Blütezeit der Stadt im 17. und 18. Jahrhundert säumen sie, mächtig erheben sich das erzbischöfliche Palais und die Municipalidad.

Zahlreiche Erdbeben setzten den zehn Kolonialkirchen im Laufe der Jahre zu, dennoch sind einige schöne Gotteshäuser erhalten geblieben, wie etwa die **Iglesia La Merced** mit ihrer kunstvoll geschnitzten Kuppel und einer Rokoko-Orgel aus dem 17. Jahrhundert.

Der neoklassizistische **Palacio Iturrégui** aus dem 18. Jahrhundert zeugt mit seinen prächtigen und schmiedeeisernen Gittern und hübschem Innenhof von vergangenem Reichtum. Benannt wurde er nach dem General Iturrégui, der hier 1820 die Unabhängigkeit der Stadt von den Spaniern vorbereitete. Heute gehört das Gebäude dem exklusiven Club Central.

... inmitten alter Kulturen

Trujillo kann auch auf eine reiche präkolumbische Geschichte zurückblicken. Das Tal des Río Moche wurde um 200 n.Chr. von den Mochica bewohnt, die gewaltige Bauwerke wie die Sonnen- und Mondpyramide schufen. Bekannt wurde die Kultur vor allem durch ihre erotischen Darstellungen auf Keramiken und durch kunstvolle Figuren in Vasenform, aber auch durch ihre Bewässerungssysteme und Techniken der Metallverarbeitung. Die Mochica wurden um 1000 n.Chr. von den Chimú abgelöst, die von ihrer aus Lehmziegeln erbauten Hauptstadt Chan Chan aus über ein gewaltiges Küstenreich herrschten. Eine große Mochica- und Chimú-Keramiksammlung kann im Museo de Arqueología bewundert werden, das Museo Casinelli präsentiert ebenfalls eine beeindruckende Sammlung aus der Mochica-, Chavín- und Chimú-Kultur.

Die Pyramiden der Mochica

Es müssen Abertausende Arbeiter gewesen sein, die um 700 n.Chr. die Tempelanlagen **Huaca de la Luna** und **Huaca del Sol** aus Lehmziegeln errichteten. Dass es sich bei den mächtigen Bauten um Heiligtümer handelte, ist unbestritten, doch die Namen „Mond-“ und „Sonnenpyramide“ sind frei erfunden.

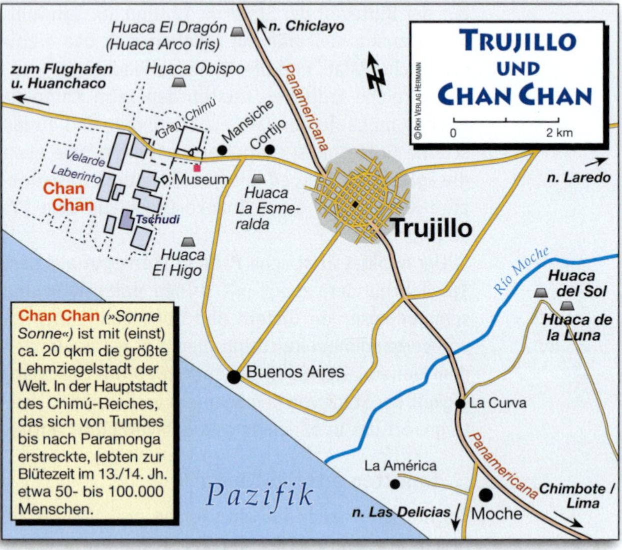

Die 80 x 60 Meter große Mondpyramide besteht aus sechs großen Stufen. Jede der drei Meter hohen Stufen ist mit unterschiedlichen, riesigen Ornamenten bedeckt, die Tiere und Gottheiten darstellen. Im Innern der Pyramide finden sich Malereien und Reliefs, die in mühevoller Kleinarbeit von Archäologen restauriert wurden.

Die in der Nähe liegende, mit ihren 340 x 220 Metern riesige **Sonnenpyramide** gilt als das größte Bauwerk Südamerikas und ist noch weitgehend unerforscht. Um Zerstörungen vorzubeugen, darf sie nicht bestiegen werden. Es wird vermutet, dass dieses Bauwerk ähnliche Schätze birgt wie die Huaca de la Luna.

Detail der Tempelanlage Huaca de la Luna

Chan Chan, das Erbe der Chimú

Schätzungsweise 100.000 Menschen lebten im 13. und 14. Jahrhundert in **Chan Chan,** das einst die Hauptstadt des mächtigen Reiches der Chimú war. Damit beherbergte die aus Lehmziegeln erbaute, ca. 20 qkm große Stadt zu dieser Zeit die meisten Einwohner der Welt. Bis heute sind die Dimensionen der größtenteils verfallenen Stadtviertel, in denen einst Lagerräume, Truppen und verschiedene Berufsgruppen untergebracht waren, beeindruckend, auch wenn El Niño den Lehmziegelbauten stark zugesetzt hat, so dass sie an ein geschmolzenes Wachskunstwerk erinnern.

Eine gnadenlose Sonne brennt auf die 1988 zum UNESCO-Weltkulturerbe ernannten verfallenen Bauten herab. In der Stille wirbeln Winde Staub auf, der bis in die letzten Ritzen dringt. Es überrascht nicht, dass die Chimú das Wasser besonders verehrten. Sie leiteten das Wasser des Río Moche in die von einer 12 Meter hohen Mauer umgebene Stadt und schufen so mitten in der Wüste ausgedehnte Gartenanlagen. Den Inka gelang 1460 ein rascher Sieg über die Chimú, indem sie der Wüstenstadt das Wasser absperrten. Die Chimú waren besonders berühmt für ihre feinen Goldschmiedearbeiten. Der **Tumi,** ein halbmondförmiges Zeremonialmesser mit dem Griff in Form einer edelsteingeschmückten männlichen Figur, wurde hier gefertigt. Die Inka verschleppten Chimú-Kunstschmiede und Handwerker nach Cusco, was aus der übrigen Bevölkerung Chan Chans wurde, ist nicht bekannt.

Tumi

Chan Chan bei Trujillo

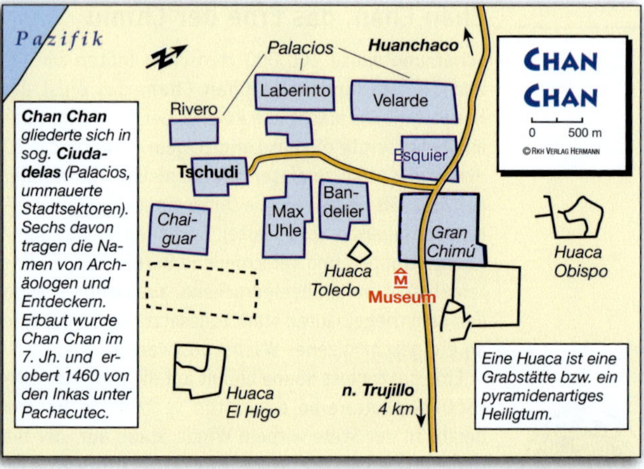

Bis heute sind viele der fein gearbeiteten Adobereliefs in dem nach dem Schweizer Südamerikaforscher *Johann Jakob von Tschudi* (1818–1889) benannten **Palacio Tschudi** gut erhalten. Der Zeremonialpalast ist von einer mächtigen Mauer umgeben, dahinter liegen riesige Plätze, Gänge und Hallen, die mit Pelikanen, Fischen und Vögeln verziert sind.

Außerhalb von Chan Chan lagen die Huacas, pyramidenartige Heiligtümer, die meist dem Mond geweiht waren. Besonders beeindruckend ist die **Huaca del Dragón**, ein Tempel der aus der Mochica-Epoche stammt und von den Chimú übernommen wurde. Hinter mächtigen Adobemauern liegt ein gewaltiges Bauwerk, dessen Wände über und über mit gut erhaltenen symbolischen Regenbogen, Drachen (dragón) und Tausendfüßlern verziert sind. In der **Huaca La Esmeralda** sind Fische, Vögel, Rauten und Wellen in fein gearbeiteten Lehmornamenten zu bewundern, das Lehmbauwerk wurde jedoch durch Regenfälle stark in Mitleidenschaft gezogen.

Reliefdetail der Huaca La Esmaralda

In dem kleinen Fischerort **Huanchaco** ist ein Erbe aus der Mochica- und Chimú-Epoche lebendig geblieben: Auf aus Schilf gefertigten Booten „reiten" die Fischer damals wie heute rittlings auf das Meer hinaus. Dass sich ihre Meeresfahrzeuge über die Jahrhunderte kaum verändert haben, zeigen über 200 Jahre alte Keramiken, auf denen die *Caballitos de Totora*, „Schilfrohrpferdchen", abgebildet sind. Einziges Zugeständnis an die moderne Zeit sind leere Plastikflaschen, die als Schwimmkörper eingearbeitet sind.

Service Trujillo

Information

i-Peru, Plaza de Armas, in der Municipalidad, Tel. 29-4561, www.peru.org.pe.

Gute Website mit Hotels, Restaurants, Festkalender und zahlreichen touristischen Informationen: www.mitinci.gob.pe/regiones/libertad. Vorwahl: 044.

Hotels

Hospedaje Los Tumbos, Prol. Victor Larco 1648, Tel. 46-2032. Schön eingerichtete Zimmer mit Blick aufs Meer, DZ ca. 15 US$.

Hotel Los Conquistadores, Diego de Almagro 586, Tel. 24-4505, Fax 23-5917, conquistadores@computextos.com.pe. Komfortable Zimmer in angenehmem Ambiente, DZ a65 US$.

Hotel Libertador, Independencia 485, Plaza da Armas, Tel. 23-2741, Fax 23-5641, www.libertador.com.pe. Bestes Hotel der Stadt mit Pool, DZ ab 65 US$.

Die „Schilfrohrpferdchen" von Huanchaco

Restaurants

Traditionell wird in Trujillo *Cebiche mit Camote und Yuca* gegessen. Spezialitäten der Region sind *Ajiaco de Cuy* (Meerschweincheneintopf) und *Cabrito*, zartes Ziegenfleisch in Maisschnaps mit Bohnen und Reis sowie Fischgerichte.

Im *El Mochica*, Bolívar 462, gibt es typische regionale Gerichte, familiäres Ambiente. *La Taberna*, Husares de Junín 350 (La Merced), bietet Hähnchenvariationen und am Wochenende regionale Folklore.

Unterhaltung

Die Disco der Stadt befindet sich im Vergnügungskomplex *Luna Rota*, Av. América Sur 2127. Das *Las Tinajas*, Plaza de Armas, ist ein Pub mit angeschlossener Disco im schönen Ambiente eines Kolonialhauses.

Touren

GUIA Tour, Independencia 580, Tel. 23-4856; empfehlenswerter Touranbieter.

CONTOUR, Francisco Pizarro 478, Plaza de Armas. Touren zu allen Sehenswürdigkeiten der Umgebung, freundlich und hilfsbereit.

Touristenführer

Claudia Riess, Mz B1, Lt. 12, 5ta Etapa, San Adres, V. Larco, Tel. 28-8546, rompecabezas88@hotmail.com; deutschsprachige Führerin mit fundiertem Wissen über die Mochica und Chimú.

Einkaufen

Shopping Center Apiat, Av. España neben dem Shopping Zona Franca; eine gute Adresse für günstiges Kunsthandwerk und handgefertigte Unikate.

Chiclayo

Die Hauptstadt des Departamento Lambayeque ist mit 240.000 Einwohnern ein rasch wachsendes, geschäftiges Agrarzentrum in trockenheißem Klima und dank künstlicher Bewässerung umgeben von Reis- und Weizenfeldern, Zuckerrohr- und Baumwollplantagen.

Chiclayos Hauptattraktion ist der *Mercado de Hierbas*, der Kräutermarkt, auf dem sich die traditionelle Volksmedizin mit Kräutern, Salben und Wundermittel gegen allerlei Gebrechen und Krankheiten findet.

Auch Rehfüße, Stinktierfelle, Tukanköpfe, Schlangenhäute, Zauberstäbe und Heiligenbilder sind hier zu haben, alles Zutaten, die Schamanen und Quacksalber brauchen um Patienten zu heilen. Wie einst töten hier *Curanderos* Meerschweinchen, studieren den Mageninhalt und stellen danach die Diagnose.

Chiclayo ist aber vor allem Ausgangspunkt für den Besuch der **Grabstätten von Sipán,** wo erst 1987 ein unberührtes Grab eines Mochica-Herrschers entdeckt wurde. Der Fund des mit reichen Beigaben versehenen Grabes war eine archäologische Sensation, denn nur sehr selten werden unversehrte Königsgräber gefunden. Er rief aber auch unter den Grabräubern der Gegend eine wahre Goldgräberstimmung hervor (s. Exkurs).

Die Grabbeigaben des etwa 35 Jahre alten Mannes waren außerordentlich zahlreich und wertvoll: Eine goldene Totenmaske, Brust-, Hüft- und Beinpanzer aus Gold, goldener Nasen- und Kinnschmuck, Ohrpflöcke aus Gold und Türkisen, Kupfer-Sandalen ...

Grabräuber

Nachdem 1987 in der Nähe von Chiclayo das Grab des Herrschers von Sipán mit seinen Reichtümern entdeckt worden war, führte dies in Nordperu geradezu zu einer Massenhysterie. In Scharen begann die Bevölkerung in der Erde nach Schätzen zu wühlen, in der Hoffnung, wertvolle Altertümer zu finden, die sich an Sammler verkaufen lassen.

In den letzten 30 Jahren wurden in ganz Peru rund 200.000 archäologische Stätten von *huaceros,* Grabräubern geplündert und Mumien geschändet. Dabei werden ganze Grabgebiete zerstört und für eine wissenschaftliche Erforschung wertlos. In letzter Zeit hat die Zahl der verarmten Bauern, die mit dem Verkauf von Artefakten ihre Familien ernähren, zugenommen. Das Wissen um die besten Fundstellen wird von Generation zu Generation weitergegeben, manchmal werden auch zufällig beim Pflügen neue Gräber entdeckt. Abnehmer für die Schätze sind Kunstsammler aus aller Welt, aber auch Museen, die derzeit von einem Überangebot profitieren. Solange sich die Lebensbedingungen der Landbevölkerung nicht verbessern, wird der Plünderung des kulturellen Erbes Perus kaum beizukommen sein.

Neben dem Herrscher fanden sich die Skelette von sieben weiteren Menschen, die vermutlich während der Beisetzungszeremonie geopfert wurden.

Heute ist in Sipán nur noch eine Rekonstruktion des Grabes mit Replikaten zu sehen, die Originale befinden sich im Museum in Lima und im **Museo Arqueológico Nacional Bruning** in Lambayeque.

Hier werden die Phasen der Ausgrabungen dokumentiert und eine beachtliche Sammlung von Keramiken, Goldarbeiten, Stoffen und Schmuck der Mochica-, Chimú-, Vicús-, Chavín- und Lambayeque-Kulturen gezeigt. Den Grundstock der Sammlungen legte einst der deutschstämmige Kaufmann Heinrich Brüning, der von 1875 bis 1925 in Peru lebte. Die Originalstücke aus dem Grab des Herrschers von Sipán wurden in das neue, interaktive **Museo Tumbas Reales de Sipán** ausgelagert, das sich 500 m entfernt vom eigentlichen Museum Bruning befindet.

Grab des Herrschers von Sipán

Das Tal der Pyramiden von Túcume

Als *El Purgatorio* (Fegefeuer) bezeichnen die Einheimischen im Tal von Túcume die oberste Pyramidenplattform, auf der die Spanier 1553 all diejenigen auf Scheiterhaufen verbrannten, die sich nicht taufen ließen. Doch die Gründung Túcumes und die Urheberschaft der 26 mächtigen Adobebauwerke wird der Mochica-Kultur zugeschrieben.

Die Naymlap-Dynastie

Die mündlichen Überlieferungen der Einwohner von Lambayeque erzählen bis zum heutigen Tage die Geschichte des **Königs Naymlap.** Danach traf dieser König mit seiner Frau *Ceterni* mit einer Binsenboot-Flotte an der Küste von Túcume ein, ließ sich nieder und baute den ersten Pyramidentempel, den er *Chot* nannte. Hier wurde das höchste Heiligtum aufgestellt, ein Abbild ihres Schöpfers, *Yampallec* geheißen (Figur von Naymlap). Naymlap starb und wurde im königlichen Tempel beigesetzt. Sein Enkel *Calla* ließ die Tempelpyramiden in Túcume erbauen. Mit dem zwölften und letzten König *Fempellec,* der wegen eines Frevels ins Meer geworfen wurde, ging die Naymlap-Dynastie zu Ende. Wahrscheinlich war sie mit einer Naturkatastrophe verbunden, ausgelöst durch eine Regen- und Überschwemmungsflut.

Das Zentrum der Anlage wird von dem pyramidenförmige Berg La Raya mit der **Huaca Larga** gebildet, einer 32 Meter hohen Pyramide. Thor Heyerdahl betrieb hier umfangreiche Forschungen und kam nach Muschelfunden, Ausgrabungen von zwei Schiffstypen der Chimú-Zeit und Reliefes, die Schilfboote darstellen, zu dem Schluss, dass Túcume einst ein Zentrum einer maritimen Hochkultur war. Leider ist von dem Ort nur wenig zu sehen. Viele Ausgrabungen wurden wieder zugeschüttet, um sie vor Regen und Zerstörung zu bewahren.

In dem angeschlossenen Museum werden Keramiken, Friesfragmente und Schmuckstücke der Mochica-Kultur und Modelle der Pyramiden gezeigt.

Service Chiclayo

Information Av. Sáenz Pena 838/San José, Tel. 23-3132, Fax 23-8112, lambayeque@mitinci.gob.pe. Vorwahl: 074

Unterkunft **Hostal Sicán,** M. Izaga 356, Tel. 23-7618; freundliche, kleine Zimmer, DZ 15 US$.

Hotel El Sol, E. Aguirre 119, Tel. 23-2120; angenehmes Hotel mit ansprechenden Zimmern und kleinem Pool, DZ ab 15 US$.

Gran Hotel Chiclayo, Av. Federico Villareal 115, Tel. 23-4911, Fax 22-4031, www.granhotelchiclayo.com.pe; komfortables Hotel mit großen Zimmern und Pool, DZ ab 70 US$.

Restaurants

Eine Spezialität der Küche Chiclayos sind Entengerichte in den verschiedensten Variationen sowie Fisch, der auf unterschiedliche Weise zubereitet wird.

Von 9–15 Uhr gibt es im familiären *La Boni,* Juan Cuglevan 1116, lokaltypische Entengerichte. Im gediegenen *Tenedor Huaralino,* La Libertad 155, Sta. Victoria, werden leckere Fischgerichte zu gehobenen Preisen angeboten.

Unterhaltung

Die landestypische Peña *El Embrujo,* Vicente de la Vega 1238, bietet am Wochenende Live-Musik. Einige Discos befinden sich in der Virgilio Dall'Órso.

Touranbieter

Costamar Travel, San José 777, Tel. 27-4149, Fax 27-4161; Touren zu allen Sehenswürdigkeiten in der Umgebung.

Einkaufen

Paseo de Artesanías, 18 de Abril; täglicher großer Kunsthandwerksmarkt.

Strandparadies Máncora

Noch bis vor wenigen Jahren war Máncora ein verschlafenes Fischerdorf, heute ist es der beliebteste Strandort Perus, und das liegt nicht nur an dem feinen, hellgelben Sandstrand, sondern vor allem daran, dass hier, weit weg vom eisigen Humboldtstrom, das tiefblaue Wasser das ganze Jahr über eine angenehme Badetemperatur hat. Die zieht nicht nur reiche Peruaner an, sondern Sonnenbadende aus der ganzen Welt. Máncora ist jung, bunt und voller Leben, für das besonders die Surfer sorgen, die zwischen November und März zu einem Ritt auf den Wellen hierher kommen. Im November kann man mit etwas Glück neben den coolen Jungs auch Buckelwale beobachten, die vor der Küste gen Norden ziehen. Die Strände und das Flair können zwar nicht mit der Karibik mithalten, aber für peruanische Verhältnisse tobt hier das Leben, Kitesurfen und Tauchen inklusive. Der 20 Kilometer lange Sandstrand wird nur von einem beschaulichen Fischerhafen unterbrochen, ansonsten bieten überall am Wasser kleine und größere Bars Cocktails und Seafood an. Trotzdem hat Máncora noch nichts Mondänes an sich, sondern ist so liebenswert chaotisch und beschaulich, wie man es von einem peruanischen Strandbad erwarten darf. Der ideale Ort, um sich am Ende einer langen Reise vor dem Heimflug noch einmal richtig zu erholen.

Schlammbad im Poza de Barro

Der kleine, natürlicher Pool *Poza de Barro*, etwa 30 Autominuten von Máncora entfernt, lädt mit seinem schlammbraunen Wasser auf den ersten Blick nicht gerade zum Baden ein. Doch die Quelle, die ihn speist ist heiß und ihrem sulfathaltigem Wasser wird eine heilende Wirkung zugeschrieben. Herrlich entspannend ist das Bad allemal.

Mangrovenwald an der Küste

Nördlich von Máncora, an der Grenze zu Ecuador, liegt an der Küste mit den **Manglares de Tumbes** der einzige Mangrovensumpf Perus. Hier leben 100 verschiedene Vogelarten, Krokodile und Schlangen. Die tropischen Bäume schützen die Täler der Flüsse Tumbes und Zarumilla vor den heftigen Strömungen aus dem Pazifik. Darüber hinaus stellen die Mangroven eine wichtige Nahrungsgrundlage jeglicher Schalentiere dar. Um langfristig etwas von diesem seltenen Vorkommen an zahlreichen Krabben-, Muschel- und Langustenarten zu haben, schützen die Fischer die Wälder wie Schätze. Das Gebiet wurde 1988 unter Naturschutz gestellt. Besucher können diesen faszinierenden Lebensraum zwischen Meer und Land auf kleinen Pfaden erkunden.

Service Mánorca

Information www.vivamancora.com. Vorwahl: 073

Unterkunft Alle Hotels von Máncora und Umgebung gibt's unter www.vivamancora.com. Die besten Unterkünfte befinden sich am Strand *Punta Sal,* 17 Kilometer nordöstlich von Máncora. Bei Kilometer 1187, nördlich von Punta Sal, führt die Deutsche Heidi Voss das weitläufige **Hotel Saint Tropez** mit großem Salzwasserpool, Tel. 54-0052. DZ ab 21 US$, VP ab 55 US$.

Punta Ballenas Inn, Panamericana Norte Km 1164, am südlichen Ortsende von Máncora, Tel. 25-8136, www.puntaballenas.com. Das charmante Hotel liegt direkt am Strand und bietet neben einer großzügigen Gartenanlage mit Pool eine ausgezeichnete persönliche Betreuung seiner Gäste. DZ ab 40 US$.

Las Pocitas Beach Club, etwa 2,5 km südlich von Máncora, Anfahrt ab Km 1162 über die alte, nicht asphaltierte Panamericana Norte, Tel. 85-8010, www.laspocitasmancora.com. Tolles Strandhotel mit hübschen Zimmern, schöner Pool unter Palmen, Restaurant empfohlen. DZ ab 50 US$.

Restaurants

Das Restaurant **San Pedro,** Av. Piura 657, bietet täglich frische Meeresfrüchte und Fisch. In der Piura 384 gibt es im **Chan Chan** neben peruanischer Küche auch Italienisches und ab und zu Erdinger Weißbier und Apfelstrudel.

Bitte schreiben oder mailen Sie (rkhhermann@aol.com), wenn sich in Peru Dinge verändert haben oder Sie Neues wissen. Wir beantworten jede Zuschrift. Danke!

13 Das nördliche Bergland

Hier zieht sich der Weg durch zerklüftete Thäler, über abschüssige Felsen und wilde Gebirgsstöcke; oft, nur wenige Spannen breit, an furchtbaren Abgründen vorbei, in deren Tiefe ein reißender Strom tobt, oder er senkt sich fast lotrecht über steile Bergabhänge in gähnende Schluchten oder verliert sich an den Gletschern der unwägbaren Andenkuppen oder in den verräterischen Sümpfen der Hochebene.

Johann Jacob von Tschudi:
Peru-Reiseskizzen aus den Jahren 1838–1842, 1846

Im wilden Bergland im Norden Perus warten herrliche alpine Landschaften auf Wanderer und verlocken die gewaltigen Kordilleren mit dem Huascarán, dem mit 6768 Metern höchsten Berg des Landes, zum Gipfelsturm. Inmitten dieser atemberaubenden Landschaften liegen mit den Stätten **Kuélap** und **Chavín** bedeutende Zeugnisse vergangener Kulturen. Und in **Cajamarca** scheint bei einem Bad im *Baño del Inca* Geschichte lebendig zu werden.

Kaum zu glauben, dass nur relativ wenige Touristen den Weg in diesen ursprünglichen Teil des Landes finden – umso besser für diejenigen, die herkommen und hier dem noch unverfälschten Andenleben begegnen.

Schneebedeckte Andenkordilleren

Huaraz – Stadt im Schatten des Gipfels

Überragt vom mächtigen Doppelgipfel des Huascarán liegt Huaraz auf 3090 Meter Höhe. Die Stadt ist mit ihren 160.000 Einwohnern Zentrum des Hochtals *Callejón de Huaylas.* 1958 von einer Eislawine verschüttet und 1970 von einem Erbeben zerstört, wurde Huaraz in kurzer Zeit zwei Mal neu aufgebaut, so dass es hier keine alten Gebäude zu bestaunen gibt. Aber täglich strömen die Bewohner der umliegenden Dörfer in die Stadt, um auf den Märkten und in den Straßen ihre Waren und landwirtschaftlichen Produkte verkaufen. Der Wasserreichtum der Gegend beschert reiche Ernten und verhilft der Region zu einem vergleichsweise hohen Lebensstandard. Gut ausgebaute Straßen in den Dörfern zeugen von einem bescheidenen Fortschritt. Und auch der **Nationalpark Huascarán,** seit 1985 UNESCO-Weltkulturerbe, trägt zum Reichtum der Region bei, denn seine Trails und Gipfel locken Bergsteiger aus aller Welt an – nicht ohne Grund wird der Callejón de Huaylas auch als die „Schweiz Perus“ bezeichnet.

Ausflüge in die Berglandschaft

Die traumhaft schöne Umgebung von Huaraz lädt mit ihren alpinen Landschaften, schneegekrönten Gipfeln und Eukalyptuswäldern zum Erkunden ein. Wir beschränken uns hier auf die Beschreibung kürzerer Ausflüge – auch wenn Naturbegeisterte leicht Tage und Wochen in dieser einmaligen Bergwelt verbringen können (z.B. Llanganuco – Santa Cruz Trek). Wer dies vorhat, erhält bei der Touristenauskunft und bei der Casa de Guías (s.u.) Auskünfte.

Ein schöner Ausflug ist die leichte Wanderung durch idyllische Andendörfer zu den Ruinen von **Willcawain.** Die dreistöckige Tempelanlage ist eine Miniaturausgabe des Tempels von Chavín, sie wird auf 800–1000 n.Chr. datiert und der Wari-Kultur zugeordnet. Von hier führt ein Fußweg zu den **Thermalbädern von Monterrey** hinunter, wo es sich in dem herrlich warmen (aber nicht unbedingt sauberen) Wasser entspannen lässt.

Ein anderer Tagesausflug führt zu den **Lagunas Llanganuco**, die bereits im **Nationalpark Huascarán** liegen. Auf der Fahrt dorthin wird Yungay passiert, das 1970 Schauplatz einer Tragödie war: Am 31. Mai ergoss sich eine Schlammlawine, ausgelöst durch ein Erbeben, über das Städtchen und zerstörte dieses und andere Orte in der Region.

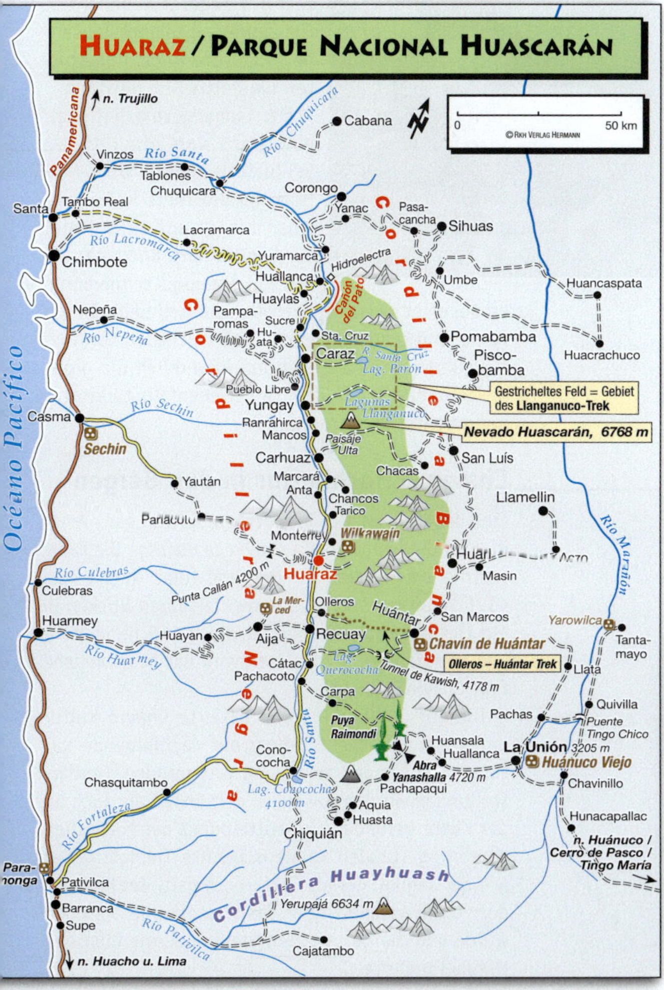

Frau an der Laguna Querococha

In Yungay waren die einzigen Überlebenden der Katastrophe 92 Trauergäste, die einem Begräbnis auf dem etwas höher gelegenen Friedhof beiwohnten, ein Wunder, das der dort stehenden weißen Christusfigur zugeschrieben wird. Am Jahrestag pilgern Tausende zum *Cristo Blanco* und bitten um göttlichen Beistand.

Der Eingang zum Nationalpark wird von einer tiefen Schlucht markiert, eine holprige Straße führt in Serpentinen hinauf auf 3850 Meter zur **Laguna Chinancocha,** die wie ein Smaragd schimmernd eingebettet zwischen schroffen Bergen liegt. In der Ferne sind schneebedeckte Gipfel sichtbar. Von hier aus führt in fünf Stunden ein Pfad durch die großartige Gebirgslandschaft zu der ebenfalls türkisgrünen **Laguna Orconcocha.**

Chavín – Hochkultur in den Bergen

Eine der ältesten archäologischen Stätten ganz Amerikas ist die Tempelanlage *Chavín de Huántar.* Die Fahrt dorthin dauert drei Stunden und führt über einen 4178 Meter hohen Pass mit spektakulären Blicken in ein tief eingeschnittenes Tal. Nach 110 Kilometern und ungezählten Serpentinen wird das beschauliche Dorf Chavín erreicht.

Die auf 1000–200 v.Chr. datierte Chavín-Kultur hatte maßgeblichen Einfluss auf nachfolgende Kuturen. Reliefs mit an Chavín erinnernden Tierdarstellungen wurden sowohl in den Anden als auch an der Küste gefunden. Im Mittelpunkt der kultischen Verehrung standen vermenschlichte Tiergottheiten wie der Jaguar, der als Götterbote galt, der Kaiman, dem die Herrschaft über das Wasser zugeschrieben wurde und die Harpyie, ein Greifvogel, die über den Himmel regierte.

Der 1985 zum UNESCO-Weltkulturerbe erklärte Ruinenkomplex in Form einer Tempelburg umfasst zahlreiche Gebäude mit Plattformen und Innenhöfen, die zum Teil durch unterirdische Gänge miteinander verbunden sind. Die Mauern des Castillos waren mit *Cabezas clavas* oder „Nagelköpfen“ verziert, die teilweise recht gut erhalten sind. Die Steinreliefs zeigen Raubkatzen, zum Teil in Verbindung mit Schlangen und Kondoren, was eine ganz typische Ornamentik ergibt.

Die meisten Chavín-Kunstwerke befinden sich heute im Museo Nacional de Antropología y Arqueología in Lima, wie etwa die berühmte *Raimondi-Stele* und der *Tello-Obelisk*. Das einzige an seinem ursprünglichen Platz stehende Kunstwerk ist der 4,50 Meter hohe *El Lanzón*. Der Granit-Monolith steht im Zentrum der unterirdischen Gänge und zeigt ein Raubtiergesicht mit langen Zähnen und Schlangen als Haare.

Eine weitere Attraktion in der Gegend um Huaraz sind die schlanken **Puya Raimondi,** die bei der Fahrt zum Gletscher Pastouri bestaunt werden können. Diese riesigen, bis zu zehn Meter hohen Ananasgewächse werden bis zu 100 Jahre alt, nach nur einmaliger Blüte sterben sie ab.

Service Huaraz

Touristeninformation

i-Peru, Av. Luzuriaga s/n, Plaza de Armas, Casa de Guías, Tel./Fax 72-8812. **Casa de Guías,** Parque Ginebra 28-8, Tel. 72-1811, Fax 72-2306, Mo–Fr 9–13 u. 16–20 Uhr. Treffpunkt der Bergsteiger- und

Straßenszene im Dorf Chavín

Bergwanderer, gute Informationen, Karten, lizenzierte Führer, auch Vermittlung von Trägern und Treibern mit Maultieren. Huaraz Vorwahl: 043.

Internet: www.huarazonline.com

Unterkunft

Residencial Sucre, Jose de Sucre 1240, Tel. 72-2264, Fax 72-1111. Einfaches, aber nettes, englischsprachiges Hotel mit Dachterrasse, DZ ab 10 US$.

B & B Mi Casa, Tarapacá 773, Tel. 72-3375, Fax 72-9273, www.andeanexplorer.com/mi.casa. Klein und familiär, DZ ab 20 US$.

Hostal Colomba, Francisco de Zela 278, Tel. 72-1501, Fax 72-7106, colomba@terra.com.pe. Hacienda mit Bungalowanlage in schönem Garten, deutschsprachig, DZ ab 30 US$.

Andino Club Hotel, Pedro Cochachín 357, Tel. 044-72-1662, Fax 044-72-2830, cosat@amauta.rcp.net.pe, www.hotelandino.com. Komfortable Zimmer, unter Schweizer Leitung, DZ 65 US$.

Restaurants

Das Meerschweinchengericht *Picante de Cuy* mit scharfer Soße und *Chicharrones,* gebratenen Fleischstückchen, sind die Spezialität der Region.

Im *Pachamama,* San Martín 687, gibt es im überdachten Patio bei Kaminfeuer und Musik gutes Essen. Der Bergsteigertreff *Casa da las Guías,* nähe Plaza de Armas, bietet eine gute, preiswerte Küche. Die *Cebichería Huaraz Querido* ist ein typisches, viel von Einheimischen besuchtes Fischrestaurant.

Unterhaltung

Peña Imantata, Luzuriaga 424, Folklore und Disco, gemischtes Publikum. Der Trekkertreff *Aquelarre,* Luzuriaga/Gabino Uribe, verfügt über eine Kunstgalerie und eine Bar.

Toruanbieter

Viele Anbieter haben ihre Büros in der Calle Luzuriaga. Zu empfehlen ist **Cóndor Tours,** Luzuriaga 471, Tel. 044-72-7038; langjährige Erfahrung mit Touren zu allen Sehenswürdigkeiten in der Umgebung.

Cajamarca – Schauplatz der Geschichte

Umgeben von Maisfeldern und Eukalyptuswäldern liegt auf 2750 Metern das geruhsame Cajamarca mit ihren rund 95.000 Einwohnern. Die Stadt wurde bereits von den Inka unter dem Namen *Caxamalca* gegründet und war Schauplatz der Ermordung des Inca Atahualpa. Durch die Entdeckung der reichsten Silberminen Perus im nahegelegenen Hualgayoc gewann Cajamarca während der Kolonialzeit an Bedeutung. Heute ist die Hauptstadt des gleichnamigen Departamentos ein fast verschlafener Ort. Die Bewohner der umliegenden Dörfer kommen in ihrer typischen Tracht, zu der hier hohe, helle Strohhüte gehören, auf den Markt, wo neben frischgeschlachteten Hühnern und schmackhaften Früchten aller Art auch magische Pulver für Liebe, Geld und einen Arbeitsplatz verkauft werden ...

An Karneval jedoch geht es in Cajamarca rund. Dann finden hier ebenso laute wie farbenfrohe Umzüge statt, wird eine Karnevalsprinzessin gewählt und man bewirft sich gegenseitig mit Wasser- und Mehlbomben.

Besichtigung

Ausgangspunkt für einen Rundgang ist die hübsche **Plaza de Armas**, auf der Atahualpa hingerichtet wurde. Ein Schmuckstück der schöne Brunnen von 1526, der aus einem einzigen Stein geschlagen wurde. Im Nordwesten der Plaza ragt die mit Trauben, Blättern, Blumen, barocken Engeln und Giebeln verzierte **Kathedrale** in den Andenhimmel. Sie ist aus Vulkangestein erbaut und wurde erst 1960, nach rund 350 Jahren, endgültig fertiggestellt. Auf einen Glockenturm wurde, wie bei anderen Kirchen auch, verzichtet, da der spanische Vizekönig für jede fertige Kirche eine Steuer einforderte. Auf der anderen Seite der Plaza erhebt sich die **Iglesia San Francisco** mit einer schönen Steinmetzfassade und sehenswerten barocken Altären. Das dazugehörige ehemalige Kloster mit Katakomben wurde als Museum für religiöse und koloniale Kunst eingerichtet. Daneben liegt **La Capilla de la Dolorosa**, die Kapelle der Leidenden

Cajamarca, Atahualpas Schicksalsstadt

*Links: Zeitgen. Darstellung von **Atahualpa,** 13. Inka-Herrscher. Nach der von ihm veranlassten Gefangennahme seines Halbbruders Huáscar war er der Alleinherrscher im Inkareich, später in peruanischen Augen »der tyrannische Bastard« (s. umlaufende Schrift).*

1532 wurde er in Cajamarca von den Spaniern erdrosselt.

Fassade der Iglesia Belén

(Maria), ein Glanzstück kolonialer Steinmetzkunst mit sehenswerten Gemälden. Ein weiteres schönes Beispiel indigener Handwerkskunst ist die reich verzierte Fassade der **Iglesia Belén.** Die helle und freundliche Kirche überrascht mit einer kunstvoll geschnitzten Kanzel, prächtigen Seitenaltären und einer reich verzierten Kuppel. Angeschlossen ist ein kleines Kulturzentrum mit einer Galerie; nebenan ist das alte Hospital, in dem jeweils zu den verschiedenen Krankheiten passende Gemälde zu sehen sind.

Das älteste Gebäude der Stadt stammt aus der Inkazeit und ist ein geschichtsträchtiger Ort. Ob das **Cuarto del Rescate** aber der Raum ist, in dem Atahualpa gefangen gehalten wurde, oder aber jener, der mit Gold gefüllt wurde, um den Inka freizukaufen, ist ungeklärt. Es befindet sich östlich der Plaza de Armas in der Calle Puga. Kürzlich wurde beschlossen, das Lösegeldzimmer, dem der Zahn der Zeit in den vergangenen 500 Jahren arg zugesetzt hat, zu restaurieren.

Ausflüge in die Umgebung

Die sanfte, grüne Landschaft um Cajamarca lädt mit ihren geschichtsträchtigen Ruinen zu Ausflügen ein. Eine gute Aussicht auf die Stadt mit ihren weißen, rotgedeckten Häusern ergibt sich vom **Cerro Santa Apolonia,** wo in den Fels gehauen der **Silla del Inca,** der Thron des Inka steht, auf dem Atahualpa die Huldigungen seiner Untertanen empfangen haben soll.

Etwa acht Kilometer von Cajamarca entfernt liegen die **Ventanillas de Otuzco,** in den Fels gehauene Nischen, in denen vermutlich vor 1400 Jahren Tote bestattet wurden. Von hier aus bietet sich ein sechs Kilometer langer Spaziergang durch die Hügellandschaft, vorbei an kleinen Adobesiedlungen, zu den **Baños del Inca** an. In den heißen Quellen soll Atahualpa am Tag vor seiner Gefangennahme gebadet haben. Am heilkräftigsten sei das Wasser am Morgen, heißt es, wunderbar entspannend ist es zu jeder Tageszeit.

Ein anderer Ausflug führt zu der 20 Kilometer von Cajamarca entfernten archäologischen Zone von

Cumbemayo, die sich rund 25 Quadratkilometer ausdehnt. Sie wird der *Cajamarquinos*-(Cajamarca-Marañón) Kultur zugeschrieben, die unter dem Einfluss der Chavín stand. Zu sehen ist ein acht Kilometer langer, exakt in den Stein gehauener präinkaischen Kanal, der in Winkeln und geometrischen Figuren verläuft. Daneben gibt es einen heiligen Felsen und einige Höhlen mit Zeichnungen im Chavín-Stil.

Service Cajamarca

Touristen Information

Conjunto Monumental Belén, Belén 650, Tel./Fax 82-2903. Vorwahl: 076.

Unterkunft

Hostal Cajamarca, 2 de Mayo 311, Tel. 044-82-2532, Fax 044-82-8813. Hübsches Kolonialhaus mit netten Zimmern, DZ ab 23 US$.

Hostal El Portal de Marqués, del Comercio 644, Tel./Fax 044-82-8464, portaldelmarques@terra.com.pe. Kolonialgebäude mit ansprechenden Zimmern, DZ ab 50 US$.

Hotel Laguna Seca, Av. Manco Cápac 1098, Baños del Inca, Tel. 044-82-3149, Fax 044-82-3915. Spitzenhotel mit Thermalwasserpools und luxuriösen Zimmern, DZ 85 US$.

Restaurants

Meerschweinchen mit Kartoffeln, *cuy con papa,* und Schweinefleisch mit gekochtem Mais, *chicharrón con mote,* sind die typischen Speisen der Region.

Ventanillas de Otuzco bei Cajamarca

Das *Salas*, Amalia Puga 637, ist eines der besten Restaurants der Stadt und hat ausgesprochen gute Gerichte auf der Karte. Die *Casita de Cuy,* Amazonas 616, ist auf Meerschweinchen spezialisiert.

Unterhaltung Discos: *Los Frailones,* Perú 701/Cruz de Piera; *La Taberna,* Baños del Inca, im Hotel Laguna Seca. *Peña Tupanakuy,* Huánuco1279/Ecke 2 de Mayo.

Touranbieter *Cumbemayo Tours,* Amalia Puga 636, Plaza de Armas und *Cajamarca Travel,* 2 de Mayo 570. Touren nach Cumbemayo, Ventanillas de Otuzco, Baños del Inca.

Einkaufen *Los Cajachitos,* 2 de Mayo 379; hervorragendes Kunsthandwerk, bei dessen Herstellung auch zugesehen werden kann.

Chachapoya – Im Reich der Wolkenkrieger

Wild und unberührt wuchert der Bergnebelwald über die schroffen Felsen Chachapoyas. Nur wenige Touristen finden den Weg in diese unberührte Region. Es ist das Land der Orchideen, des Zuckerrohrs und des Kaffees. *Chachapoya* bedeutet auf Quechua „Wolkenmenschen", ein Name, den die Inka dem hier in den Bergnebelwäldern lebendem Volk gaben, das im 15. Jahrhundert von den Inkas unterworfen wurde. Heute gibt es in der Gegend zahlreiche Dörfer und archäologische Stätten, die erst seit Kurzem von Wissenschaftlern gründlich erfasst werden. Immer wieder werden neue Ruinen der Chachapoya-Kultur gefunden, über die bislang wenig bekannt ist.

Die Hauptstadt des Distriktes, Chachapoyas, wurde 1538 von den Spaniern gegründet und ist damit eine der ältesten Städte Perus. Während der Kolonialzeit war Chachapoyas die Hauptstadt Ostperus, von hier aus starteten die Expeditionen zur Eroberung des Amazonasgebietes. Koloniale Häuser mit hölzernen Balkonen und großen Innenhöfen erinnern an die Zeit, in der der Ort ein Zentrum der Kolonialherren war. Heute ist Chachapoyas ein geruhsames Städtchen, das jedoch jedes Jahr von Ende Juli bis zum

15. August zum Leben erwacht, dann nämlich, wenn die Stadtpatronin *Mama Asunta* mit grandiosen Feuerwerken und Konzerten geehrt und zeitgleich das Fest des Zuckerrohrschnapses begangen wird.

Die uneinnehmbare Festung von Kuélap

Festungsmauer von Kuélap

Auch wenn die Festung von Kuélap der Inkastadt Machupicchu kaum nachsteht, wird sie nur von ein paar hundert ausländischen Touristen jährlich besucht. Dank ihrer abgeschiedenen Lage hat sich die Anlage eine Ursprünglichkeit erhalten, in der sich jeder Besucher wie ein Entdecker fühlen kann.

Die gewaltige Festung ist das größte Bauwerk Südamerikas, in dem dreimal mehr Baumaterial verarbeitet wurde als in der Cheops-Pyramide. Sie wurde von den Chachapoya auf einem 3000 Meter hohen Felssporn, dem höchsten Punkt der Gegend, errichtet, und ist schon von weit unten vom Tal auszumachen. Die aus schweren Granitblöcken im 12. Jahrhundert n.Chr. erbaute Anlage war für die Inka uneinnehmbar. Das gesamte Areal ist von einer anderthalb Kilometer langen und knapp 20 Meter hohen Festungsmauer umgeben, nur drei schmale Gänge führen ins Innere. Hier gibt es mehrere Stadtviertel mit über 400 runden Steinhäusern, deren Mauern mit den für die Chachapoya-Kultur typischen geometrischen Mustern verziert sind.

Die vom Bergregenwald überwucherten Ruinen werden von Papageienschwärmen bevölkert und wirken fast wie ein verwunschener Garten, durch den unwegsame Pfade führen. Außer dem Krächzen der Vögel ist nichts zu hören, rundum öffnet sich ein fantastischer Blick auf die umliegende Berglandschaft.

Service Chachapoyas

Touristen Information

i-Peru, Jr. Ortiz Arrieta 588, Plaza de Armas, Tel./Fax 77-7292, www.peru.org.pe, www.kuelap.org.pe; Vorwahl (041).

Unterkunft Viele Unterkünfte liegen in der Amazonas und der Ayacucho, wie z.B. **Hotel Gran Vilaya,** Ayacucho 755, Tel. 77-7664, oder das familiäre **La Casona Monsante,** Amazonas 746, Tel. 77-7702, www.lacasonadeleymebamba.com sowie das bessere **Hotel Puma Orca,** Amazonas 833.

Restaurants Eines der besten Restaurants mit großen Portionen ist das **Chacha,** Grau 537, an der Plaza de Armas. Oberhalb der Stadt liegt das schöngelegene und empfehlenswerte Boulevard **Gastronómico Yana Yacu,** Santo Toribio de Mogrovejo, geführt von Frauen des Club de Madres, die hier traditionelle Gerichte der Region auftischen. Leckere Hähnchen gibt es im **Mama Asunto,** Puno 401.

Unterhaltung **El Salonazo,** Santo Domingo 191, Disco. Luz de Luna, Chincha Alta, 2. Block, Disco.

Der Totenkult der Chachapoya

Ein besonderes Merkmal der Kultur der Chachapoya ist die Mumifizierung der Toten, ihre Platzierung innerhalb von Sarkophagen und die Errichtung von Begräbnisstätten inmitten hoher, unzugänglicher Felswände wie im **Felsenfriedhof Revash.** Hoch oben auf einem Vorsprung hängen die noch vollständig erhaltenen, rot bemalten Grabgebäude der Chachapoya wie Schwalbennester im Fels. Sie können erst nach einer anspruchsvollen Klettertour besichtigt werden, doch der Aufstieg zu den mit geometrischen Formen und Kamelfiguren bemalten Mausoleen lohnt sich.

Eine weiteres Monument aus der Chachapoya-Kultur sind die Kliffruinen von Macro. In den in den Felsen hängenden Grabtürmen hoch über dem Utcubamba-Fluss wurden die Toten beigesetzt. Von hier oben wurde per Signalfeuer mit der in der Ferne sichtbaren Festung von Kuélap kommuniziert.

In dem hervorragenden Museum Mallqui im Städtchens *Leimebamba* kann eine beeindruckende Sammlung gut erhaltener präinkaischer Mumien besichtigt werden, die 1997 in der *Laguna de los Condores* gefunden wurde. Die Toten, die vorher nach Chachapoya-Art begraben waren, waren ausgegraben und neu nach Inka-Art bestattet worden – vielleicht, um den Widerstand der Chachapoya gegen die Inka zu brechen. Neben den Mumien werden Textilien, Keramiken und Waffen der Chachapoya ausgestellt.

14

Iquitos – Inselstadt im Urwald

Am Abend des 13. Augustes gelangten wir nach Iquitos, dem kleinsten Dorf in dieser Gegend. (...) Nur 18 getaufte Familien bewohnen jetzt den Ort. (...) Ein Schwarm, ganz unbekleidet und größtenteils betrunken, empfing uns beim Landen; da keiner peruanisch sprach, und die Erscheinung eine Europäers, mit mancherlei Geschenken in den Händen, eher die Raubgier der wilden Naturkinder als ihre Gutmütigkeit erregt hatte, war es zum ersten Mal nothwendig bewaffnet unter sie zu treten, und mittels Furcht die Achtung zu erzwingen, die sie nicht menschlich genug waren aus freiem Antrieb dem gutgesinnten Fremden zu gewähren.

Eduard Poeppig: Reisen in Chile, Peru und auf dem Amazonasstrom, 1836

Loreto im Amazonastiefland ist das größte aller peruanischen Departamentos, eine Fläche etwa so groß wie Deutschland, auf der jedoch nur rund 400.000 Menschen leben. Zahllose Flüsse ziehen sich wie Adern durch den in weiten Teilen unberührten Regenwald nd münden schließlich in den Amazonas. .

Mit seinen 275.000 Einwohnern ist **Iquitos** eine mitten im Urwald gelegene Metropole, die eins mit den Dörfern an den Flussläufen gemein hat: Sie ist nur per Schiff oder aus der Luft zu erreichen. Bis heute verbindet keine Straße die Stadt mit dem Rest Perus. Was nicht mit dem Schiff nach Iquitos gebracht werden kann, muss eingeflogen werden. Entsprechend teuer ist das Leben hier, doch dies hält, insbesondere US-amerikanische Touristen, nicht davon ab, den (nicht mehr ursprünglichen) Urwald rund um Iquitos zu erkunden.

Iquitos am Río Amazonas strahlt eine Leichtigkeit aus, die bereits an das nahe Brasilien erinnert. Trotz ihrer offensichtlichen Armut scheinen die Bewohner stets fröhlich zu sein, und an jeder Ecke erklingt Musik. Auf den Straßen sind neben klapprigen bunten Bussen fast ausschließlich dreirädrige

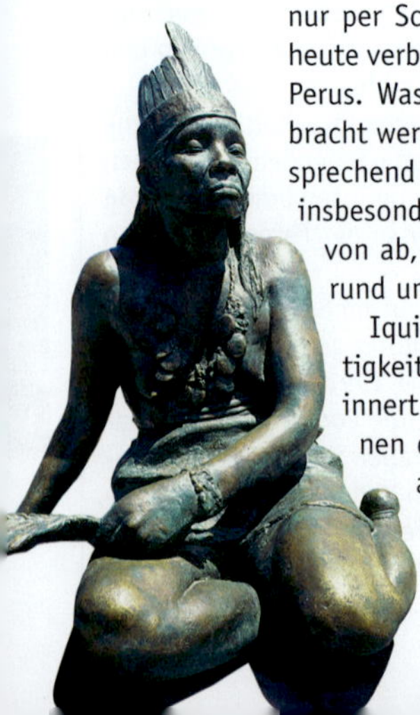

Bronzeplastik der Amazonasindianer (Museo Amazónica)

IQUITOS (CENTRO)
0 200 m
© RKH Verlag Hermann
Bellavista, Río Nanay, Pto. Masusa
Hotel Nr. 2
Requena
Tavara-West
Museo Regional
Yavari
Loreto
Condamine
Pevas
Fitzcarraldo
Raimondi
Bolívar
Callao
Pucallpa
Nanay
Ocampo
Nauta
Disco Dreams
Iglesia Biblica
Napo
Putumayo
Calvo de Araujo
Rst. Pascana
Municipalidad
Ari's Burger
Safari
Meson
Plaza de Armas
Casa de Hierro
Rest. Regal
Bolognesi
Lores
Banco del Crédito
Rest. El Tuquito
Malecón Maldonado
PROMENADE
Morona
Moore
Brasil
Migración
Disco Bamboleo
Polizei
Museo Amazónico und Prefectura
Cebiche-rías –
Rest. El Callejón
Tacna
R. Palma
Exped. Jungle Amazonico
Malecón Tarapacá
Huallaga
Próspero
Rest. Chifa Wai Ming
Arica
Ricardo Palma
Grau
Bus n. Quistococha u. Airport
Plaza 28 de Julio
San Martín
Direción Regional de Turismo
Bermúdez
Ucayali
Río Amazonas
F.G. Saeñz
Lima
Hurtado
2 de Mayo
Palcazu
9 de Diciembre
Abtao
Mercado
Belén
Belén
Hotels
1 Ht. Victoria Regia
2 Recreo Familiar La Casa Fitzcarraldo (nach Norden zu)
Fußgängerzonen

Motorradtaxis zu sehen, die preiswert und knatternd Passagiere und Lasten transportieren.

Die Gründung der Stadt geht auf Jesuiten und Franziskanern zurück, die hier Mitte des 17. Jahrhunderts mehrere Missionen errichteten. Ein großer Entwicklungsschub setzte 1880 mit dem weltweiten Verlangen nach Kautschuk ein, der Boom versiegte jedoch, nachdem es einem Engländer gelungen war, Samen des Gummibaumes außer Landes zu schmuggeln. Danach verfiel ab 1913 der Weltmarktpreis dramatisch. 1938 setzte nach einem Erdölfund ein weiterer Boom ein. Bis 1965 machten Überseedampfer aus Europa und Nordamerika nach ihrer 3700 Kilometer langen Fahrt von der Amazonasmündung den Fluss hinauf an der Uferpromenade von Iquitos fest. Doch nachdem sich die Sandbänke mit der Zeit verlagerten, musste der Hafen verlegt werden.

Verfallender Charme

Iquitos empfängt seine Besucher mit feuchtheißer Luft und dem morbiden Charme halbverfallener Häuser, deren bunter Putz langsam abbröckelt. Auf dem Weg von der Plaza de Armas hinunter zu der Flusspromenade stehen stumme Zeugen einstigen Reichtums, wie etwa die von dem Franzosen Eiffel für die Weltausstellung in Paris konstruierte **Casa de**

Verfallende Häuserpracht in Iquitos

Hierro, die 1897, zur Zeit des Kautschuk-Booms, nach Iquitos verschifft wurde.

Auf der 1995 renovierten Uferpromenade stehen Bronzeplastiken von Lettersten, die verschiedene Ureinwohner Amazoniens darstellen. Jeden Abend erwacht der **Malecón** zum Leben: Kinder verkaufen Luftballons, Popcornverkäufer, Gaukler und Clowns mischen sich zwischen die Paare und Familien, die in der frischen, vom Amazonas herüberwehenden Brise spazieren gehen. Die Bars servieren bunte Cocktails, und bis spät in die Nacht hinein wird getanzt.

Flussaufwärts beginnt das **Marktviertel von Belén**. Hier werden unzählige Fischarten verkauft, enthäutete Affen zum Grillen, Flussschildkröten, zahllose Früchtesorten und vieles andere mehr. Zwischen all den Ständen herrscht ein abenteuerliches Gewusel von Kunden und fliegenden Händlern. In einer Gasse werden nahezu alle medizinischen Kräuter, Wurzeln und Rinden verkauft, die der Urwald zu bieten hat.

Das Wasser des Amazonas kann in der Regenzeit bis zu 10 Meter höher stehen als in den trockenen Monaten, deshalb sind die Bretterbuden, die das schwimmende Belén bilden, teils auf Stelzen, teils auf Flößen erbaut. Auf die Frage, wovon all die Bewohner Beléns denn leben – immerhin rund die Hälfte aller Einwohner von Iquitos –, antwortete ein Pater aus Iquitos „von einem Wunder", und bei dem Anblick all des Unrates, den das jährliche Hochwasser wegschwemmt, der schwarzen Geier und der räudigen Hunde ist der Besucher gerne geneigt, dies zu

Marktviertel von Belén

glauben. Dennoch ist das quirlige Belén weniger bedrückend als andere Slums. Bei hohem Wasserpegel gleicht es einem amazonischen Dschungel-Venedig – zwar nicht so prächtig wie die Stadt an der Adria, dafür aber umso interessanter, bunter und aufregender.

Ein beliebtes Naherholungsziel ist die **Laguna Quistococha,** 15 Kilometer südlich von Iquitos. Hier besuchen vor allem am Wochenende Familien den kleinen, nicht sehr artgerechten Zoo. Auf einem Holzsteg lässt sich durch eine schöne Tropenwaldlandschaft um den kleinen See wandern, und mit etwas Glück sieht man einen Paiche auftauchen oder Affen durch die Bäume turnen.

Filmgeschichte

Kinofans ist der Klassiker **Fitzcarraldo** von Werner Herzog bekannt, der hier von 1977–1981 mit Klaus Kinski und Claudia Cardinale in den Hauptrollen gedreht wurde und die wahre Geschichte eines verrückten Kautschukbarons (s.S. 213) erzählt. Paul Hittscher, der den Kapitän spielte, wurde 1995 auf dem Friedhof von Iquitos beigesetzt, der Filmkoch Huerequeque lebt noch in Iquitos, ebenso wie der Produktionsleiter Walter Saxer, der heute mit dem *Recreo Familiar La Casa Fitzcarraldo* ein tropisches Paradies für Touristen betreibt und ihnen gerne Rede und Antwort steht. Auch zwei der bei den Dreharbeiten als „Molly Aida“ eingesetzten Schiffe existieren noch: Die „Juliana“ rostet heute in Iquitos vor sich hin und wartet auf vielleicht bessere Tage, während die „Huallaga“ als Frachtschiff zwischen Iquitos und Yurimaguas verkehrt.

Ausflüge in den Urwald

Auch wenn Iquitos mitten im Urwald liegt, ist der Primärregenwald in einem Radius von etwa 100 Kilometer inzwischen verschwunden. Wer den Dschungel erleben will, muss deshalb mit einem Boot mehrere Stunden flussauf- oder -abwärts fahren, wo verschiedene Anbieter Urwaldlodges betreiben. Eine wirklich ursprüngliche Begegnung mit der Natur wird der Reisende hier nur selten haben, doch die Einblicke in die „Grüne Hölle" sind trotzdem faszinierend. Die palmgedeckten Hütten der Lodges sind einfach, aber idyllisch ausgerüstet mit Moskitonetzen, Parafinlampe und Waschgelegenheiten, jedoch ohne elektrisches Licht und fließendes Wasser. Von dort aus werden unterschiedliche Touren in den Urwald unternommen.

In kleinen Booten geht es in die schmalen Seitenflüsse des Amazonas, tagsüber können Vögel und Flussdelfine und mit etwas Glück auch Affen und Faultiere beobachtet werden, nachts wird dem vielfältigen Konzert des Urwaldes gelauscht und nach schlafenden Tieren Ausschau gehalten. Bei einem Gang durch den Regenwald bekommt man die verschiedenen Pflanzen erklärt. Die Besuche bei teilweise extra angesiedelten Stämmen hingegen erinnern ein wenig an einen Zoobesuch. Auch wenn Blasrohrvorführungen durchaus interessant sind, mutet es doch seltsam an, wenn sich Menschen nur zur Belustigung von Touristen bemalen und mit den Baströcken ihrer Vorfahren kleiden.

Der Canopy Walkway

Eine besondere Attraktion ist der **Canopy Walkway,** ein Hängebrückensystem, das sich auf der Länge von einem halben Kilometer von Baumwipfel zu Baumwipfel zieht. Von den Aussichtsplattformen lassen sich in den Morgen- und Abendstunden Vögel und Affen beobachten und es ergibt sich ein faszinierender Einblick in die verschiedenen Stockwerke des Regenwaldes.

Iquitos und Umgebung
0
15 km
© Rkh Verlag Hermann
– Mit Urwald-Lodges –
Río Napo
Indiana
zur / zum
Explorama Lodge
Explorama Camp
Canopy Walkway
Mazan
Explorama
Inn (42 km)
Timi-
cuno
Río Sinchicuy
Yagua-Dorf
Die km-Angaben bei den
Lodges beziehen
sich ab Iquitos
Amazonas
Sinchicuy
Lodge (26 km)
Río Amazonas
Amazon
Lodge
(36 km)
Río Yanayacu
Tambo
Yanayacu
Lodge
(60 km)
Santa Teresa
Santa Clara de Ojeal
Barrio Florida
Isla Padre
Río Nanay
San Fernando
Isla San Pedro
de
Huashalado
Amazon
Village
Senal
Nanay
Río
Momón
Ama-
zon
Camp
Bora-Dorf
Bellavista
Lag.
Viracocha
Terminal fluvial
Buenos Aires
Loro Parque
Lodge
Manacamiri
Iquitos
Laguna
Moronacocha
Belén
s. Kartenausschnitt
»Iquitos Centro«
Río Amazonas
Río
Nanay
San Juan de
Miraflores
Sta. Clara
Laguna Mapacocha
St.Tomás (Dorf)
Río Itaya
Laguna Quistococha
Laguna
Casho-
cocha
Isla
Timareo
zur / zum
Tamshiyacu Camp
(70 km)
Yacuma Lodge /
Tambo Amazonico
Lodge (180 km) /
Zungarococha / Amazon Resort (12 km) /
Jardín Bótanico Sacha Hama (12 km) /
Chadra Lodge (17 km) / Nauta (120 km)

Pirañas angeln, ein Ausflug zu den riesigen, kreisrunden Blättern der Riesenseerose und ein Besuch in einem der typischen, auf Stelzen gebauten Dörfer der Flussanwohner zählen zu den weiteren Programmpunkten.

Jaguar, der Götterbote

Seinen Namen erhielt die ursprünglich in ganz Lateinamerika verbreitete Großkatze von den Tupí, einem Volk aus Amazonien. Das „fleischfressende Tier", das ausgewachsen bis zu 110 Kilogramm schwer werden kann, ist mit seinen riesigen Pranken ein ebenso gewandter Kletterer wie guter Schwimmer. Der Jaguar lebt in Waldgebieten und jagt überwiegend am Boden Wasserschweine, Affen, Fische, Schildkröten und Kaimane. Mit seiner immensen Körperkraft kann er sogar ein geschlagenes Pferd oder Rind wegschleifen. Wegen seines begehrten Felles wird ihm extrem nachgestellt und ist in vielen Gebieten Südamerikas nahezu ausgerottet. In den präkolumbischen Kulturen Perus, etwa bei den Chavín, wurde er als Gott oder Götterbote verehrt.

Service Iquitos

Information

Napo 22, Plaza de Armas, Tel. 23-5621, Mo–Sa 8–13.30 Uhr.

i-Peru, am Flughafen, Tel. 26-0251, www.peru.org.pe; Vorwahl: 065.

Hotels

Recreo Familiar La Casa Fitzcarraldo, Av. La Marinera 2153, Tel./Fax 25-2053, wsaxer@hotmail.com.pe. Großzügige Apartments und Bungalows in tropischem Garten mit Pool unter Schweizer Leitung; Apartment 10 US$, Bungalow 30 US$

Real Hotel Iquitos, Malecón Tarapacá, Tel. 23-1011. Altes Haus mit Charme und schönen Zimmern, Apartments 10 US$, Bungalows ab 30 US$, Wochenmiete 50–175 Euro.

Hotel Victoria Regia, Ricardo Palma 252, Tel. 23-1983, info@victoriaregiahotel.com. Schönes Hotel mit Pool, Bar und Restaurant, familiäres Ambiente, DZ ab 50 US$.

Restaurants

Typische Speisen des Amazonastieflandes sind *Tacachos*, „Urwaldknödel" aus Kochbananen und Speck, Schildkröten und Fisch. Dazu wird oft *ensalada de chonto* (Palmherzensalat) gereicht.

Das *Regal*, Casa de Hierro 1. Stock an der Plaza de Armas, bietet gute regionale Küche. In der *Peña Criolla*, Malecón Maldonado 251, werden außergewöhnliche Gerichte wie Amazonasreh in Weinsoße *(Venado en oporto)* und Flussschildkröte in Ingwersoße *(Tortuga en kiong)* bei Panoramablick über den Fluss angeboten; am Wochenende Livemusik.

Unterhaltung

Am Malecón finden sich zahlreiche Bars, in denen Cocktails und ein kühles Bier serviert werden.

Touranbieter

Jungle Expeditions, Abelardo Quiñones 1980, Tel. 26-1582, Fax 26-0721, www.jungelx.com. Spezialisiert auf das Naturschutzgebiet Pacaya-Samiria mit der Hängebrücke Puente Colgantes. Bieten auch Reisen mit einem luxuriös ausgestatteten Amazonasschiff an.

Explorama Tours, Av. La Marina 340, Tel. 25-2526, 25-3301, Fax 25-2533, www.explorama.com. Explorama betreibt fünf verschiedene Lodges, deren Standard vom Luxusresort mit Pool und Klimaanlage bis zur einfachen Unterkunft ausgestattet mit Hängematten, reicht. Überwiegend Pauschaltouristen.

Einkaufen

Kunsthandwerk, meist Schmuck aus bunten Samenkörnern, ist in den Geschäften in dem Stelzenbau vor dem Malecón zu bekommen. Leider werden auch immer wieder Souvenirs aus gefleckten Fellen, Kaiman- und Schlangenhäuten oder Schmetterlinge und Piranhas angeboten. Nicht nur wegen der empfindlichen Strafen vom Kauf Abstand nehmen!

Bitte schreiben oder mailen Sie (rkhhermann@aol.com), wenn sich in Peru Dinge verändert haben oder Sie Neues wissen. Wir beantworten jede Zuschrift. Danke!

Anhang

ANHANG

Dank

Von Katharina Nickoleit: Meinen Eltern für die Deja-vu's und dafür, dass sie den Mut hatten mit einem Kleinkind nach Peru zu ziehen. Christian Nusch für die Fotos und dafür, dass er seine gute Laune auch in schwierigen Situationen nicht verliert und mich bis in die hintersten Winkel diese Welt begleitet.

Von Kai Ferreira Schmidt: Außerdem Dank an Eva Zingerle†, ehemalige österreichische Honorarkonsulin in Iquitos; Nico Montesinos Gamarra, Cusco Tours, Cusco; Walter Saxer, La Casa Fitzcarraldo, Wildlife Films Amazonas, Iquitos; Sonja Auinger, Puno; Ulrike Maenning & Abraham Huamán, Cusco.

Die Autoren

Katharina Nickoleit, (www.katharina-nickoleit.de), Jahrgang 1974, verbrachte einen Teil ihrer Kindheit in Peru und hatte bei den Recherchen zu diesem Buch einige Deja-vu's. Nach Abschluss ihres Jurastudiums beschloss sie, ihre Leidenschaft für das Reisen zum Beruf zu machen und beendete 2002 den Aufbaustudiengang Journalismus an der Uni Mainz. Katharina Nickoleit lebt und arbeitet als freie Journalistin in Köln. Sie ist Autorin beim WDR-Fernsehen und -Radio und schreibt für verschiedene Tageszeitungen und Magazine. Ihr Buch „Bolivien kompakt" erscheint ebenfalls im Reise Know-How Verlag.

Kai Ferreira Schmidt, Studium der Betriebswirtschaft, sozio-ökonomische Diplomarbeit über das andine Hochland Perus, Stellenwert der Coca und Aktivitäten des Sendero Luminoso. Reisen rund um den Globus und immer wieder durch Südamerika. Fotojournalistische Reportagen für Reisezeitschriften, Autor des Handbuches „Fernreisen auf eigene Faust" und der Reisehandbücher „Peru/Bolivien" und „Brasilien" im Reise Know-How Verlag.

Bildnachweis Alle Fotos und Titelbild Kai Ferreira Schmidt, außer

Katharina Nickoleit: Seite 37, 53, 61, 99, 111, 129, 143, 153, 158, 160, 164, 172, 217, 220, 225, 228, 230, 231, 242, 243, 247, 248, 250, 254, 255, 257

Christian Nusch: Seite 51, 64, 69, 118, 125, 128, 133, 136, 144, 154, 175, 178, 181, 184, 261, 262

Ramiro Salas: Seite 224

Helmut Hermann: Seite 2/3, 54, 56, 59, 65, 87, 98, 140, 143, 150, 152, 154, 165, 177, 195, 202

Reise-Literatur

Romane

Colette Davenat, *Die Favoritin,* Rütten & Loening, Berlin 1997. Ein farbiger historischer Roman, in dessen Mittelpunkt das Leben einer Frau steht. Die Geliebte des letzten Inca erlebt den Einfall der Spanier und verstrickt sich in Intrigen um die Erringung der Macht über das sterbende Reich. Die in ihren geschichtlichen Details sorgfältig recherchierte Erzählung gibt einen guten Einblick in das Leben am Hofe des Inca.

Alfredo Bryce Echenique, *Eine Welt für Julius,* Suhrkamp, Frankfurt a.M. 2002. Der anspruchsvolle Roman wirft durch die Augen eines Kindes einen Blick auf das unerträglich angenehme Leben der peruanischen Oligarchie. Die Geschichte handelt von einer Kindheit zwischen dem schroffen Gegensatz unendlichen Reichtums und der bedingungslosen Liebe der verarmten Dienerschaft zu dem vor lauter Vergnügen vernachlässigten Julius.

Nicholas Shakespeare, *Der Obrist und die Tänzerin,* rororo, Hamburg 1999. Der verfilmte Roman nähert sich Perus Terrorismus der 80er Jahre auf höchst persönliche Weise. Er verbindet eine leise Liebesgeschichte mit den dramatischen Ereignissen, die sich im Land abspielten. Ohne den Anspruch auf historische Genauigkeit zu erheben, vermittelt das Buch einen guten Eindruck davon, was der Terror des Leuchtenden Pfades für Perus Bevölkerung bedeutete.

Mario Vargas Llosa, *Die Stadt und die Hunde,* Frankfurt a.M. 1980. Zwischen Krimi, Bildungsroman und Gesellschaftsstudie angelegt entlarvt Vargas Llosa die Heuchelei und Doppelmoral der peruanischen Gesellschaft in schockierenden und brutalen Szenarien. Fressen oder gefressen werden – für die jungen Kadetten der Militärakademie Leoncio Prado geht es um das nackte Überleben im hierarchischen und vom Machismo geprägten Mikrokosmos der Schule. Sein radikaler Erstlingsroman machte Vargas Llosa über Nacht berühmt.

Mario Vargas Llosa, *Das Grüne Haus,* Suhrkamp, Frankfurt a.M. 1976. Zwischen der trockenen Wüstenstadt Piura und dem Dschungel von Iquitos entwirft Vargas Llosa am Schicksal des Indiomädchens Bonifacia ein episches und düsteres Bild der peruanischen Realität. Gewalt, Korruption und Machismo, die Ausbeutung der indigenen Bevölkerung und der Missionierungseifer der Kirche lassen den Leser tief in das Wesen Perus eintauchen. Eines der wichtigsten literarischen Zeugnisse des jungen lateinamerikanischen Kontinents – nicht zuletzt auch durch seinen stilistischen und sprachlichen Anspruch.

Daniel Peters, *Der Inka,* Heinrich Diedrichs Verlag, München 1995. Auf über 1120 Seiten wird ein gewaltiges Epos über die letzten Jahre der Inka erzählt, in denen sie vergeblich versuchten die Chachapoya zu unterwerfen. Außerdem wird mit der Legende aufgeräumt, dass Pizarro den endgültigen Zusammenbruch des blühenden Inkareiches herbeigeführt hat. Besonders lesenswert!

Reiseberichte

Joachim Held, *Abenteuer Anden,* eine Radreise durch das Inka-Reich, Reise Know-How 2003. Ein Jahr mit dem Fahrrad durch die südamerikanischen Anden – das sind 10.000 km durch Sturm, Sand und Schnee, über 5000 Meter hohe Gebirgspässe und Wüstenplateaus. Der Autor entführt den Leser in den geheimnisvollen Zauber einer Kultur, in der noch immer Naturverbundenheit und uralte Mythen das Leben bestimmen: die Lamas, die Berge oder „Pachamama", die heilige Mutter Erde. Eine spannende Reportage über Menschen und Mythen, Geschichte und Gegenwart.

Werner Herzog, *Eroberung des Nutzlosen,* Carl Hanser Verlag, München 2004. Knapp drei Jahre dauerten die Dreharbeiten zu Werner Herzogs wahnwitzigem Filmprojekt „Fitzcarraldo". Drei Jahre, in denen der Regisseur mit der peruanischen Bürokratie, Regenzeit und einem Berg kämpfte. Seine Tagebuchaufzeichnungen lassen erahnen, was es heißt, im Dschungel einen Film zu drehen. Eine höchst unterhaltsame Lektüre, bei der man dankbar ist, nicht an Herzogs Stelle zu sein.

Karin Muller, *Entlang der Inkastraßen,* National Geographic, München 2002. Die Autorin nimmt den Leser mit auf eine ungewöhnliche Reise durch die Andenstaaten, bei der sie kein Abenteuer auslässt. Während touristische Sehenswürdigkeiten allenfalls am Rande gestreift werden, geben ihre anschaulichen und spannenden Berichte Einblicke in das Leben der Bevölkerung, das dem Reisenden üblicherweise verschlossen bleibt. Ein Buch, das Maßstäbe in der Reiseberichtliteratur setzt.

Flora Tristan, *Meine Reise nach Peru,* Insel Taschenbuch, Frankfurt 2004. 1833 bricht die junge Französin aus ihrer Ehe und der vornehmen Pariser Gesellschaft aus und reist nach Peru. Der lebendige Reisebericht ist eine Gesellschaftsstudie über die sozialen und politischen Verhältnisse. Das Buch gilt als die beste Beschreibung Perus zu jener Zeit.

Reiseführer

Kai Ferreira Schmidt, *Peru/Bolivien,* Reise Know-How, Markgröningen 2006. Auf über 800 Seiten alle Informationen für unabhängiges Reisen in beiden Ländern.

Kultur, Geschichte und Politik

Eduardo Galeano, *Die offenen Adern Lateinamerikas,* Peter Hammer Taschenbuch, Wuppertal 1973. Ein Klassiker der linken Literatur, der einseitig, aber eindrücklich die Geschichte der Ausbeutung eines Kontinents erzählt.

Eva Maria Grün (Hrsg.), *Die Entdeckung von Peru,* Edition Erdman, Stuttgart 1996. Eine Sammlung von Augenzeugenberichten aus der Zeit der Konquistadoren. Die Tagebuchaufzeichnungen von Eroberern und Missionaren offenbaren schonungslos, wie die indigene Bevölkerung unter den Spaniern litt. Einen besseren Einblick in die Geschichte der Eroberung Perus kann man kaum bekommen.

Thilo Hatzius, *Vier Köpfe und drei Füße,* Brandes & Apsel, 2004. Warum ist Peru nach Jahrzehnten der Entwicklungshilfe nicht längst ein blühendes Land? In diesem Buch, das auch den interessierten Laien anspricht, beschreibt ein Entwicklungshelfer kritisch seine jahrelange Arbeit an zwei Bewässerungsprojekten in den Anden und zeigt dabei deutlich, wo die Schwierigkeiten und Probleme bei der Armutsbekämpfung liegen.

Annette Holzapfel, *KulturSchock Peru,* Reise Know-How, Bielefeld 2006. Wer mehr über die geschichtlichen, gesellschaftlichen und wirtschaftlichen Hintergründe Perus wissen möchte findet in diesem Buch ausführliche Informationen. Die Bleiwüste ist allerdings nur etwas für Leser, die sich nicht von viel Text abschrecken lassen und es wirklich ganz genau wissen wollen.

Astrid Martínez Paternina, *Das Anden-Kochbuch,* Verlag die Werkstatt, Göttingen 2005. Ein Kochbuch, in dem nicht nur die Rezepte für typische Anden-Gerichte stehen, sondern in dem auch viel über die Geschichte der einzelnen Speisen und Zutaten sowie die Kochtradition Südamerikas zu erfahren ist.

Wieczorek/Tellenbach, *An die Mächte der Natur,* Mythen der altperuanischen Nasca-Indianer, Verlag Philipp von Zabern, Mainz 2002. Ausführliche Beschreibung der Nascakultur auf dem schmalen Küstengürtel Südperus mit Schwerpunkt Keramik, Weberei und Gottheiten.

Titu Kusi Yupanki, *Die Erschütterung der Welt,* Walter-Verlag, Olten 1985. Der Inka-König Tuti Kusi Yupanki berichtet in einer als Brief abgefassten Chronik an den spanischen König über die Greueltaten der Eroberer. Es ist das einzige umfassende zeitgeschichtliche Dokument in geschliffener Sprache über den Kampf gegen die spanischen Eroberer. Die um 1570 aus dem Quechua ins Spanische übertragene Chronik erschien erstmals 1985 durch Martin Lienhard auf Deutsch.

Viola Zetzsche und Dietrich Schulze, *Bilderbuch der Wüste. Maria Reiche und die Bodenzeichnungen von Nasca,* Mitteldeutscher Verlag, 2005. Diese ausgezeichnete Biographie verwebt die Geschichte des Lebens der deutschen Forscherin Eva Maria Reiche mit ihren Erkenntnissen zu den Wüstenbildern von Nasca. Glänzend geschrieben und interessant zu lesen wird erzählt, wie diese außergewöhnliche Frau für den Erhalt der Linien von Nasca gekämpft hat.

Bildbände

Walter Alva, Maria Longhena, *Inkas – Das große Volk der Anden,* Verlag Karl Müller, Köln 2002. Der prächtige Bildband erzählt die Geschichte der bedeutenden andinen Kulturen aus über 5000 Jahren. Zahllose Fotos und Beschreibungen von Keramiken, Textilien, Kultgegenständen und archäologischen Stätten vermitteln eine hervorragende Übersicht über die Andenkulturen.

Pablo Corral Vega, Mario Vargas Llosa, *Anden,* Hamburg 2002
Gemeinsam mit dem ecuadorianischen Fotografen präsentiert der weltberühmte Schriftsteller mit diesem Bildband eine Liebeserklärung an die Berge seiner Kindheit. Sie zeigen die Anden und Südamerika als eine Landschaft der geografischen Extreme und der außergewöhnlichen menschlichen Vielfalt. Zu den einzigartigen Fotografien verfasste Mario Vargas Llosa eine literarische Huldigung an seine Heimat und das Leben in den Anden.

Christoph Kucklick, Christopher Pillitz, *Das Schweigen am Silberfluss,* Gruner und Jahr, Hamburg 2003. Ursprünglich erschien die viel beachtete Fotoreportage in meheren Teilen in GEO. Die fesselnde Reportage verleiht Einblicke in das Südamerika abseits der Touristenpfade. Doppelseitige Bilder lassen den Betrachter sofort den Flug buchen.

Cavatrunci, Longhena, Orefici, *Das alte Peru,* Hirmer, München 2005. Die außergewöhnliche historische und kulturelle Entwicklung der Inka und ihrer Vorläufer wird in diesem Band mit über 350 Farbabbildungen mehr als 8000 Jahre verfolgt. Jüngste Forschungen ergeben ein umfassendes und vielseitiges Bild der andinen Reiche im alten Peru. Die Autoren sind namhafte Archäologen.

Sprachhilfe Spanisch

Allgemeine Redewendungen und wichtige Worte

ja, nein – sí, no
bitte – por favor
danke, vielen Dank – gracias, muchas gracias
wie geht es Ihnen? – cómo está?
sehr gut (schlecht) – muy bien (mal)
das gefällt mir (nicht) – esto (no) me gusta
ich spreche kein Spanisch – no hablo castellano
sprechen Sie langsamer – hable Usted más despacio
wie heißen Sie? – cómo se llama?
wie nennt man ...? – cómo se llama ...?
mein Name ist – mi nombre es
wie heißt auf Spanisch? – cómo se dice en castellano?
wieviel kostet das? – cuánto vale (cuesta) esto?
das ist sehr teuer – es muy caro
haben Sie nichts Billigeres? – no tiene Usted algo más barato?
gibt es hier ...? – hay por aquí?
wann ist geöffnet? – a qué hora está abierto?
wann wird geschlossen? – a qué hora se cierra?
wo bekomme ich (-wird verkauft?)? – donde consigo?
wie lange wird es dauern? – cuánto tiempo va a durar?
Generalstreik – huelga total
Ausnahmezustand – garantías suspendidas
Ausgangsverbot – toque de queda
guten Morgen, Tag – buenos días
guten Tag (nach 12 Uhr) – buenas tardes
guten Abend, Nacht – buenas noches
auf Wiedersehen – hasta la vista (adiós)
bis später (morgen) – hasta luego (mañana)
gestern, heute, morgen – ayer, hoy, mañana
morgen früh – mañana por la mañana
wie alt sind Sie? – cuántos años tiene Usted?
20 Jahre und 6 Monate – veinte años y seis meses

Zahlen

0 cero	22 veintidós
1 un(o)	30 treinta
2 dos	31 treinta y uno
3 tres	40 cuarenta
4 cuatro	50 cincuenta
5 cinco	60 sesenta
6 seis	70 setenta
7 siete	80 ochenta
8 ocho	90 noventa
9 nueve	100 cien(to)
10 diez	101 ciento uno
11 once	110 ciento diez
12 doce	200 doscientos
13 trece	300 trescientos
14 catorce	400 cuatrocientos
15 quince	500 quinientos
16 dieciséis	600 seiscientos
17 diecisiete	700 setecientos
18 dieciocho	800 ochocientos
19 diecinueve	900 novecientos
20 veinte	1000 mil
21 veintiuno	1 Mio. – un millón

Uhrzeit

Wieviel Uhr ist es? – qué hora es?
es ist halb drei – son las dos y media
Viertel vor neun – un quarto para las nueve
5 Minuten und 30 – cinco minutos y treinta
Sekunden – segundos

Wochentage

Montag – lunes
Dienstag – martes

Mittwoch – miércoles
Donnerstag – jueves
Freitag – viernes
Samstag – sábado
Sonntag – domingo
Feiertag – feriado
diese Woche – esta semana

Monate

Januar– enero
Februar – febrero
März – marzo
April – abril
Mai – mayo
Juni – junio
Juli – julio
August – agosto
September – septiembre
Oktober – octubre
November – noviembre
Dezember – diciembre
nächsten Monat, Jahr – el próximo mes, año

Adjektive

hell, dunkel – claro, oscuro
schwarz, weiß – negro, blanco
rot, braun, gelb – rojo, marrón, amarillo
blau, grau, grün – azul, gris, verde
gut, schlecht – bueno, malo
groß, klein – grande, pequeno
viel, wenig – mucho, poco
leicht, schwer – fácil, difícil
alt, neu, jung – viejo, nuevo, joven
schnell, langsam – rápido, lento
früh, spät – temprano, tarde
billig, teuer – barato, caro
hoch, niedrig – alto, bajo
warm, kalt – caliente, frío
sauber, schmutzig – limpio, sucio

Präpositionen

und, oder, nach – y, o, a
vor, nach (örtl.) – delante de, para
vor, nach (zeitl.) – antes de, después de
auch, auch nicht – también, tampoco
mit, ohne – con, sin
plus, minus – más, menos
mehr oder weniger – más o menos
noch eins mehr – otro más
aber, dann – pero, entonces
in, an, auf – en
weil, wegen – porque, por
dass, als, was – que

Sich zurechtfinden

abbiegen – dar vuelta
Adresse – la dirección
an der Ecke – en la esquina
die Straße nach ...? – el camino para ...?
diese Richtung! – por aquí (allí)
dort – allí
hier – aquí
immer geradeaus – defrente (todo recto)
ist es nah? – está cerca?
ist es weit? – está lejos?
kann ich mit dem Bus dahin fahren? – puedo ir allí en autobus?
wissen Sie ... – sabe Usted
nach links – a la izquierda
nach rechts – al la derecha
nahe – cerca
Stadt, Dorf – la ciudad, el pueblo
welcher Weg – por dónde
wie komme ich zur Straße nach Cusco? – cómo voy a la carretera a Cusco?
wie habe ich zu gehen? – cómo puedo llegar a?
wie lange? – cuánto tiempo?
wie weit? – qué distancia?
wieviele Straßenblocks von hier? – a cuantas cuadras de aquí?
wo ist – dónde está
woher kommen Sie? – de dónde viene?
wohin gehen Sie? – a dónde va?

Bus, Bahn, Flug

reisen, Reise – viajar, viaje
Ich möchte nach ... – quiero ir a ...
welchen Bus? – cuál autobus?

gibt es einen Bus nach ...? – hay un autobus para ...?
um wieviel Uhr geht der Bus (Zug) nach..? – a qué hora sale el bus (tren) a ...?
wohin fährt dieser Bus? – a dónde va este autobus?
wieviel kostet eine Fahrkarte nach ... – cuánto cuesta un boleto para ...
Ich möchte eine (Rück-)Fahrkarte nach ...– quiero un boleto (de ida y vuelta) a ...
1., 2. Klasse – primera, segunda
sind (Sitzplätze) nummeriert? – estan numerados?
Ich möchte einen Fensterplatz – quiero un asiento con ventana
Wie lange dauert die Reise – cuánto dura el viaje?
Fahren Sie an der Plaza vorbei? – pasa la plaza?
Können Sie mir sagen, wenn wir die x-Straße erreichen? – me puede avisar cuando lleguemos a la avenida/calle x ?
Ich möchte aussteigen (beim) – quiero bajar (en)
Abfahrt, Ausgang – salida
Ankunft – llegada
Bahnhof – la estación del ferrocarril
Bushaltestelle – la parada
Busterminal – Terminal de Buses, Terminal Terrestre
Eisenbahn – ferrocarril
Fahrplan – horario
Flughafen – el aeropuerto
Flug – el vuelo
Flugzeug – el avión
Gepäck – equipaje
Gepäckaufbewahrung – Documentación de equipaje / Guardaequipaje
Preis – precio
Rundreise (hin- und zurück) – viaje ida y vuelto
umsteigen – transito
Zug – tren

Hotel

Wo ist das Hotel ...? – dónde está el hotel ...?
Wo ist ein Hotel? – dónde hay un hotel?
Kennen Sie ein gutes (billiges) Hotel? – conoce Usted un buen hotel (barato)?
Haben Sie ein freies Zimmer? – tiene una habitación libre?
Wie ist der Preis für eine Nacht? – cuál es el precio por una noche?
Alles inbegriffen? – todo incluido?
Ich möchte ein Einzelzimmer – quisiera un habitación simple
... mit Doppelbett – con una cama matrimonial
... mit zwei Betten – con dos camas
Wir möchten ein Doppelzimmer – quisiéramos un habitación doble
mit Dusche/Bad – con ducha, baño privado
Kann ich das Zimmer sehen – puedo ver la habitación?
Dieses Zimmer ist zu laut – la habitación es demasiado ruidosa
Gibt es heißes Wasser? – hay agua caliente?
Klimanalage – aire acondicionado
Ich bleibe drei Nächte – me quedo tres noches
Wir gehen morgen – nos vamos mañana
Ich möchte um ... geweckt werden – quiero que me despierten a las ...
Kann ich meine Wertsachen im Safe lassen? – Puedo dejar mis cosas de valor en la caja de seguridad?
Handtuch, Seife – la toalla, el jabón
Bettwäsche, Decke – la ropa de cama, colcha
Toilettenpapier – el papel higiénico
Gepäck, Rucksack – el equipaje, la mochila
Heizung, Licht – la calefacción, la luz
Schlüssel – la llave
Bedienung – el servicio

Geld

Geld – dinero
Gibt es hier eine Wechselstube? – hay aquí una Casa de Cambio?
einen Bankautomaten? – Caja automática, Caja permanente
Wie ist der Wechselkurs? – cúal es el tipo de cambio?
Wieviel Soles bekomme ich für 1$/1 Euro? – cuántos Soles recibo por un dolar/un Euro?
Reiseschecks – el cheque de viaje
Kann ich Reiseschecks wechseln? – puedo cambiar cheques de viajero?
Ich möchte Geld wechseln – quiero cambiar dinero
Wann öffnet die Bank? – a qué hora abre el banco?
Banknote – billete (de Banco)
Kreditkarte – tarjeta
Traveller-Scheck – cheques de viajero

Post

Adresse – dirección
Post – oficina de corrreos
Ich brauche Briefmarken – necesito estampillas
für Luftpost nach Deutschland – para correo aéreo a Alemania
Brief, Postkarte – la carta, la tarjeta postal
Briefkuvert – sobre
Einschreiben, per Eilboten – certificado, con urgencia
ich möchte ein Telegramm aufgeben – quiero mandar un telegrama
Postlagernd – postal restante/lista de correos
Päckchen – paquete pequeño
Paket – paquete
Fax-Stelle – oficina de fax

Telefon

Telefon – teléfono
Telefonbuch – directorio telefónico
anrufen – llamar
Hallo – hola
Ferngespräch – larga distancia
Nummer – número
Vermittlung – operadora
Mein Name ist ... – me llamo ...
besetzt – ocupado

Einkauf – La Compra

Kennen Sie ein Geschäft für ...? – conoce Usted una tienda de ...?
wo kann ich ... kaufen? – dónde puedo comprar ...?
Wieviel kostet das? – cuánto cuesta? Cuánto vale? En cuánto sale?
das gefällt mir nicht – no, gracias, no me gusta
das ist sehr teuer – es muy caro
das ist zu teuer – es demasiado caro
haben Sie nichts Billigeres? – no tiene Usted algo más barato?
Ich möchte nicht mehr als ... bezahlen – no, no quiero pagar más de ...
Ich sehe mich nur um – estoy mirando, gracias
billig – barato
Kreditkarte – tarjeta
mehr – más
weniger – menos
Preis – el precio
Obst – las frutas
Bäckerei, Süßwaren – panadería, confitería
Kunsthandwerk – artesanías
Markt, Handel – mercado, comercio
kaufen, verkaufen – comprar, vender
handeln, probieren – comerciar, probar
Alpakawolle – lana de alpaca
Baumwolle – algodón
Holz, Leder – madera, el cuero
Gramm, Pfund – gramo, medio kilo

Gesundheit, Krankheit – La salud, la enfermedad

Ich fühle mich nicht gut – no me siento bien
Ich habe Durchfall – tengo diarrea
Können Sie mir helfen – puede Usted ayudarme?

Ich brauche einen Doktor – nececito un médico
Wo ist ein Doktor der englisch spricht? – dónde hay un médico que hable inglés?
Zahnarzt – dentista
Krankenhaus / Apotheke – la clínica, hospital / farmacia
Ich bin krank – estoy inferno
Ich habe hier Schmerzen – siento dolores aquí
Ich brauche ein Mittel – necesito un medicamento
gegen Husten – contra la tos (pectoral)
Schnupfen, Grippe – el resfriado, la gripe
Fieber, Schmerzen – fiebre, el dolor
Kopfschmerzen – dolor de cabeza
Magen, Bauch – estómago, el vientre
Durchfall – la diarrea
Krankenwagen – una ambulancia
übergeben – vomitar

Notfall / Polizei

Wo finde ich die Polizei? – dónde encuentro a la policía?
man hat mir meine Tasche gestohlen – me han robado mi bolsa
Ruf' die Polizei/einen Arzt – llame a la policía/a un doctor
Informieren Sie bitte die deutsche Botschaft (Konsulat) – informe Usted a la embajada alemana (al consulado), por favor
Ich habe mein … verloren – he perdido mi …
Ich habe meine Schecks verloren – he perdido mis cheques
Ich möchte den Diebstahl aufnehmen lassen – quiero levantar una acta de robo
eine Anzeige machen – quiero hacer una denuncia
Geld, Reisepass – la plata, el pasaporte
Fotoapparat – la cámara fotográfica
Dieb – ladrón
Diebstahl – robo
Überfall – asalto
Hilfe! – socorro!

Essen und Trinken

Wo gibt es hier in der Nähe ein Restaurant? – dónde hay un restaurante cerca de aquí?
Ein Restaurant mit Lokalspezialitäten? – un restaurante con platos típicos?
Die Speisekarte bitte – la carta, por favor
Was empfehlen Sie heute? – Qué recomienda hoy?
Woraus besteht das? – de qué consiste?
Ist das scharf – es picante?
Bitte nicht scharf – no muy picante, por favor
Bringen Sie mir bitte … – traígame por favor …
Eine Portion – una porción
Die Rechnung, bitte – la cuenta, por favor
Wo ist die Toilette – dónde está el baño?

Worte

Abendessen – la cena, la comida
Frühstück – el desayuno
Gabel – tenedor
Gedeck – el cubierto
Glas – vaso
Löffel – cuchara
Kellner/in – camarero/a
Krug – jarra
Messer – cuchillo
Mittagessen – el almuerzo
Ober – mozo
Serviette – servilleta
Speisesaal – el comedor
Teller – plato
Tasse – taza
Trinkgeld – la propina
Weinglas – copa
Zahnstocher – los palitos

Spanische Begriffe
almuerzo – Mittagessen
bodega – Weinkellerei, Weingut, -stube
cebichería – Restaurant für Fischgerichte und Meeresfrüchte
cena – Abendessen
chichería – Chicha-Kneipe, Schenke
chifa – peruan.-chinesisches Restaurant
desayuno – Frühstück
Panadería – Bäckerei
Peña – Folklorekneipe, auch typisches Wirtshaus,
picantería – Spezialitätenrestaurant
Quinta – familiäres Wirtshaus, meist mit Live-Musik am Nachmittag
salchichería – Wurstladen

Zubereitung, Gewürze
a la chorillana – mit gebackenen Zwiebeln
a la jardinera – mit Gemüsesalat
a lo macho – Soße aus Meeresfrüchten (bei Fischgerichten)
a la parrillada – vom Grill
a la plancha – geröstet, gegrillt
frito – gebraten
ají – Chili
ajo – Knoblauch sal – Salz
pimienta – Pfeffer

Speisekarte
La lista, el menú
anticuchos (de corazón) – Grillspieße (Rinderherzen)
antipasto mixto – gemischte Vorspeise
caldo de carne – klare Fleischbrühe
caldo de gallina – Hühnersuppe mit Nudeln
cebiche (ceviche) – rohe Fischstücke in Limonensaft
chupe de mariscos – dicke Fischsuppe
crema de espárragos – Spargelcremesuppe
crema de tomate – Tomatensuppe
dieta de pollo – Hühnersuppe mit Nudeln und Gemüse
palta a la reina – Avocado mit Huhn
palta rellena – gefüllte Avocado
palta rellena a la jardinera – gefüllte Avocado mit Gemüsesalat
palmitos con jamón – Palmherzen mit Schinken
papa a la huancaína – gekochte kalte Kartoffel mit pikanter Soße
Sopas y Entradas – Suppen und Vorspeisen
sopa a la criolla – mit Milch, Nudeln, Fleisch, Ei, Toast
sopa a la minuta – mit Nudeln, Fleisch, Gemüse

Segundo – Hauptgerichte
aceitunas – Oliven
arroz (chaufa) – Reis (gebacken, chinesisch)
ají (salsa de ají) – scharfe Soße
calamares (fritos) – geback. Tintenfische
camarones – (Süßwasser-) Krabben
camote – Süßkartoffel
carne de cerdo, chancho – Fleisch vom Schwein
de ternera, de res – vom Kalb, v. Rind; de cordero (carnero) – vom Lamm (Hammel); de pato – von der Ente
chicharrones – Art Schweinshaxerl, geröstete Schweineschwarten
choclo – Maiskolben
chuleta, guiso – Kotelett, Art Gulasch
churrasco, lomo, bistek – Steak (meist dünn u. oft zäh ...)
corvina, cojinova – Fische (o. dt. Namen)
cuy (picante de cuy) – Meerschweinchen (pikant)
empanada (de pollo, carne) – Teigtasche (gefüllt mit Huhn, Fleisch)
ensalada (mixta) – Salat (gemischt)
estofado – Fleischeintopf
frijoles, espinaca – Bohnen, Spinat

hígado, riñones – Leber, Nieren
huevo (pasado, – Ei (weich, hart)
huevos fritos – Spiegeleier
huevos revueltos – Rühreier
lechuga, pepino – grüner Salat, Gurke
langostino – Languste
lomo milanesa – (Wiener) Schnitzel
lomo saltado – kleingeschnittenes Fleisch mit Soße
pan, mantequilla – Brot, Butter
pan tostado con queso – Käsetoast
papas (fritas) – Kartoffeln (Pommes frites)
pejerrey – Königsfisch
pescados y mariscos – Fische und Meeresfrüchte
pollo dorado – Huhn vom Drehgrill
puré – Kartoffelbrei
salchicha – Würstchen
salteñas – gefüllte Teigtaschen mit einer Fleisch-, Gemüse- und Eiermischung
salsa – Soße
tallarines (fideos) – breite Nudeln (dünne Nudeln)
tortilla – Art Omelett
trucha (a la milanesa) – Forelle (paniert)
verdura, cebolla – Gemüse, Zwiebeln
vinagre, aceite – Essig, Öl
yuca – Maniokart

Postre – Nachspeisen
azúcar, mermelada – Zucker, Marmelade
ensalada de fruta – Fruchtsalat
flan – Pudding
helado (aber: hielo) – Speiseeis (Eiswürfel!)
mazamorra morada – spez. Maispudding, dunkelrot
panqueque (con miel) – Pfannkuchen (mit Honig)
pie (pay) de manzana – Apfelkuchen
torta de chocolate – Schokoladentorte

Bebidas – Getränke
agua mineral – Mineralwasser
Arequipeña – Biersorte aus Arequipa
batida – frisch gepresster Saft mit Milch
café – Kaffee
café con leche – Milchkaffee
cerveza – Bier
Cristal – Biersorte aus Lima
Cuzqueña – Biersorte aus Cusco
gaseosa – kohlensäurehaltige Limonade
hielo – Eiswürfel
Inca-Cola – peruanische Limonade
jugo (de naranja) – frisch ausgepresster Saft (Orangen)
leche – Milch
Pisco – Traubenschnaps aus Muskatellertrauben
Pisco Sour – der National-Schnaps von Peru, aus Pisco, Limonensaf und Eiweiß
té – Tee
vino (tinto, blanco) – Wein (rot, weiß)

Literaturempfehlung:

Der Sprachführer „Spanisch für Peru" aus der Kauderwelsch-Reihe des Reise Know-How Verlages weist in die spanische Grammatik ein und enthält jede Menge Redewendungen, die während der Reise nützlich werden können. Gleichsam nützlich: „Quechua für Peru-Reisende“.

Glossar

(q = Quechua, ay = Aymara)

Ayahuasca	Naturdroge aus der Banisteriopsis-Liane zur Herbeiführung von Visionen
Ayllu (q.)	Urform der heutigen *comunidad;* ursprünglich verwandtschaftlicher Organisationsverband im Inkareich; Wohn- und Wirtschaftsgemeinschaft mehrerer Familien
Aymara	altes Kulturvolk um den Titicacasee und dem Hochland Boliviens mit eigener Sprache und Tradition; wahrscheinlich sind sie die Schöpfer der vorinkaischen Tiwanaku-Kultur. Die Inka griffen u.a. auch auf die kulturellen Errungenschaften der Aymara zurück.
Ayni	traditionelle Form der Hilfe auf Gegenseitigkeit, eine Hilfeleistung wird in Arbeitsstunden zurückerstattet.
Balneario	Bad, Seebad
Balsa	Boot aus Totora-Schilf
Barrio	Stadtviertel
Bodega	Weinkellerei
Bosque nuboso	Nebelwald
Brujería	schwarze Magie
Brujo	Hexer
Caballitos de Totora	Schilfboote
Caca (ay.)	Fels
Calvario	Kalvarienberg (Schädelstätte)
Campesino	indigene Landbewohner, Kleinbauern und Landarbeiter
Cancha	Inkahof- bzw. Häusergruppe um einen viereckigen Innenhof. Das Wort „chancha" findet sich deshalb immer am Ende einer Häusergruppenbezeichnung, z.B. Condorcancha (Kondorhof), Amarucancha (Schlangenhof), Qoricancha (Sonnenhof)
Carpahuasi	Haupttempel
Casa de Cambio	Wechselstube
Ceja de selva	„Augenbraue", Ostabhang der Anden
Ch'alla	Opfergruß an die Mutter Erde. Bei jeder Trinkrunde, Einweihung eines neuen Hauses oder Kauf eines Tieres wird der „Mutter Erde" – *pachamama* – gedacht
Chachapoya	Volk der östlichen Andenabhänge in Nordperu, erbitterte Feinde der Inka
Chakras (q.)	Saatfelder und Äcker, auch terrassierte Felder
Charango	Kleingitarre, Resonanzkörper meist aus dem Panzer eines Gürteltiers

Chasqui	Meldeläufer
Chavín	bedeutendes Kulturzentrum im Huaraz-Gebiet
Chicha	Maisbier aus Maiskeimlingen
Chifa	peruanisch-chinesisches Restaurant
Chimú	Kulturvolk an der Nordküste Perus mit der Hauptstadt Chan Chan
Cholo	herabsetzende Bezeichnung für einen Mestizen; in der Kolonialzeit übernahmen zweisprachige oft die Vermittlung zwischen der indigenen Landbevölkerung und den spanischstämmigen Städtern.
Chullpa	Grabturm
Chullu	traditionelle Wollmütze mit Ohrenklappen der Indígena
Chuño (a. Chuñu)	getrocknete Kartoffeln (Gefriertrocknungsverfahren) der Anden, lange haltbar
Coca (q.)	Erythroxylumart, immergrüner Strauch in den subandinen Gebieten Perus und Boliviens, die Blätter sind die Basis für die Kokainherstellung.
Cocaleros	Coca-Pflanzer
Cocha	See
Colca (a. Qolqa)	Kornspeicher, Lager
Colectivo	preiswerte Sammeltaxis mit festen Routen im Nah- und Fernverkehr
Colla	Kulturvolk des Altiplano um den Titicacasee
Comedor	Speisesaal, preiswertes Restaurant mit Volksküche
Comunidad	indigene Dorfgemeinschaft mit eigener Organisationsstruktur und speziellen Bewirtschaftungsformen, ursprünglich *Ayllu*.
Conquistador	Name für einen Angehörigen der spanischen Eroberungstruppen
Coquero	Coca-Kauer
Cori	Gold
Coricancha	s. Qoricancha
Costa	Bezeichnung des wüstenartigen Küstenstreifen Perus, trockenste Wüstenregion der Erde, von vielen Flussoasen durchbrochen.
Coya	Bezeichnung der Ehefrau bei den Inka
Cuadra	Häuserblock
Cumbre	Berggipfel
Curandero	Naturheilpraktiker, Naturheiler, Kräuterhexer
Cuy (a. Quwi)	Meerschweinchen
Departamento	Verwaltungseinheit, die mehrere Provinzen umfasst
Diablada	farbenprächtige Fiesta mit Teufelstänzern in Puno und Oruro (Bol.)
Encomienda	
(span. „Auftrag“)	durch die Spanier eingeführtes System der Leibeigenschaft, seelsorgerische Betreuung und

	Arbeitsverpflichtung freier Indianer an die span. Siedler, 1720 endgültig aufgegeben.
Escuela Cusqueña	Malschule aus Cusco mit eigenem Malstil
Feria	Fest, Markt
Galeriewald	tropischer Savannenwald entlang der Flüsse
Garúa	Nebel oder Nebelbank, der in der Costa direkt auf dem Boden aufliegt; Niederschlag als Nebelnässe
Geoglyphe	Erdzeichen, Bezeichnung der Bodenmarkierungen von Nasca
Guía	Führer
Gringo	ursprüngliche Bezeichnung für US-Amerikaner; heute in Lateinamerika allgemeine Bezeichnung für einen Angehörigen eines westlichen Landes
Guanako (indian./span., Huanaco, Lama guanacoe)	wildlebende Kleinkamelart in den west. und südl. Anden, Stammform des Lamas
Guano	Vogelmist
Guardia Civil	Polizei
Hacendado	Besitzer einer Hazienda
Hacienda	landwirtschaftliches Gut
Huaca (a. Waq'a)	heiliger Ort; Schrein, Pyramide, Grab, urprünglich Heiliges, auch archäologische Stätte eines vorinkaischen Heiligtumes in Pyramidenform
Huacapata	Heiliger Platz
Huaquero	Keramiksucher i.e. Sinn; Name für Grabräuber
ichu	Andengras
Incahuasi	Inkapalast
Indígena	autochthone, alteingesessene Anden-Bevölkerung, Nachfahren der Volksgruppen der Inkazeit; heute mehr kulturell-sozialer Erscheinungstyp.
Indio	diskriminierende Bezeichnung für die Landbevölkerung in den Anden
Inka/Inca	Herrschervolk, das von Cusco aus seinen Machtbereich zu einem Großreich ausdehnte; Ohrpflöcke tragend, weshalb die span. Erober sie auch als *orejones* („Großohren") bezeichneten. Auch Herrscherdynastie oder „Sonnensohn", Inca-König
Inti Raymi	Inka-Fest zur Sonnenwende am 24. Juni
Inti	Sonne, Sonnengott, oberste Gottheit bei den Inka
Inticancha	Heiliger Platz
Intiwatana	„Sonne binden", „Ort, an dem die Sonne angebunden ist". Der Intiwatana diente astronomischen Zwecken.
Jalcas	Hochweiden über 4000 m Höhe in der Sierra

Kalebasse	Flaschenkürbis, als Gefäß verwandt, oft mit Bildern verziert
Kili	Totora-Schilfwurzeln
Kordilleren	Gebirgsketten der Anden, von N nach S parallel verlaufend
Kreolen, *criollos* (span./frz., von lat. *creare* „erschaffen")	Bez. für die Nachkommen spanisch-europäischer Einwanderer (weiße Kreolen)
Lama (span. Llama)	Kleinkameltyp, Tragetier
Limeños	Bezeichnung für Einwohner Limas
Machu	alt, groß
Mallku	Berggeist, niedere Gottheit, Schutzgeist
Mamacona	Vorsteherin der Sonnenjungfrauen
Manta	Rückentragetuch, tradit. Kleidungstück
Mate de Coca	Tee aus Coca-Blättern
Mayu	Fluss
Mercado	Markt
Mestizen (v. lat. mixticius)	Mischlinge europäisch-indigener/indianischer Eltern
Mirador	Aussichtspunkt
Misti	Nicht-Indígena, Mitglied der herrschenden Klasse, „Weißer"
Mit'a	Arbeitsverpflichtung für öffentliche Arbeiten während der Inkazeit; später Zwangsarbeit bzw. indigene Form der gegenseitigen Arbeitshilfe, wobei die Leistung des Helfenden mit Naturalien entlohnt wird
Mochica (Moche)	Kultur an der Nordküste Perus
Municipalidad	Rathaus
Naymlap	Dynastie
Nutria	Sumpfschwein
Pachacamac	Schöpfergott der Küstenbewohner; bedeutendes Heiligtum im Lurín-Tal in der Küstenwüste bei Lima
Pachamama huasi	Heiliger Felsen
Pachamama	Mutter Erde, Erdmutter
Pampa	in Peru ebene, meist öde/trockene größere Landflächen
Papa	Kartoffel
Paracas	Kulturvolk
Patio	Innenhof
Peña	typisches Wirtshaus, Folklorekneipe
Peque-peque	motorisierte Langboote für die Urwaldflüsse
Petroglyphen	vorgeschichtliche Felszeichungen
Picchu	Berg
Piraña	Amazonasfisch

Pisco	Traubenschnaps
Plaza de Armas	xerzier- und Waffenplatz, Zentrum der Stadt
Poncho	deckenartiges Kleidungsstück, wird als Überwurf verwendet
Präkolumbisch, prähispanisch	Zeit vor der spanischen Eroberung Lateinamerikas (1492)
Pucara (ay.)	Befestungsanlage
Pueblos jóvenes	Elendssiedlungen um Großstädte
Puente Inca	Inka-Brücke
Puna	trockene Hochgebirgssteppe
Qoricancha (auch Coricancha)	Sonnenhof, zentrales Heiligtum der Inka, Sonnentempel in Cusco
Qosqo	Nabel, Zentrum
Quechua	ehemalige staatstragende Bevölkerung und Verwaltungssprache des Inkareichs. Als Missionssprache der Spanier über die Grenzen des Inkareiches verbreitet, doch 1780 verboten. Dialekte des Q. werden heute in Peru, in Bolivien und Teilen von NW-Argentinien, Ecuador und S-Kolumbien gesprochen. Seit 1975 Amtssprache in Peru und Pflichtfach in den Schulen. – Bezeichnung der größten indigenen Volksgruppe der Anden zwischen Ecuador und Nordchile, kulturell weitgehend angeglichen.
Quena	Andenflöte
Quilla	Mondgöttin der Inka
Quinoa	In den Hochanden kultiviertes Gänsefußgewächs, dessen gelbliche Samen zu sehr stärkereichem Mehl verarbeitet werden. Die Früchte liefern hochwertiges Eiweiß.
Quipus	Knotenschnüre
Rumipunku	Hauptportal
Runa	„Mensch“; Bezeichnung für Angehörige der Quechua- und Aymaravolksgruppen
Schamane	Geisterbeschwörer, Naturheilpraktiker
Selva	Amazonastiefland in Peru (Urwaldregion)
Sendero Luminoso	„Leuchtender Pfad“; peruan. Guerillaorganisation
Shipibo	Indianerstamm in der Gegend von Pucallpa
Sicán	Kultur
Sierra	Gebirgsland der Anden
Siku	Panflöte
Sillar	Quaderstein
Sipán	Kultur
Soles	peruanische Währung
Soroche	Höhenkrankheit in den Anden; Anzeichen durch Unwohlsein, Atemnot heftige Kopfschmerzen

Tawantinsuyu	Inka-Imperium (die vier Weltregionen)
Tambo	Herberge, Übernachtungsplatz, Gasthaus, Rastplatz, Schutzburg, Stützpunkt
Tocapus	Inka-Bildzeichen
Torreón	Rundturm
Totora	Binsenart am Titicacasee
Trepanation	medizinische Schädelöffnung
Tumi	Zeremonialmesser der Mochica und Chimú
Uña de Gato	Heilpflanze
Urbanización	städtebauliches Erschließungsgebiet, Neubaugebiet
Vicuña	wildlebende Kleinkamelart, Urform des Alpaka
Wari	(Huarí) sesshafte Siedler; auch Kulturvolk mit Zentrum in der Region von Ayacucho
Willka	Heiligtum, Gottheit; auch mythischer Vorfahre
Wiracocha	Name des Schöpfergottes der Inka; während der Kolonialzeit Anrede (Herr) für einen Spanier
Zampoña	Panflöte

Glossar kunstgeschichtliche/ kirchliche Begriffe

anthropomorph	menschengestaltig, mit menschl. Gesicht (Steinreliefs, Masken u.a. Objekte)
Capilla	Kapelle
Chorgestühl	Sitzreihen der Geistlichen an der Längsseite des Chores (span. sillería)
Churriguerismus	überladener spanischer Barockstil, benannt nach dem spanischen Architekten José de Churriguera (1650–1723)
Colegio	Konvikt, Erziehungsanstalt
Convento	Kloster
Indiatides	Säulenfiguren
Kapitalsaal	Versammlungsraum eines Klosters (span. sala capitular)
Katakomben	begehbare unterirdische Grabanlagen, Gruften
Kreuzgang	rechteckiger Klosterhof mit einem Brunnen, von Arkadengängen umgeben.
Lanzón	speerartige Stele
Mestizo-Stil (estilo mestizo)	indianisch bzw. indigen beeinflusster barocker Kirchenbaustil
Murales	Wandmalereien
Mudéjar	(arab. mudejalat: „unterworfen") Baustil, bei dem sich islamischer Dekorationsstil mit abendländischer (gotischer) Baukunst vermischt. Charakterisiert durch arabeske Stuckornamente, Kassettendecken, Farbkeramiken und hufeisenförmige Bögen. Abgeleitet von den Mudéjaren, den islamischen Werkkünstlern in Spanien (10.–15.Jh.).
Patio	(Innen)hof
plateresker Stil	(span. platero: „Silberschmied") filigraner Ornamentsstil; fein ziselierte Steinmetzarbeiten mit Blumen-, Ranken- und Heraldikelementen
Portales	Arkadenbögen zwischen Pfeilern oder Säulen (meist um die Plaza de Armas)
Retablo	Altaraufsatz mit Skulpturen, Altarbild
Sagrario	Sakristei, Kapelle
Stele (griech.)	freistehende, aufrechte Platte oder (Stein)Säule, meist mit (datierten) Inschriften oder Reliefs, als Kult-, Weihe-, Grenz- oder Siegesobjekt dienend.
Tumba	Grab
zoomorph	tiergestaltig oder mit tierischen Anlitz (Steinreliefs, Masken u.a. Objekte)

Register

Die Reiseführer auf einen Blick

Reisehandbücher
Urlaubshandbücher
Reisesachbücher
Edition RKH, Praxis

Afrika, Durch, 2 Bde.
Agadir, Marrakesch, Südmarokko
Ägypten individuell
Ägypten/Niltal
Alaska ⇗ Kanada
Algerische Sahara
Argentinien, Uruguay, Paraguay
Äthiopien
Australien – Auswandern
Australien, Osten und Zentrum
Australien, Westen und Zentrum

Baikal, See u. Region
Bali und Lombok
Bali, die Trauminsel
Bangkok
Botswana
Brasilien
Brasilien kompakt

Cabo Verde
Chicago
Chile, Osterinsel
China Manual
Chinas Osten
Costa Rica
Cuba

Djerba & Zarzis
Dominikanische Republik
Dubai, Emirat

Ecuador, Galápagos
El Hierro
Erste Hilfe unterwegs

Fahrrad-Weltführer
Florida
Fuerteventura

Gomera
Gran Canaria
Guatemala

Havanna
Hawaii
Honduras
Hongkong, Macau, Kanton

Indien, der Norden
Indien, der Süden
Iran

Japan
Jemen
Jordanien

Kalifornien und USA Südwesten
Kalifornien, Süden und Zentrum
Kambodscha
Kamerun
Kanada, USA
Kanadas Maritime Provinzen
Kanadas Osten, USA Nordosten
Kanadas Westen, Alaska
Kapstadt – Garden Route (Südafrika)
Kapverdische Inseln
Kenia
Kenia kompakt
Kerala (Indien)
Krügerpark – Kapstadt (Südafrika)

Ladakh, Zanskar
Lanzarote
La Palma
Laos
Lateinamerika BikeBuch
Libyen

Malaysia, Singapur, Brunei
Marokko
Mauritius, La Réunion
Mexiko
Mexiko kompakt
Mongolei
Motorradreisen
Myanmar

Namibia
Namibia kompakt
Neuseeland BikeBuch
New Orleans
New York City
New York im Film

Oman
Outdoor-Praxis

Panama
Peru, Bolivien
Peru kompakt
Phuket (Thailand)

Qatar
Queensland (Australien)

Rajasthan (Indien)

San Francisco
Senegal, Gambia
Singapur
Sri Lanka
St. Lucia, St. Vincent, Grenada
Südafrika
Südafrika: Kapstadt – Garden Route
Südafrika: Krügerpark – Kapstadt